"福建省'十三五'中小学名师名校长培养工程丛书"编委会

（福建教育学院培养基地）

丛书主编：郭春芳
副 主 编：赵崇铁　朱　敏
编 委 会：（按照姓氏笔画顺序排列）
　　　　　于文安　杨文新　范光基　林　藩　曾广林

名校长卷

主　　编：于文安
副 主 编：简占东
编　　委：陈　曦　林文瑞　林　宇

名师卷

主　　编：林　藩
副 主 编：范光基
编　　委：陈秀鸿　唐　熙　丛　敏　柳碧莲

福建省『十三五』
名校长丛书

和谐育人　幸福有成

——泉州鲤城实小幸福教育的行动研究

蔡晓芹　著

厦门大学出版社

国家一级出版社
全国百佳图书出版单位

图书在版编目(CIP)数据

和谐育人 幸福有成：泉州鲤城实小幸福教育的行动研究/蔡晓芹著.—厦门：厦门大学出版社,2020.12

(福建省"十三五"名校长丛书/郭春芳主编)

ISBN 978-7-5615-8024-0

Ⅰ.①和… Ⅱ.①蔡… Ⅲ.①小学－学校管理－研究－泉州 Ⅳ.①G627

中国版本图书馆 CIP 数据核字(2020)第 252547 号

| 出 版 人 | 郑文礼 |
| 责任编辑 | 郑 丹 |

出版发行 厦门大学出版社

社 址	厦门市软件园二期望海路 39 号
邮政编码	361008
总 机	0592-2181111 0592-2181406(传真)
营销中心	0592-2184458 0592-2181365
网 址	http://www.xmupress.com
邮 箱	xmup@xmupress.com
印 刷	厦门集大印刷厂

开本	720 mm×1 000 mm 1/16
印张	17
插页	2
字数	298 千字
版次	2020 年 12 月第 1 版
印次	2020 年 12 月第 1 次印刷
定价	58.00 元

厦门大学出版社
微信二维码

厦门大学出版社
微博二维码

◎ 总　序

　　"百年大计，教育为本；教育大计，教师为本。"教师队伍建设是教育质量提升的关键。2018年，中共中央、国务院印发《关于全面深化新时代教师队伍建设改革的意见》，吹响了新时代教师队伍建设改革的集结号，提出教师队伍建设改革的目标是"到2035年，教师综合素质、专业化水平和创新能力大幅提升，培养造就数以百万计的骨干教师、数以十万计的卓越教师、数以万计的教育家型教师"。福建省委、省政府牢记习近平总书记"福建没有理由不办好教育"的殷切嘱托，以高度责任感、使命感，坚持教育优先发展，始终将建设一支师德高尚、业务精湛、结构合理、充满活力的高素质专业化教师队伍作为基础工作，出台了一系列政策措施，激发广大教师投身教育综合改革的积极性、主动性、创造性。福建省教育厅为打造基础教育高层次领军人才队伍，实施"强师工程"核心项目——名师名校长培养工程，旨在培养一批在省内外享有盛誉的名师名校长，促进我省教育高质量发展。

　　"十三五"期间，福建教育事业紧紧围绕"新时代新福建"发展战略，坚定不移走以提升质量为核心的内涵发展之路，着力推动规模、质量和效益的协调发展，努力让教育改革发展成果更多地惠及民生，让人民群众有更多的获得感。2017年，省教育厅会同财政厅启动实施了"十三五"中小学名师名校长培养工程，在全省遴选培养100名名校（园）长、培训1000名名校（园）长后备人选、100名教学名师和1000名学科教学带头人。通过全方位、多元化的综合培养，造就一批师德境界高远、政治立场坚定、理论素养深厚、教学能力突出（治校能力突出）、教学风格鲜明（办学业绩卓越）、教育视野宽阔、富有开拓创新精神、在省内外有较大影响力的名师名校长，为培育闽派教育家型校长和闽派名师奠定基础，带动和引领全省中小学教师队伍建设，为推进我省基础教育优质均衡发展、办好人民满意教育，为"再上新台阶、建设新福建"提供有力的人才保障。

为扎实推进福建省"十三五"中小学名师名校长培养工程，保障实现预期培养目标，福建教育学院作为本次名师名校长培养工程的主要承担单位，自接到任务起，就精心研制培养方案，系统建构培训课程，择优组建导师团队，不断创新培训方式，努力做好服务管理，积极探索符合名师名校长成长规律的培养路径，确保名师名校长培养培训任务高质量完成，助力全省名师名校长健康成长，努力将培养工程打造成全省乃至全国基础教育高端人才培养示范性项目。

在培养过程中，我们从国家战略需求、学校发展需求和教师岗位需求出发，积极探索实践以"五个突出"为培养导向，以"四双""五化"为培养模式的基础教育高端人才培养路径。其中"五个突出"：一是突出培养总目标。准确把握目标定位，一切指导及组织工作围绕打造教育家型名师名校长而努力。二是突出培养主题任务。2017年重点搞好"基础性研修"，2018年重点突出"实践性研修"，2019年重点突出"独特性研修"，2020年重点抓好"辐射性研修"。三是突出凝练教学主张（办学思想）。引导培养对象对自身教学实践经验（办学治校实践）进行总结、提炼、升华，用先进科学理论加以审视、反思、解析，逐步凝练形成富含思想和实践价值、具有鲜明个性的教学主张（办学思想）。四是突出培养人选的影响力与显示度。组织参与送培送教、定点帮扶服务活动，扩大名师名校长影响。五是突出研究成果生成。坚持研训一体，力促培养人选出好成果，出高水平的成果。

"四双"：一是双基地培养。以福建教育学院为主基地，联合省外高校、知名教师研修机构开展联合培养、高端研修、观摩学习。二是双导师指导。按照理论联系实际原则，为每位培养人选配备学术和实践双导师。三是双渠道交流。参加省内外及境外高端学术交流活动，积极承办高水平的教学研讨活动，了解教育前沿情况，追踪改革发展趋势。四是双岗位示范。培养人选立足本校教学岗位，同时到培训实践基地见学实践、参加送培（教）活动。

"五化"：一是体系化培养。形成"需求分析—目标确定—方案设计—

组织实施—效果评估"的培养链路，提高培养专业化、精细化、科学化水平。二是高端化培养。重视搭建高端研修平台，采取组织培养人选到全国名校跟岗学习、参加国内高层次学术会议和高峰论坛、承担省级师训干训教学任务等形式，引领推动名师名校长快速成长。三是主题化培养。每次集中研修，都做到主题鲜明、内容聚焦，坚持问题导向和结果导向，努力提升培养的针对性和实效性。四是课题化培养。组织培养对象人人开展高级别课题研究，以提升理性思维、学术素养和科研水平，实现从知识传授型向研究型、从经验型向专家型的转变。五是个性化培养。坚持把凝练教学主张（办学思想）作为个性化培养的核心抓手，引导培养人选提炼形成系统的、深刻的、清晰的教育教学"个人理论"。

通过三年来的艰苦努力，名师名校长培养工作取得了显著成效，积累了丰硕成果，达到了预期目标。名校长培养人选队伍立志有为、立德高远的教育胸襟进一步树立，办学理念、政策水平和管理能力进一步提升，立功存范、立论树典的实践引领能力进一步提高，努力实现名在信念坚定、名在思想引领、名在实践创新、名在社会担当。名师培养人选坚持德育为先、育人第一的教育思想进一步树立，教书育人责任感、使命感和团队精神进一步强化，教育理论素养进一步提升，先进教育理念进一步彰显，教育教学实践和创新能力进一步增强，独特教学风格和教学主张逐步形成，教育科研和教学实践均取得了丰硕成果。一是专项研究深。围绕教学主张或教学模式出版了31部专著、5部学科著作及2部汇编著作。二是成果级别高。84位名校长人选主持课题130项，其中国家级6项；发表CN论文239篇，其中核心16篇；53位名师培养人选主持省厅级及以上课题108项，其中国家级7项；发表CN论文261篇，其中核心79篇，人大复印全文转载2篇。三是奖项层次高。34位培养人选评上正高级职称教师；3位获2018年教育部基础教育国家级教学成果奖二等奖；15人获得2017年、2018年福建省基础教育教学成果奖，其中特等奖3位、一等奖7位、二等奖5位；1位评上国家级"万人计划"教学名师；13位获"特级教师"称号；2位获"福建省优秀教师"称号。四是辐射引领广。开设市级及以上公开课、示范课203节；开设市级及以上专题讲座696场；参加长汀帮扶等"送培下乡"活动239场次；指导培养青年骨干教师442人。

教育是心灵的沟通，灵魂的交融，思想的碰撞，人格的对话，名师名校长应该成为具有教育思想的学者。名师名校长与普通教师校长的根本区别,就是在于是否具备教育思想。在我省名师名校长培养对象即将完成培养期时,福建教育学院培养基地组织他们把自己的教学(办学)思想以著作的形式呈现给大家,并资助出版了"福建省'十三五'名校长丛书""福建省'十三五'名师丛书",目的就是要引领我省中小学教师进一步探究教育教学本质,引领我省中小学校长进一步探究办学治校的规律,使名师名校长培养对象成为新时代引领我省教师奋进的航标,成为办人民满意教育的先行者。结束,是下一阶段旅程的开始,希望我省名师名校长培养对象持续关注教改、关注示范、关注育人,期待你们更加美丽地绽放。是为序。

福建教育学院党委书记、教授、博士

郭春芳

2020 年 8 月

◎ 前　言

　　"幸福"是一个宏大的命题，却与每一个人的生命体验息息相关。"幸福"既是人的高级的精神追求，也是回到教育本质来看教育的一种理念。唯有幸福的教育，才能创造孩子的幸福生活；唯有师生的幸福生活，才能实现教育的价值。幸福教育事业发展还远远"在路上"。我们应该培养出什么样的社会公民？应该为人才培养提供怎样的教育土壤？这是学校办学每时每刻都应该思考的问题。找到适切的教育方法，探索一条行之有效的教育途径，构建和谐校园，培养幸福有成的人才是一名校长应该思考的重大命题。进入新时代，必须准确把握和认识未来发展形势，以新理念、新定位引领创新发展。将学校融入新时代改革开放的洪流，接受历史站位、思想境界、责任担当和开拓能力的考验，为此，我们把"幸福教育"作为一种浸润、一种享受、一种方法，把"快乐""阳光""和谐""幸福"作为师生校园生活的最终目的，在实施幸福教育这条道路上求索。

1. 以课题研究为姿态驱动革新

　　幸福教育究竟是什么样的教育？在学校发展中应呈现什么样态？如何引领师生获得幸福体验？……办学主张从凝练到实施，是以学校的龙头课题来呈现的。在"幸福教育"总课题的引领下，行政团队、骨干团队和一线教师学习相关理论、研读校本传统、分析现实问题、研究学校需要、解析时代特点，并在此基础上进行统整、融合、淬炼。办学主张在学校的贯彻与实施，形成一个集多种研究于一体的综合研究过程，形成一个基于校本发展特点的研究过程。这样，每一个人都与"幸福教育"办学理念息息相关。同时，给行政团队和教师以无限广阔的研究空间、创生空间，使每个教师都可以在办学主张与自身工作的结合点上确定属于自己的研究课题。办学理念在研究的过程中由虚到实、由浅入深、由表及里,层层深入,渐而进入广大师生的眼中、植入脑中、融入心中,使幸福教育成为校园生活的核心和灵魂,成为校园文化的最高层次,使其对内形成一种发展上的向心力,对外成为学校个性和精神面貌的缩影,就像发动机一样,产生动能,推动学校方方面面工作的革新与发展。

2. 以辐射整体为途径实践探索

"幸福教育"指向学校整体,辐射学校的各个方面。在对实现目标愿景的办学方略有清晰的把握下,通过实施幸福教育来培养幸福的人。体现"四全三构建"实施途径:

(1)四全:面向师生全体、全过程、全面渗透、全方位推进,主要有如下内容与重点:构建幸福文化、实施幸福管理、涵养幸福教师、开设幸福课程、推行幸福教学、进行幸福评价、共育幸福家校。

(2)三构建:重熏染,文化育人,探索与构建学校幸福教育的理论文化体系;重学习,课程育人,探索与构建学校幸福教育的品质课程体系;重成长,活动育人,探索与构建学校幸福教育的多元行为体系。

以"继承,传统中挖掘;发展,优势中提升;破立,问题中反思"为建设思路,把教师、学生的幸福作为出发点和归宿,在坚持将平凡事、常规事"做实、做好、做稳"中,形成学校独特的"幸福基因",创造师生幸福乐土,展现更美幸福姿态,引领学校幸福发展,努力为幸福人生奠基。

本书聚焦教育中的核心问题、热点问题、难点问题,从理论、实践、操作三个维度对"和谐育人　幸福有成"理念下,校本实施幸福教育样态进行全方位的梳理,总结提炼在实践中探索出的富有成效的相关策略、模式,将客观实际升华为精炼的理论,对学校的建设与发展进行较为全面系统的阐述。

用教育写作的方式,用文字记录理念践行与思考,不断给专业增进精神营养。每一份设计、报告,每一个案例、故事都是教育之花的绽放,记录着学校在课程教育改革中每一个坚实的步伐。在笔的静静记录中让激情、希望、魅力经由探索研究,漫射到教育教学生活的年年岁岁、角角落落。书中凝结着我校老师们的智慧与创造,尤其是课题组成员傅宝青、林迎陶、杨瑾、吴娴、陈芳、徐曦霞、刘燕娥、吕月云等老师的通力协作,对于老师们的付出,在此谨致谢忱!

蔡晓芹

2020 年 5 月

目　录
CONTENTS

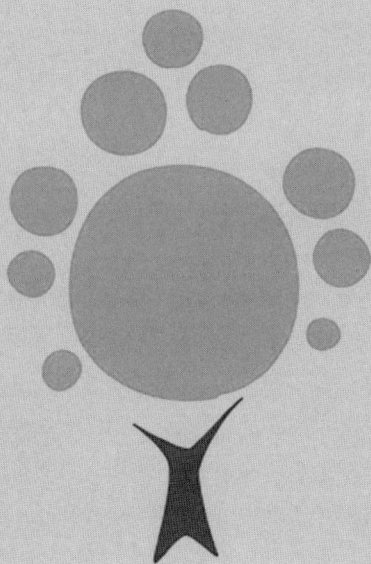

第一章

追本溯源：幸福教育的解读及体系构建

党的十九大报告明确指出："建设教育强国是中华民族伟大复兴的基础工程，必须把教育事业放在优先位置，加快教育现代化，办好人民满意的教育。"中国共产党人的初心和使命，就是为中国人民谋幸福，为中华民族谋复兴，但这绝对不是一句口号能解决的问题。当今，中国的发展有目共睹，但新的矛盾也层出不穷，如何诊断、消化这些矛盾呢？道路只有一条：使每个中国人都有幸福感！而让每个人都感到幸福，这也是教育的目的。

综合分析国际国内形势和我国发展条件，国家将 2035 年到 21 世纪中叶划分为一个阶段，建成富强民主文明和谐美丽的社会主义现代化强国。那时全体人民共同富裕基本实现，我国人民将享有更加幸福安康的生活，中华民族将以更加昂扬的姿态屹立于世界民族之林。如何实现这一目标，习总书记讲："全党同志一定要永远与人民同呼吸、共命运、心连心，永远把人民对美好生活的向往作为奋斗目标，以永不懈怠的精神状态和一往无前的奋斗姿态，继续朝着实现中华民族伟大复兴的宏伟目标奋勇前进。"作为教育工作者，需要立足本职岗位，创造幸福、培育幸福、守护幸福，提升社会文明水平，为幸福注入不竭的源泉，为实现幸福中国伟大目标贡献力量。

幸福是人类的一种心理需求，是人们孜孜不倦的追求，是对自己所处状态的一种主观上满意的体验和感受。学校是教书育人之地，俗话讲"十年树木，百年树人"，幸福的学校需要进行幸福的教育，需要从娃娃抓起。如何把学生培养成有幸福感，如何将幸福贯穿教学全过程，如何"幸福地教、幸福地学"是无数师生都在不断探索的重要课题。本章主要探究幸福教育的概念意义，并结合我校实际详尽阐述幸福教育的深入实践。

第一节　幸福教育的理论基础

一、幸福是什么

幸福是什么呢？幸福是主观性与客观性、物质生活与精神生活、享受与劳动、个人幸福与社会幸福的统一。随着经济社会快速发展，人们物质文化需要也日益提升，幸福研究已经成为当今深入探讨的一个热点问题，人人都在追求幸福。幸福是一个概念、一个实体、一门学问，还是一个具体、一种关系、一类"实际存在物"呢？每个人对幸福都有不同的看法，都有不同的定义。从概念上讲，幸福研究主要涉及基础理论（包括内涵界定、本质属性、结构要素、元理论学说）和专题研究（包括幸福感、幸福观、幸福指数、国民幸福、民生幸福、幸福悖论、幸福问题）两大部分[1]。

《辞海》将幸福定义为：在为理想奋斗过程中以及理想实现时感到满足的状况和体验。传统的伦理学理论习惯将幸福解释为"德行或美德"，认为幸福是人生的终极追求。17世纪，西方理性主义代表斯宾诺莎认为："真正的幸福是集体幸福和个人幸福达到统一的状态，拥有一定的限度，受到道德和现实的约束。"亚里士多德认为，幸福即善，即生活的完满和自我的完善，包括人的才德的充分实现和健康发展。他说人是为了幸福而追求幸福，幸福不是追求其他事物的工具。人需要一切外物以维持生命，生命又为追求幸福而存在，所求的幸福之外，不能有其他的要求，幸福的目的，是最高的目的。

罗国杰、唐凯麟等人认为，幸福就是人们在物质生活和精神生活中，由于感受到或意识到实现了自己的生活目标或理想而产生的一种精神上的满足和愉悦。[2]王海明从心理学的角度提出，幸福是对一生具有重大意义的需要、欲望、目的得到实现的心理体验和心理反应，是对一生具有重大意义的快乐。① 华中师范大学涂艳国教授认为，幸福是快乐而有意义的生活。

---

① 王海明.人性论科学体系的建构和研究者的使命[J].江西社会科学,2005(4):11.

近代哲学家冯友兰则把幸福看作一种自由的精神境界，认为"独立自足的生活，即是合理的幸福"。① 可以看到，无论是从心理学、伦理学，还是从哲学等角度，都可以有特色地解读幸福。幸福的内容受人的成长环境、身份等不同因素影响，但从教育学来看，就像乌申斯基对教育的理解一样，培养幸福的人是教育的目的，是"教"的必然结果，不能在教的过程中为其他不相干的利益而牺牲这种幸福。所以，我们不仅要通过教育使学生过上幸福的生活，还要让学生拥有并提升得到幸福的能力，幸福需要教育。可是结合当今时代发展形势，如何培养幸福的人成了教育的难题。习近平总书记曾多次强调："幸福是奋斗出来的。"他说："只有奋斗的人生才称得上幸福的人生；奋斗者是精神最为富足的人，也是最懂得幸福、最享受幸福的人；新时代是奋斗者的时代。"他倡导将个人的幸福融入国家和民族命运之中，只有实现民族伟大复兴，人民才会获得更多的幸福感。所以，在教育过程中应注意引导学习者形成顽强拼搏、努力奋斗的意识，为幸福达成起奠基作用。

美国当代著名心理学家马丁·塞利格曼在担任美国心理学会主席数月后的一天，与 5 岁的女儿尼奇在园子里播种时，受到女儿的启发，矫正了一直困扰自己情绪的问题。他发现培养女儿意味着看到她心灵深处的潜能，发扬她的优秀品质，培养她的力量。培养孩子不是盯着他身上的短处，而是认识并塑造他身上的长处，即他拥有的最美好的东西，将这些最优秀的品质变为促进他们幸福生活的动力。他将这种关心人的优秀品质和美好心灵的心理学，定位为积极心理学。

积极心理学是一种关心人的优秀品质和美好心灵的心理学，它主张以人的善端、道德、健康、爱等积极力量为研究对象，强调心理学不仅要帮助处于逆境条件下的人们知道如何求得生存和发展，更要帮助那些处于正常境况下的人们学会怎样建立起高质量的个人生活与社会生活，从而使每个人都能顺利地走向属于自己的幸福彼岸。它鼓励并教育大家，无论在任何危急的困境中，都要保持乐观积极的心态和充满希望的状态。

积极心理学正是一门研究人类"美好品质和心灵"的科学，也被称为"帮助人类发挥潜能和获得幸福的科学"，它认为现代心理学的三大使命之一就是使所有人生活得更幸福、更充实，主张积极心理学的目的是要开发人的潜力、激发人的活力，促进人的能力与创造，并探索人的健康发展途

---

① 郭颖.积极心理学视域下的中小学幸福观教育[J].教学与管理,2014(9):76-78.

径,同时它们试图通过发现和挖掘人自身的美德和优点来使大部分人获得最终的和持续的幸福。

积极心理学强调研究每个人的积极力量,它主要是相对于消极心理学而言的,它不仅在于除去人的心理或行为上的问题,而且要帮助人们形成良好的心理品质和行为模式。具体来说,主要从三方面研究人的积极力量:第一,从主观体验上看它关心人的积极的主观体验,主要探讨人类的幸福感、满意感、快乐感,建构未来的乐观主义态度和对生活的忠诚;第二,对个人成长而言,积极的心理学主要提供积极的心理特征,如爱的能力、工作的能力、积极地看待世界的方法、创造的勇气、积极的人际关系、审美体验、宽容和智慧灵性等;第三,积极的心理品质包括一个人的社会性,如作为公民的美德、利他行为、对待别人的宽容和职业道德、社会责任感、成为一个健康的家庭成员。

从积极心理学对幸福的解读历程来看,幸福是积极心理学的核心研究内容之一,心理学家的研究已发现幸福感是一种与多种人格积极心理有关的变量,外向、乐观和自尊的性格是幸福者拥有的积极心理。那么积极心理学又是怎样对幸福进行界定的呢?主观幸福感把幸福定义为快乐,侧重于个人基于客观反映的主观体验和感受;心理幸福感把幸福理解为人的潜能实现,从人格发展和人生意义的角度诠释幸福;社会幸福感则从人的社会贡献与社会和谐方面考察人的幸福,关注人的社会存在价值。三者的理论发展兼顾了主观与客观、快乐与意义、享受与发展、个人与社会,三者之间相辅相成、互为补充。故此,积极心理学对有关"幸福是什么"的论断主要从主观与客观、快乐与意义、享受与发展、个人与社会的多维度统一进行理解,幸福的这种统一观把影响幸福的诸种因素整合了起来,形成了一种相对整全、辩证的认识,它们构成了积极心理学幸福观的基本理论框架。

积极心理学的创始人马丁·塞利格曼将幸福分为美好的生活、愉快的生活和有意义的生活三类,同时通过大量研究区分出幸福感的五个核心要素:积极情绪、投入、意义、成就、人际关系。在实现幸福的途径中,积极心理学认为获得幸福的第一种途径是从生活中获得更多的快乐,增加积极情感;获得幸福的第二种途径包含了对目标的追求,其关键在于要更加投入到自己的事业中去。在极力发挥潜能的过程中才最有可能体验到马斯洛所谓的"高峰体验"(即人在进入自我实现和自我超越状态时可能感受到的一种欢乐至极的体验)。获得幸福的第三种途径是运用各种人格力量,寻找使生活更有意义的途径,实现人生价值与意义。对幸福的追求,也是对人生意义和生命价值的探索与追求。因此，"快乐的生活"需要增加积极情感体验，"美好的生活"需要全身心投入实现满足，"有意义的生活"需要内在潜能和品质的开发和充分运用，这三种生活体现了幸福生活的不同层次，实现幸福的生活就需要从这三个方面努力。

除了教育学家和心理学家，我国著名作家、思想家鲁迅也曾阐释过何为幸福。在其作品《幸福的家庭》里，他将内心当中美好的理想和憧憬寄托于另一个虚无缥缈的世界，从而给青年提供不竭的生活原动力。文章把"幸福的家庭"所在地叫作Ａ，家庭中自然是夫妇俩，一为主人，一为主妇，自由结婚，他们都受过高等教育，优美高尚，在条约下生活，平等自由。这些浅显直白的话语，非常明确地定义了幸福，为大家描述了一个幸福的家庭应该怎样幸福地生活。

二、幸福教育的内涵与理念

（一）幸福与教育

幸福作为人生的目的和权利，具有恒久而常新的意义，也是当今学术界深入探讨的一个热点问题。[3]人们的一切行为无不都是追求幸福的行为，人类的发展史就是一部对幸福的追求与探寻史，但是幸福不是自然而然地"天生于我"的。从理论上讲，幸福是人的根本的总体的需要得到某种程度的满足所产生的心理愉悦状态，这种满足感包括人的物质需要与精神需要得到满足时的和谐感。亚里士多德就曾经指出："既然目的是多样的，而其中有一些我们为了其他目的而选择的，例如钱财、长笛，总而言之是工具，那么显然，并非所有目的都是最后的目的，只有最高的善才是某种最后的东西。"这里提到的最后的目的就是幸福。幸福既是个人、社会的本能体现，也是个人和社会所追求的终极目标。而教育是培养人的一种社会活动，目的在于塑造人，是变革自我、文化自我的过程，二者在人的层面得到了统一，人做了自己认为合目的性的事才会有幸福感。所以教育必然与幸福关联，因为获得幸福的教育应该是幸福的教育，在走向幸福的过程中学生必须经历幸福的体验。

幸福的认识与实现是一个复杂的过程，而教育是其最好的手段之一，同时幸福也是教育的最终目的，培养幸福人的教育只能建立在尊重与信任的基础上，建立在宽容和乐观的期待中，存在于人与人心灵距离最短的时刻。教育是一种特殊的客观社会实践活动,它不仅是学生通过学习认识和改造客观世界的过程,也是师生双方在教学过程中达到心与心的融通而产生的一种愉悦向上的积极心理体验的过程,师生双方融合在同悲共欢的精神境界时,学生是幸福的,教师也是幸福的。教育中的幸福是内隐的,它来自于教育过程中教育者和受教育者互动产生的一种共同的心理体验。

"过一种幸福完整的教育生活"是教育核心理念。什么是幸福教育?所谓幸福教育,就是一种将幸福视为最核心和最终极的价值理念的教育,它是以教师发展为起点,帮助新教育共同体成员过一种完美幸福的教育生活为目的的教育实践,让师生都过一种幸福完整的教育生活。教育者所提供的教育和孩子们所经历的教育过程本身应该是幸福的,教育之于个人应体现出其发展性、享用性的作用,作为人走向自由、获得幸福的必经之路。苏霍姆林斯基曾经说过:"我认为教育的理想就在于使所有的儿童都成为幸福的人,使他们的心灵由于劳动的幸福而充满欢乐。"由此可见,幸福教育主要体现在两个方面:一是培养学生体验幸福、感知幸福的能力,使他们能够依靠自身内在的积极品质,体会到积极情感;二是通过积极的实践,以道德、美德、生活目的、普遍价值等为引导,获得创造幸福的能力和习惯,让每个人都能幸福地度过一生。这就是教育应该追求的恒久性、终极性价值。

(二)幸福教育的目的和价值

幸福不仅是一种主观的心理感受,更是一种能力,需要通过学习获取:幸福的根——细心品味生活,幸福的土壤——仁爱之心,幸福的肥料——培养良好的习惯,幸福的阳光——全然地接纳自己,因此形成了"健康、仁爱、积极、自律的幸福儿童"的育人目标。幸福教育是一种目的论,刘次林在《幸福教育论》中指出,教育是从人的内外全面给予幸福,不但从外在的环境、物质上给予幸福,还要从内在的心理、精神层面给予关照,将幸福内化。它不仅要让人们在教育过程中获得幸福,而且要让人们终生充满幸福。幸福教育又是一种方法论,它将本体论与幸福论、认识论与技术论有机地结合起来,并将生命本体的幸福置于优先地位,从而让人们真正从灵魂深处来感受和获得教育。因此,幸福教育就是这样一种目的论和方法论的有机统一,即让人们最大限度地在教育中真切感受幸福,又在幸福中切实获得教育。教育是人的幸福的源泉和保障,而人的幸福则是教育的目的和动力。教育与幸福之间的关系如此密切和重要,以至于从某种意义上可以说，教育即幸福。

要想获得幸福，除讲求中道原则外，亚里士多德还强调幸福的实现需要外在条件的辅助，这无疑讲明了教育的价值。教育的价值与功能包括促进个人幸福和社会幸福两个方面，教育面对的既是个体，也是社会，教育所培养的是社会人，是要成为社会的重要组成部分的个体。因此，幸福教育的着眼点不仅在于"个人"，也在于"社会"，教育在尊重学生个体的价值取向、兼顾个体需要的同时，不能忽视社会的发展和需要，只有这样，才能体现教育的全面价值和作用，才能帮助学生建立适应于社会发展的幸福，让大家有理解幸福的思维、创造幸福的能力、体验幸福的境界、奉献幸福的人格，成为和谐社会里的"幸福人"。

俗话讲："十年树木，百年树人。"教育始终是投资周期长、见效缓慢的事业。但这项事业一旦做好，其回报将是巨大的、持久的、超乎想象的！所以，历朝历代的统治阶级都非常关心重视教育，因为这是关乎国计民生、关系国家发展、关联家庭社会的重要领域。中国在教育事业上拥有悠久的历史沿革，从孔子算起已有两千多年，其中我们也积累了丰富的教育理念观点，创造了大量的方法措施，如《学记》《论语》《劝学》等，堪称世界教育史上的经典，并且涌现出一大批优秀的教育家，例如孔子、荀子、王阳明、蔡元培、陶行知等。如孔子曾明确宣布自己"不语怪、力、乱、神"，为儒家教育树立了理性态度的风范；如老庄的"无为"教育思想就公开标榜其反功利的性质，"是以圣人之治也，虚其心，实其腹；弱其志，强其骨。常使民无知无欲也，使夫知不敢为而已，则无不治矣"；如在内圣外王的理想人格导引下，一个人内在的德性与仁义，要外化为理想社会，最主要、最简捷的途径或中介就是"仕途通达"，只有如此，才有可能"兼济天下"；如《中庸》讲到："喜怒哀乐之未发，谓之中；发而皆中节，谓之和。中也者，天下之大本也；和也者，天下之达道也。致中和，天地位焉，万物育焉。"这些思想与理论为现在的我们留下了宝贵的财富，也对今天研究幸福教育提供了绝佳帮助。

（三）幸福教育的内容

马丁·塞利格曼博士指出，积极心理学将以为社会发展做贡献为核心，致力于把积极心理学的研究成果应用于人类生活的各个领域。在这其中尤其提到了积极教育，"积极教育即教育要以学生外显和潜在的积极力量、积极品质为出发点，以增强学生的积极体验为主要途径，最终达成培养学生个体层面和集体层面的积极人格"。同时，让人生幸福的教育要求教育过程本身应该是师生双方体验幸福的过程,教育的结果应该是促使引导师生能够更幸福地生活,简单来说,教师幸福地教学生如何追求幸福生活。而积极心理学就认为人格从某种程度上说是个体内化外在活动的结果,外在的社会活动要被内化为个体内在的积极品质,那么积极人格就可以增强积极体验来习得,这个学习的过程就是幸福教育。

德国存在主义哲学家雅斯贝尔斯也曾经说过:教育即生成。教育就是人的灵魂的教育,其目的就是培养全人。[4]教育的目的应该是人的全面发展,既要有基本的知识和技能,更要有健全的人格和精神追求。我们希望孩子们成为正直、善良、诚实、有爱心的孩子,成为有远大志向的孩子,成为努力学习、锻炼身体、积极向上的孩子,长大以后有本领把国家建设得更加美好,让更多的人生活得更加幸福。

内尔·诺丁斯的幸福教育思想在存在主义、杜威实用主义、人本主义心理学以及关怀伦理学的影响下逐步发展,拥有新的教育理念,认为教育的目的在于促进学生的幸福,教育者应该围绕着生活和学生的多方面的兴趣来设计和安排课程,教育者要为学生提供更多的选择和自由,进一步引导学生在活动与交往中愉快学习。她对教育平等也提出了新的看法,认为给予学生同样的教育并不是平等,应给予学生同质的教育,她还特别重视学生当下的幸福感受,倡导我们要接受学生发展的多方面的可能性。

美国加州大学心理学家桑雅·吕波密斯基根据研究结果,提出八项具体可行的做法:

一要心存感激:每周记下三五件令你感恩的事件。这些可以是小事,也可以是更具意义的事。

二要时时行善:可以是随机的或有系统的。对朋友或陌生人行善,会让自己感觉很慷慨、很有能力,也会赢得别人的笑脸、赞许及仁慈回馈。这些都会让人感觉快乐。

三要品尝乐趣:多注意美好的事物。

四要感戴良师:如果有人在你的人生十字路口予以指引,要赶快致谢。越详尽越好,最好是亲自答谢。

五要学习宽恕:对伤害与误解你的人,就放下怒气与怨恨,写封信给对方表示宽恕。无法宽恕他人会让自己停在积怨与心怀报复上,宽恕则能让你继续前行。

六要爱家爱友:对生活满意与否,其实与钱财、头衔,甚至健康关系不大。最重要的因素是坚固的人际关系。多花点时间与精力在朋友与亲人身上。

七要照顾身体:睡眠充足、运动、伸展四肢、笑口常开都可暂时改善心情。经常如此会让你对生活感到满意。

八要逆境自持:人生不免有难,宗教信仰可助你度过。不过一些非宗教的日常信条也行,例如"任何击不倒我的事,会让我变得更强壮"。[1]

三、幸福与教育:我的幸福教育观

在理解幸福理念的基础上,需要进一步探索幸福教育的实施。幸福教育从提出概念,再到实践运用,经历了长久的考验,也经历了社会的检验,可是幸福教育为何能够久历磨炼却又充满生命力呢?苏霍姆林斯基说过:"感受职业的幸福,是教师工作的最大动力。"由此可见,只有具有积极正确的幸福教育观,才能真正感悟和实践幸福教育,才能将幸福教育发扬光大。

(一)幸福与教育,相辅相成

积极心理学指出,人类的终极目标是幸福,如果每个人真正把幸福当作毕生追求的目标,那么内心能够体验持续的幸福感便是一个人最大的成功。教育的本质和最终目的就是促进人的全面发展,我国的基础教育也一直致力于培养"德智体美劳"全面发展的人,真正做到使学生全面发展的教育才是能给学生带来真正幸福的教育,任何一方面严重缺失都无法称为真正的教育。早在2011年"六一"前夕,党和国家就提出"让每个孩子都拥有幸福的童年",至今已经多年,全国都在关注"幸福中国"。随着经济的飞速发展,人与人之间的竞争愈演愈烈,生活压力越来越大,大家都步入了一个追求理性、对生活意义置若罔闻、精神生活贫乏、社会生态发展不平衡的特殊历史时期。在这个关键时间节点,探究幸福教育显得迫在眉睫,也十分有必要。

我们知道,教育和幸福的关系可以简洁地表达为教育和幸福的相互需要,教育和幸福存在着本质的联系,教育过程本身应该是幸福的,教育应该为人的未来的幸福生活做必要的准备。幸福需要教育,教育有助于提高人们对幸福的认识。幸福是一种过程,是一种状态,同时也是一种能力,这种能力除了学生要具备感知幸福的能力外,还应该包括创造幸福的能力,而

---

① 马利.心理学家马丁·塞利格曼[J].心理咨询师,2014(3):272.

这能力的培养就需要教育。教育也需要幸福,因为教育的过程充斥着困难与磨炼,教育者与受教育者之间有着长期的磨合关系,需要把真、善、美的相互教、学过程真正体现出来,而这过程本身应是幸福的过程,教育的最终目的应是幸福的、是和谐的、是有为的。就是在幸福教育的驱使下,学生能够形成正确的幸福观、自信心和自主追求幸福的能力,从而逐步发展成为拥有追求幸福能力的生活的主体,这就是幸福教育的最终目标。

(二)幸福的教育,势在必行

21世纪以来,国家发展战略日趋成熟稳定,从单一追求经济指标,转变到物质文明、精神文明、生态文明和政治文明并重,社会协调发展,全面进步的发展战略目标。特别是党的十九大召开后,提出"中国梦"这一概念,更是让教育与幸福紧密地联系在一起,为了实现中华民族伟大复兴中国梦,就必须全面提升教育质量,把幸福观念、幸福理念融入教育过程中,努力培养能够担当国家发展战略和民族复兴大业的合格劳动者和可靠接班人。

同时,随着课程教育改革的深入推进,国内幸福教育的研究开始出现了理论和实践双管齐下的局面。秦志勇在《如何引导加强"幸福观"》中认为,帮助中学生树立健康良好的幸福观,要加强对中学生进行理想教育、素质教育及励志教育。代玉启在《现今青少年如何培养正确的幸福观研讨》《幸福观教育:当前德育工作的重要内容》中指出,榜样教育是实施幸福观教育的重要途径。戴双祥在《论基础教育改革中的学生幸福》中指出,新课改背景下的基础教育应该切实关注学生的生理幸福、心理幸福和伦理幸福的实现,促进学生幸福应该作为基础教育的根本着力点。

近5年来,我校认真学习贯彻国家、省、市教育规划纲要精神,以"和谐育人、幸福有成"为师生发展共同愿景。确立建设"绿色生态校园、信息数字化校园、高品位文化校园"的办学目标,可见"幸福教育"的办学主张是贯彻落实纲要精神的具体体现。同时我们还紧贴现实需求,真诚关心每名学生,促进每个学生主动地、生动活泼地发展,让教师、学生都能找到适应课程教育改革的方法措施,不断提升各方的主动性和凝聚力。

(三)教育的幸福,功在千秋

幸福是教育追求的终极目标,幸福的获得需要教育,课堂教育教学肩负着学校教育的主要使命。幸福课堂由幸福引申而来,其最大的特点是充满爱，包括教师对学生的爱、学生对教师的爱和学生相互之间的爱。心存爱的教师和学生始终是积极、乐观、向上的个体，能让课堂中的师生产生一种愉快的心理体验。世界著名教育家乌申斯基也说："教育的主要目的在于使学生获得幸福。"这些教育学者的观点无不显示着教育与幸福的相互促进、相互推动。只有幸福的人生才能开展幸福教育，学校在"人文敬业、博学善教、乐学思进"的教风引导下，大力推动素质教育，将所有的重点转化为"建成幸福和谐的社会"。

教育是为人服务的，无论老师还是学生，都应当在教育实施过程中获得成就感，进而获得幸福，从中拥有幸福体验，提升感受幸福的能力。近期的一些研究报告显示，虽然经济快速发展，但人们的幸福感未必同比增加，其中，学生在受教育过程中的幸福感更是随着竞争压力的逐渐增大而愈发降低，教师的职业幸福感指数也偏低，多数教师感觉到自己的工作只是单纯的雇佣关系。实际上，许多教师起初都是怀揣着一颗教书育人的热忱之心投身于这个行业的，却在实践过程中面临些许无奈，从而变得疲于应付。所以，幸福教育的研究对于提升全社会幸福指数，实现全民素质教育，有着十分重要的意义。

第二节 幸福教育的整体框架

一、积极心理学引领幸福教育体系构建

在广阔的教育领域中，积极心理学观照下的幸福教育可以大有作为，因为积极心理学认为，人格的形成主要依赖于后天的社会生活体验，如果人与人之间有着不同的社会生活体验，那么他们的人格面貌也不尽相同。积极心理学研究的核心就是普通人的幸福，它强调关注人自身的美好品质和积极潜力，这样可以让人们提高自身改正缺点的能力，而且可以激发自己发掘自身潜力的能力，这对于构建基础教育中的幸福教育有着很大的意义。只有增进个体的积极体验，才能培养个体的积极人格。积极心理学所谓的积极体验，是指个体满意地回忆过去、幸福和从容不迫地感受现在并

对未来充满希望的一种心理状态。

从积极心理学的视野来看,幸福作为人生的一种价值追求,是心理健康意义上的幸福感,是人自觉行为与目的行为的联结,表现为对"什么是美好生活"追求的幸福感,是关乎人生的意义以及现实生活、理想、需要的情感体验,它是主观与客观的统一体,基于个体而又依存于社会;它是人的物质需求与精神需要得到统一满足时的心理和谐感,是人的身心健康和谐、人格充盈完满的状态,是快乐与意义、创造和享受、个人幸福和社会幸福、物质生活幸福和精神生活幸福的统一。基于此种认识,在积极心理学视野下,幸福教育所追求的是一种实在的、整体性的幸福,它是主观与客观、快乐与意义、享受与发展、个人与社会的多维度的和谐与统一。

"幸福教育"是功在当代、利在千秋的宏图伟业。心理学家的研究已经发现幸福感是一种与多种人格积极心理有关的变量。同时,这不是一个人的话,也不是哪个人突发奇想而来的,它是经过时光磨炼、总结思考以及反复检验而得来的深层次理论。它经过一代又一代教育工作者的传承、提取、淬炼而来。幸福教育是积极心理学指导下让学生成为快乐的人的教育。关注学生的自我感受,给学生提供积极的心理特征,也帮助学生塑造积极的心理品质,包括个人的社会性。

教育的根本目的是提升人的生命质量,特别是学校教育是人类有意识、有目的地把人类已有的文化成果内化到个体中去,使人真正地成为一个"人",成为自由、全面的人。就人的整个一生而言,受教育并不是目的,而是个人获得幸福的手段之一。学校教育在制定教育目标时,必然要以现实社会对"什么样的人才是幸福的人"的客观标准为尺度来进行调节,应该是人对幸福的体验过程,在教育内容的设置上也应当以幸福的人为依托,以满足学生在将来走进社会后能够适应社会的各种要求,并且能够在现有的社会条件基础上追求更高层次的需要,通过这些追求幸福的教育,让学生不断培养敏感的心灵、直觉式的思维与天真的热情,这是最重要的能力和因素。我校自1911年创建以来,时光荏苒,岁月匆匆,一百多年的时光流转,一百多年的跌宕浮沉,在历届校长与师生砥砺奋进中,在校园文化日益完善中,逐渐形成了"和谐育人、幸福有成"的办学理念。我们继承学校精神财富,传承"幸福教育"办学主张,把素质教育当成一种浸润、一种享受、一种方法,把"快乐、阳光、和谐、感恩、幸福"当成学生学校生活的最终目的,为幸福教育实施提供了操作遵循的道路。在这条道路上全校教职工随时保持一颗"一切为了孩子、为了孩子一切、为了一切孩子的心态;常怀感恩之心，一生幸福无穷"的心，促使引导师生能够更幸福地生活。

教育作为一种合理的社会活动，同时隐含着使人幸福这一功能，教师和学生只有在教育中共同体验、共同创造，才能共同享受教育的幸福。幸福教育作为一种新兴的教育理念与行动，其目标就是培养能够创造幸福、拥有幸福的人，努力创造幸福资源，正确面对幸福资源，充分享用幸福资源，鼓舞人运用智慧、调动潜能去享受成功的欢愉，去感受人际关系的亲密、诚实和真心。因此，我校率先迎合时代大潮，结合学校特色，时刻秉承"有平等才有尊重，有尊重才有幸福"，让每一个孩子的天资、兴趣、特长都能得到充分地发挥和施展，最终达到培养学生成为快乐幸福的人的目的，大家努力养成一种欣赏世界，友爱、仁慈、宽容的生活态度，让学生从教师的言传身教中体会教师的人格魅力。

教育的阵地在学校。学校是受国家、社会和家庭委托来培养人才的专门化的教育机构，徐廷福认为"学生的幸福观主要来自学生对自身经历的一些事情的感悟，所以学校开展的幸福教育必须围绕学生的生活展开，并且幸福教育应该为学生参与公共生活做好准备"。在积极心理学理念中，环境影响着个体的幸福感水平，个体的经验和行为反应模式又会在环境中得到体现，良好的环境适应性也是一种积极的心理品质。校园环境作为学校教育的支持性平台，不仅为幸福教育目标的实现服务，也是对幸福教育的内容及途径起补充作用。小学生在学校的时间比较多且易受环境影响，如果学校给学生提供了一个积极向上的环境，创造"快乐学校"，从更新教育目的、修改课程计划、拓展教学内容、改善师生关系上入手，将在潜移默化中使学生的整体心理素质得到提高。因此，我校通过协调各方力量，努力搭建平台，力争达到幸福教育的目的，不仅给学生提供快乐，还要通过校园文化，润泽学生，教会他们获得快乐的方法。

教育的关键在教师。罗杰斯认为，教师的任务不仅是传授给学生知识，也不只是教学生如何学习，还要为学生的学习成长提供手段和条件，促进学生自由成长，即意味着教师要为学生的学习营造一种充满着关爱与真诚的氛围。教师关爱、理解、信任、尊重学生，对学生传递的积极情绪、情感和品质，有助于培养学生友好待人、趋向合群等良好的社会情感和开朗乐观的个性，而这些积极品质是学生实现幸福生活不可或缺的条件，也为学生未来创造幸福生活打下坚实基础。幸福教育所主张的教师角色受人本主义和存在主义的影响很大，但是幸福教育更加注重教师对学生的指导作用，许多教师长年累月地辛勤工作，一心为了提高学生的学习成绩，可是学生并不愿意,这就是学校教师在社会的无形压力下过于看重科目的教学,偏重学生智能训练,却忽视他们其他方面的发展才造成这一问题最重要的原因。因此,学校就力争坚持以"每一个员工成为岗位上的专家"为教师发展愿景,关心、关爱每一位教师职业人生的成长与发展,沿着幸福教师的内涵和外延两大主线出发,从教师职业的安全感、归属感、尊严感、使命感和成就感等五个方面着力,提升教师的幸福指数。故,在此基础上明确大力提出了"和谐育人、幸福有成"的办学理念。这看似简单的八个字,其实就是我校全体教职工的初心和今后的努力方向。而且学校还把培养关心人、爱人也值得人爱的学生当成目标,鼓励和动员教师摒弃传统陈旧的教育观,真正关心学生成长。

二、生态观引导幸福教育方案的制定

幸福教育体现了马斯洛需求层次理论中人的层次需求,既包含了基础物质需求实现所需要的知识教育,也包含了实现幸福、收获快乐所需要的能力教育方面的精神层次需求。经过一百多年的历史,我校不忘培养幸福人的初心,努力践行培养快乐幸福人的使命,结合学校发展特色和校园文化,形成了"和谐育人、幸福有成"的办学理念,充分考虑参加学习者现实和未来的具体需求,制定了在生态观引领下的幸福教育方案,真正把基础教育看作面向全体学生,帮助学生成为幸福的合格公民的教育,帮助他们掌握终身学习必备的基础知识和基本技能,提高解决实际问题的能力,养成终身学习和终身探究的技能与习惯。

(一)目标:和谐育人,幸福有成

"幸者,吉而免凶也;福者佑也……"其中"幸福"两字合用,表示祈望得福的意思。百度百科解释"幸福"为:是指一个人自我价值得到满足而产生的喜悦,并希望一直保持现状的心理情绪。"但幸福教育的意义并不仅仅是幸福本身,它包含无穷的内涵,例如和谐快乐、成长有为。其中,和谐育人指的就是合理配置各类教育因素,培育学生内心和谐,建立和谐师生关系,促进学生人际和谐,共同营造和谐的育人氛围。因此,在追溯学校历史,反观学校当下发展后,我们学校提出了"和谐育人、幸福有成"这一办学理念。

"和谐""幸福"既是人的高级精神追求,也是回到教育本质来看教育的一种理念。从某种意义上讲,学校一切工作的出发点和归宿就是为了人的和谐发展，"和谐校园"建设的终极关怀是学生的幸福体验。学校教育理念的内核是人本思想，构筑的是一个符合人性规律与教育规律的校园教育文化。我校在这一办学理念引领下，全校师生沿着内涵式发展道路，谱写幸福教育的特色之路。

对于幸福教育，苏霍姆林斯基这样说："在教学大纲和教科书中，规定了给予学生各种知识，但没有给予学生最重要的东西，这就是'幸福'。理想的教育是：培养真正的人，让每一个从自己手里培养出来的人都能幸福地度过一生。这就是教育应该追求的恒久性、终级性价值。"从中可以看出，幸福教育就是要让学生在学习、成长、工作、生活过程中，无论年龄、资历、能力如何变化，都能够真真正正体会到自己被需要，对集体有贡献，对家庭社会有担当，有成就感……

乌申斯基这样说："教育的主要目的在于使学生获得幸福，不能为任何不相干的利益牺牲这种幸福，这一点是毋庸置疑的。"[5]这句话至少包含两层意思：一是通过教育，让学生获得幸福的生活；二是通过教育，让学生获得幸福的能力。可见，幸福需要教育。

正是在这些思想的影响下，我校与时俱进，力争一心追求着自己的幸福教育理念——在教学管理中，学校一直坚持打造和谐文化、爱的校园，坚持全面发展的质量观，以人为本的学生观，着眼于人的整体发展、和谐发展，把教育者、受教育者、教育管理者、家长等教育中的重要个体串联起来，让每一名人员都成为幸福的人，内心有幸福的感觉。最终把和谐友爱的教育进行升华，让师生共同追求过程幸福与结果幸福。

（二）核心：积极心理，体验成长

幸福是每一个人一生都在追求的目标。这也是人类进步的动力源泉，可以说一个人活着的价值及意义就是不断追求幸福。幸福教育概念的提出以及发展成熟经历了许多年，但是现在幸福教育的实施成果到底如何仍有待考证。

有人认为当下的学生是不幸福的，因为无论老师、学校，还是学生、家长都略感教育的辛苦、烦累。老师面对学生不断出现的状况，导致教学、管理压力不断增大；学校需要面对社会、家庭等各方面压力；学生面对严苛无比又呆板机械的教学、堆积如山的作业以及无穷无尽的辅导更是觉得无力应对；造成家长教育负担过重，抱怨学校老师，造成老师厌教，学生厌学。这样的教育怎么能幸福呢？不但不幸福，而且是烦恼的、是痛苦的。

问卷调查研究表明,总体上,多数学生感觉不愉快的时间多于愉快的时间。因为虽然现在生活水平提高了、教育类型多了、教育质量高了,可五花八门的信息充盈着孩子的大脑,社会危机感加剧,引起大多数学生的学习热情日渐衰退。积极心理学指出,积极情绪能使人释放由消极情绪造成的心理紧张,从而使人的机体保持健康和活力。而长期的消极情绪体验会给人造成严重的心理紧张,这种心理紧张使人长期处于应激状态,这对人的身体健康非常有害,从而影响人的幸福感。所以注重对全体学生积极心理的培养,增强幸福体验,使每一个学生感觉到幸福,依然还有很长的路要走,但这也正是我们工作的意义所在。

从目前来看,由于大多数人把幸福和成功归因于他们以前努力学习、刻苦拼搏的结果,从而自然而然地认为幸福必须经历苦难方能化茧成蝶。但是如果从小培养小学生积极乐观的心态,其实幸福有时候也可以在幸福中慢慢得到孕育,并不是一定要经历痛苦。总的说来,至少已经有大部分人已经意识到幸福教育的重要性了。从现今素质教育的热门可以看出,重建幸福的学校生活已经逐步成为大部分教育工作者的重要工作,这不仅是一种合理的愿望,更是今后教育的目标,最终幸福教育将统归于人类幸福,实践于幸福教育,落脚于个人幸福。

(三)抓手:彰显个性,立足人本

在以知识为本向以人为本的教育观的转变中,我们可以看出,教育的中心应当是活生生的人,而不应当是僵硬刻板的知识;人不仅需要获得全面而丰富的知识,更需要具有完整而丰满的人性。因此,教育不仅要将他们训练成有用之人,更重要的是,要将他们培育成幸福之人。只有这样,才会充分发挥其无穷的想象力、创造力和生命活力,才能真正自觉而有效地服务于社会。

师生是任何形式教育的主力军,幸福教育一定是师生发挥主体创造性的教育。在幸福教育中,师生都是教育活动的创造者。师生在教育活动中是主动还是被动,是创造的活动还是机械的活动,直接决定着教育的状态和境界。所以无论身处何种身份,都需要正视自己职责,摆正自己的位置,用尽全力做好幸福教育的践行者和传承者。

1. 学校教育

学校是教书育人的主要场所,是老师、学生的依靠,是真正实施幸福教育的主体。学校的主要职责是协调各方力量,构建幸福课堂,需要让教师享受教育的幸福，让学生体验幸福的教育，把幸福地教、快乐地学、有为地成长贯彻建设始终。

2. 教师主导

只有幸福的教师才能培养、造就幸福的学生，只有快乐的教师才能培养快乐的学生，教师的幸福状态体现在工作中，体现在学生的成长过程中。由于职业使命、个人素养的原因影响，教师都能够较为主动地实践幸福教育。当下关键问题就是要让教师调整心态，随时激发保持幸福的状态，无论现实困难多大，无论目标任务多高，都必须用微笑去面对，把学生的幸福、和谐当成一个终生目标进行培养，认真对待每一名学生，为他们种下幸福的种子，用爱心浇灌，使它生根发芽，长成参天大树。

3. 学生主体

学业压力是不能越过的矛盾问题，但幸福并不是绕过困难，而是迎难而上解决困难，除了少部分特殊学生外，幸福感都将得到逐步提升。所以需要更加明晰各自定位，要理解幸福，感悟幸福，珍惜幸福，要享受教育，懂得学习，注重成长，从而使自己的人生充满幸福，成就一个幸福个人，达到教学相长、共同幸福的目标。

第三节　幸福教育的校本化实践

在教育和学习中，只有感受到幸福才能有进步、有收获、有动力。有专家甚至认为，幸福感可以与满意感、快乐感和价值感有机统一，从而体现出一个人在社会中的生存意义。从某种意义上讲，幸福教育理念必须深入人心和进行实践运用，只有这样才能让更多的老师和学生感受到幸福，从而在本职岗位上实现创造价值，实现梦想。

著名儿童心理学家让·皮亚杰在儿童思维发展上做出突出贡献，其丰富的理论成果有助于教育工作者实施幸福教育。他提出了儿童认知发展阶段论，将其划分为感知运算阶段（0～2岁）、前运算阶段（2～7岁）、具体运算阶段（7～11岁）、形式运算阶段（11岁开始一直发展）。我们非常清楚就能够看到，在小学教育里，学生会出现三个阶段。在前运算阶段，儿童将感知动作内化为表象，建立了符号功能，可以凭借心理符号（主要是表象）

进行思维,从而使思维有了质的飞跃。在具体运算阶段,儿童的认知结构由前运算阶段的表象图式演化为运算图式。具体运算思维的特点:具有守恒性、脱自我中心性和可逆性。在形式运算阶段,儿童思维发展到抽象逻辑推理水平。其思维形式摆脱思维内容,形式运算阶段的儿童能够摆脱现实的影响,关注假设的命题,可以对假言命题做出符合逻辑的和富有创造性的反应,同时儿童可以进行假设-演绎推理。

皮亚杰的认识发展理论还认为,儿童是学习的主体,儿童知识的获得是儿童与环境中的人和事物相互作用的结果,是儿童积极参与的活动,从而不断建构认知结构。我校基于实际情况,根据国家的政策、国内已有的先进经验等提出了"幸福教育"的教育理念,以提高学生的综合素质,更好地促进教师、学生、学校的发展,形成学校独有的办学特色,增进基础教育走内涵式发展道路。而在教育过程中就需要借助皮亚杰的成熟理论,结合不同年龄阶段的学生制订不同的计划,划分不同的标准,让幸福能够更加及时地灌输于学生脑海,从而形成幸福观念,瞄准幸福实践。

一、定目标,正观念

幸福教育并不是孤立无援的办学理念,它必须融入当今社会的价值追求中,并契合《国家中长期教育改革与发展规划纲要》(以下简称《纲要》)精神。《纲要》明确要求:"要以学生为主体,以教师为主导,充分发挥学生的主动性,把促进学生健康成长作为学校一切工作的出发点和落脚点。"使学生健康成长就是幸福感获得的必备条件。在这样的大背景下,我校顺势而为、应势而动,把教育当成一件幸福的事情来做,尊重教育发展规律,把实施素质教育、营造和谐人文校园作为终极目标。关心每个学生,促进每个学生主动地、生动活泼地成长发展,让每一个人在实施幸福教育下幸福地成长。

二、寻方法,通"六艺"

思想是行动的先导,理念是行动的方向。在"和谐育人、幸福有成"办学理念的指引下,学校将传统文化中的"六艺"(礼、乐、射、御、书、数)与当代校园发展实际相融合,发展为"新六艺",即:德、美、体、能、知、智,让每一个孩子都能充分发挥自己所长,学到应学知识,培养综合能力。正是在这样的教育方法下,学校结合传统文化,结合时代特色,展现向上风貌,逐步培养出一大批符合时代发展的优秀小学生。

（一）做一个有道德的人

"士有百行,以德为先。"合乎德性是幸福教育的核心。亚里士多德说,"幸福就是种善","幸福就是合乎德性的现实活动"。真正的幸福与真、善、美等价值追求相联系,是与高尚道德连在一起的。良好的道德素养能使人心胸开阔,正确处理人生面临的各种困难和矛盾,感知生活的美好,提高幸福感受力,从而达到内心的宁静与愉悦以产生幸福感。所以德育教育就要从小抓起,从严抓起,从常抓起,学校将使命、责任、任务与担当融入日常教学中,让学生在思想上不断树立积极进取的姿态,培养昂首阔步的斗志和百折不挠的品质。

（二）做一个会审美的人

美感能够激发灵感,品味艺术,帮助学生形成精益求精的态度,让灵性与活力迸发,进一步富有灵魂,平和心境,淡雅品味,灵动情趣,增添活力。随着人民生活日益富足,简单的温饱已经解决,传统的精神追求早已无法满足人们内心的文化需求,那随之而改变的就是对生活、对幸福的审美角度和标准,把审美与幸福感相结合,才能丰富精神生活,感知幸福生活。

（三）做一个体魄强健的人

"生命在于运动。"只有锻炼,才有强健的体魄去适应更高强度的学习,保持争创一流的精气神。我们不仅注重学习科学文化,体育锻炼同样占有重要地位,篮球、足球、跳高、南拳操、舞蹈等项目都吸引了广大学生去学习体验,并视其为专业爱好。

（四）做一个有能力的人

能力是立身之本,学校始终把培养综合能力素质当成紧要的事。小学阶段是人生的个性心理品质和习惯行为形成和发展的关键期。我们将"一日常规"不断融入时代要求,发掘整合各类教育资源,营造特色学生社团,将学生思想道德、科学素质、艺术素养、健康体质等锻造得更加全面。

（五）做一个乐于求知的人

学习就如逆水行舟，不进则退。只有随时保持向上好学的求知欲望，才能学习得更好。学校秉承创办人蔡鼎常先生"读书积善"的办学遗训，立起"品端乐学、体艺双馨、个性学习"的学风，让学生在学海荡舟，在生动活泼的校园生活中发展爱学、会学、学会的个性化学习品质和健康活泼、积极向上的风貌。

（六）做一个有智慧的人

从数到智，这是应对时代变迁的有力之举。在古代只有数学，但现今不仅有数学，还有诸如计算机、外语等诸多科目。学校把单纯变为复杂，让学生充分感受到学习的重要性，感受到智慧的必要性，从而不断激发学习创新积极性、主动性，尽快成为一个有智慧的人。

三、建阵地，搭平台

幸福教育这项伟大的工程离不开老师和学生的共同努力，也离不开学校和家庭的合力。在实践中，学校坚持从涵养幸福教师、打造幸福课堂、培养幸福学生这三个维度打造新型教育阵地，并取得了丰硕的成果。

（一）充分发挥教师职能

岗位就是站位，学校坚持以"每一个员工成为岗位上的专家"为教师发展愿景，从"安全感、归属感、尊严感、使命感和成就感"五个方面用力。有效整合资源、提振精神品质、凝聚向心合力、深化价值认同、拓宽发展空间、推动成长进步，最大限度激发潜能。

（二）充分发挥课堂教学

课堂是老师教学、学生学习的主阵地，只有良好的课堂氛围和秩序，才能保证幸福教育顺利实施，必须时刻保持高标准、严要求、多元素、求创新。无论是德育教育，或是学科教育，还是主题班会，学校都把符合学生实际作为关键要素，加紧校园环境布设、学科特色打造，逐步形成品质化、特色化的丰富课堂，帮助学生深入学习。

（三）充分发挥学生潜能

学校采取充分对话、活动、合作、探究等形式，着力培养具备"理解幸福的思维""感受幸福的能力""体验幸福的境界""创造幸福的能力"为核心内涵的幸福学生，使学生彰显"身心健康、性格阳光、积极向上、德行尚美、学力强盛"的幸福学生的特质。

苏霍姆林斯基说："年复一年，我越来越确信，创造幸福是教育的目的。"诚然，对幸福教育，我校每任校长和师生都会积极传承本校优秀的校园文化——幸福校园文化，渐而形成"和谐育人、幸福有成"的办学理念，维护地方和国家的长治久安！

我们始终坚信："勿忘初心，方得始终。"今天的幸福教育一定能成就明天的幸福中国。

第二章

学校文化：幸福教育的深层基因

苏霍姆林斯基说："理想的教育是培养真正的人，让每一个人都能幸福地度过一生，这就是教育应追求的恒久性、终极性的价值。"

学校是教育人、影响人的地方，需要有很高的文化格局和文化品位。学校为了持续而富有内涵的高品位发展，我们在不断努力中寻找到驱动学校持续、稳定发展的动力——文化。我们把教师、学生的幸福作为出发点和归宿，以"继承，传统中挖掘；发展，优势中提升；破立，问题中反思"为建设思路，在坚持将平凡事、常规事"做实、做好、做稳"中，形成自己独特的"文化基因"，为师生创造幸福乐土，展现更美幸福姿态，引领学校幸福发展，努力为幸福人生奠基。

第一节　幸福的学校文化再造

联合国教科文组织颁布的《文化政策促进发展行动计划》中指出：可以用文化来定义发展。文化不仅是发展的力量和方式，其本身也意味着发展。党的十九大报告指出："文化是一个国家、一个民族的灵魂。文化兴国运兴，文化强民族强。没有高度的文化自信，没有文化的繁荣兴盛，就没有中华民族伟大复兴。"文化自信的提高，有赖于教育的整体提高。校园作为"以文化人"的重要场所，文化的作用更不容忽视。学校文化是一种软实力，更是一所学校的长久标牌。在全面实施推进"文化厚校"的战略中，我们把教师、学生的幸福作为出发点和归宿，围绕"幸福教育"，以三个"点"对学校文化这片沃土进行深层再造。

一、找寻再造的"出发点"——传承

学校文化是学校全体成员一点一滴创造出来的活的文化，是学校的一笔宝贵的财富，我们的再造不是推倒重来的无源之水，也不是脱离实际现状的盲目跟风，而应是从学校的办学历史出发，针对学校的办学现状，明晰未来的愿景期待，也就是要清楚学校"从哪里来？现在在哪里？将来到哪去"[6]，认真总结提炼各阶段形成的文化元素，在去粗取精中传承优秀的文化基因，用先进的策划理念来帮助提升学校文化的品位。这样的文化才是一面凝聚人心、鼓舞斗志、催人奋进的旗帜，才是推动师生积极进取、勇往直前、开拓创新的精神动力，才是一种极具影响的文化力量。

"幸福"这个亘古常新的话题，在人类发展历程中，无论处于哪个阶段，人们从来都没有停下追求幸福的脚步。威廉·詹姆斯说："人类最关心的东西就是幸福。"亚里士多德认为："幸福是终极和自足的，它是行为的目的。"乌申斯基说："教育的主要目的在于使学生获得幸福，不能为任何不相干的利益而牺牲这种幸福，这一点当然是毋庸置疑的。"幸福对于每一个人都是重要的人生课题，而幸福也正是我们学校文化长久的坚守，因此我们的学校文化再造应该传承幸福教育的办学主张，能让师生持续感受到教育的幸福，进一步涵养出幸福的师生。

作为一所有着百余年积淀的学校，现如今在学校规模扩大、校园空间局限、建筑设施老化、生源结构变化以及教师队伍新组合等多种形式下，学校文化建设面临着新挑战。找寻到学校文化再造的出发点"幸福"后，我们不断叩问：当下教育的幸福源泉在哪里？如何才能享受幸福？如何让校园成为幸福校园？我们希望看到这样一番景象：校园里面的人，眼神是温柔的，笑容是甜美的，人际是和谐的，交往是友好的，活动是自主的，行动是积极的……所有的一切不是看起来像是幸福的，而是每个人发自内心地感受到这是幸福的。由问而促思，从思而追问，以"幸福"为再造出发点，引领着我们朝向更关注"以人为本"，使我们脑中有方向、眼中有发现、手中有针线，在"化危机为转机，视问题为契机"中，突破现实困境，帮助我们把那些散落在学校角落的珍珠穿成一条美丽的文化项链。

二、抓实再造的"着力点"——发展

苏霍姆林斯基说过："学校是学生追逐梦想的地方，也是学生精神发育的家园。"学校之所以有如此强大的功效，主要是因为学校是文化的场域，是文化生长的土壤。学校文化的生长即发展，发展是一个积淀的过程，只有在岁月刻画的年轮里，经历洗礼与滋养才能不断生长。对学校文化的再造，我们除了找寻再造的出发点"传承"，在百年坚实的根基中汲取营养外，紧接着便是抓实"发展"这一学校文化再造的着力点，使幸福教育在学校文化的沃土中焕发新的生命活力。

学校文化是个大概念，其再造是个系统工程，在学校文化再造"发展"这一着力点上，我们首先考虑的是学校文化为谁再造？如果只是赶时髦地喊口号、吸眼球地来作秀，那么这样再造出来的学校文化与校园中最重要的人有多大关系？这样的学校文化是鲜活的吗？是不断生长发展着的吗？我们深刻地认识到幸福教育的学校文化更应注重其"发展"，既要着力于发展的"原点"，更要着眼于发展的"远点"；既要关注当下文化发展的蓬勃律动，又要指向远方为未来积蓄力量，拥有持续生长的能力，点亮美好的未来发展。

基于此，不管是在精神文化，还是在管理文化，或是在行为文化、课程文化、环境文化等学校文化中，我们都力求使学校文化离校园中最重要的人近一些、再近一些，注重学校文化与人的同步生长、渐进生长、重点生长、层次生长，使学校中的每个人都成为学校文化自觉的参与者、自发的传播者、自动的践行者。我们相信，当学校中的每个人在文化中不断被滋养、在文化中不断得以生长，那么我们的学校文化便有了持久的生命力，便能因发展而生生不息、源远流长。

三、瞄准再造的"突破点"——创新

学校发展是学校生命力的体现，而学校发展的突破点在学校文化的创新建设。新时代，学校文化需要焕发出新的光华，也就是要着力推动学校文化的创造性转化与创新性发展。[7]如果没有文化的创新，学校的发展就缺乏推动力和增值点。现代校园的学校文化再造应适时而变，不断创新，将"创新基因"深植于学校文化，让学校文化的品质在创新的驱动下得以提升，让学校文化的文化底蕴在创新中不断博大精深。

当今世界，教育改革创新已非预言，而是现实。我国教育史上最富创新的教育家陶行知，他倡导的"生活教育"，主张"教育以生活为中心"，而不是以书本为中心，是"为了生活而教育""依据生活而教育"，主张培养有行动能力、思考能力和创造能力的人。我国著名的思想家、教育家蔡元培认为，"教育是帮助被教育的人，给他能发展自己的能力，完成他的人格，于人类文化上能尽一分子的责任"，其原则是"展个性，尚自然"。这些理念在现在看来仍十分现代，仍是学校文化再造创新的基点与探索的方向。

在幸福教育的学校文化再造进程中，新的学校文化生态正向传统学校文化的理念和模式提出严峻的挑战，迫使传统的学校文化改革创新。我们要确立面向现实、面向未来、面向世界，既能有效应对时代变化，又兼具超越性的学校文化理念，探索和创新学校文化教育模式，改革不符合学校文化发展规律的陈规旧制，根除不利于学校文化创新的种种弊端，用先进的办学理念、超前的办学谋略、创新的办学举措，做到时时在创新、事事有新意，使学校文化再造迈上新台阶，建立充满活力、激励创新的学校文化新生态，实现学校文化的创新发展。

一所学校能够实现跨越式发展，它的内涵注定是文化；一所学校能够实现可持续发展，它的根基同样注定是文化。在幸福教育的学校文化再造中，我们努力找寻再造的"出发点"——传承，抓实再造的"着力点"——发展，瞄准再造的"突破点"——创新，使其树立完整文化形象，反映学校综合实力，培育学校文化土壤，保证学校内涵及可持续发展。我们坚信，在持久努力下，将培植出更积极和谐的幸福文化基因。

第二节 幸福的精神文化培植

学校精神文化是学校文化的深层表现形式，是学校在长期的办学实践中逐渐积淀凝练而成的精神成果，是师生员工在长期的办学实践中广泛认同和自觉奉行的根本的办学理念和价值观念，它体现着学校的办学理想及其作为学习共同体的价值诉求。

中国著名教育家张伯苓校长说过："教育是立在精神上的，而不是立在物质上的。建一所学校,精神难而物质易。因为物质是精神造的,只有精神专注,样样事都可以成功。"[8]学校精神文化建设是学校得以持续发展、和谐发展的根本路径,是学校发展建设中一项固本培元的重要工程。然而,精神文化看不见、摸不着,在学校改进的过程中最容易被忽视,使广大师生员工对学校发展愿景理解模糊,对学校办学方向期望不一致,致使未能达成共识,缺乏价值认同,得不到有效践行,在很大程度上造成目标在实践中被高高挂起,难以发挥其应有的导向作用,使学校改进力量涣散,精神文化发展陷入困境。

作为一所百年老校,我校拥有深厚的文化底蕴和优良的办学传统,师生砥砺奋进,促使学校不断进步。为了弘扬学校的精神文化,筑起学校文化的幸福高地,我们在分析校园精神文化困境和成因的基础上,从学校实际出发,立足传统与现实、当下与未来,打开视野,重点实施"三步走"战略,使精神文化由虚到实、由浅入深、由表及里,层层深入,渐而进入广大师生员工的眼中、植入他们的脑中、融入他们的心中,使精神文化真正成为学校文化的价值链条,成为学校文化的核心和灵魂,成为学校文化的最高层次,使其对内形成一种文化上的向心力,对外成为学校个性和精神面貌的缩影。

一、价值——在顶层设计中引领入眼

在多元价值观念的影响下,特别是数字化时代的到来,各种思潮相互激荡,不同的价值认识影响着广大师生员工的工作态度和工作方式,学校精神文化的发展和传承也备受影响。价值观是人的一种自觉意识,广大师生员工一旦形成了正确的价值观,就会使这一价值观成为他们的一种义务和责任、一种立场和态度、一种思想和行为的标准、一种追求和为之奋斗的精神动力,使他们处处维护,并与各种不相符的行为进行斗争。我们要办什么样的学校,怎样办成这样的学校,学校精神文化这条价值链条决定着学校群体的教育行为,指导学校的办学方向,定位学校的品牌形象,它以一种精神力量、一种文化氛围、一种理性目标熏陶着学校的群体成员。

为此,我们迈出改进的第一步——"种价值"。通过对学校发展的思考,我们从中国传统文化的核心理念"和文化"中看到了第一个关键词——和谐。从亚里士多德的"幸福是人的一切行为的终极目的,正是为了它,人们才做所有其他的事情"，以及苏霍姆林斯基的"年复一年，我越来越确信，创造幸福是教育的目的"这两句话中，我们又欣喜地看到了第二个关键词——幸福。基于此，我校确立了"和谐育人、幸福有成"的办学理念，追寻打造和谐、幸福、有爱的校园，努力创建尊重、信任、理解、包容、欣赏、鼓励的和谐文化，追求广大师生员工在和谐中幸福相处、在和谐中幸福发展、在和谐中幸福共生，让和谐的因子在校园中孕育，让幸福的因子在校园中弥散，从而实现幸福有成。

如果教育不能增加一个人的价值，这样的教育是无用的，也是徒劳的。为此，我们在办学理念的引领下，以争创全国一流学校为目标，通过"一抓一促一带动"——以抓教风建设促进学风建设，以学风建设带动校风建设，着力把学校建设成和谐幸福的集体，展示校园良好的精神风貌。我们引导教师把自己的发展和学校的发展联系在一起，依据学校现在所处的发展阶段对自己准确定位，以"人文敬业、博学善教、乐群思进"为教风，给教师提供了一个规范言行的标准，让教师保有一份始终对教育不变的情怀。在优良教风的促进下，建设"品端乐学、体艺双馨、个性学习"的学风，使学生产生一种无形的力量，在学习上精益求精，奋发向上。在优良学风的带动下，形成"爱国、求是、尚美、健体"的校风，让大家心往一处想，劲往一处使，将学校的决策内化为个人的自觉行动，与学校的发展同悲喜、共命运。

我们坚信自己看得见，别人才看得见。在"顶层设计—准确定位—凝练目标"中，渐渐让价值观走入广大师生员工的眼中，使他们的价值观得到引领，在提升认同感中实现发展愿景向信念的转化，促进学校内涵发展。

二、修养——在挖掘提升中认可入脑

我们的办学理念、"三风一训"、校徽等这些精神文化的载体，如果只是被当成摆设高高挂起，只是为了让广大师生员工看得见，那么我们的精神文化建设是失败的，看得见不代表能说得清。为了让学校走得更远，让学校精神文化不仅停留在广大师生员工的眼中，而且刻入他们的脑中，我们迈开了改进的第二步——"植修养"。对学校办学理念、"三风一训"、校徽等进行细致解读、深入挖掘，使之不是硬生生地强加给广大师生员工，而是通过挖掘提升，帮助他们在理解下将其植入脑中。

表 2-1 是我校确立的"和谐育人、幸福有成"的办学理念及"三风一训"

的细致解读,是学校基于"办怎样的学校"和"怎样办好学校"的深层思考,使之帮助实现学校的特色发展,在践行中形成学校品牌。

表 2-1 鲤城区实验小学办学理念及"三风一训"建设一览表

办学理念	**和谐育人、幸福有成** 　　"和谐""幸福"既是人的高级的精神追求,也是回到教育本质来看教育。学校一切工作的出发点和归宿就是为了人的和谐发展,"和谐校园"建设的终极关怀是学生的幸福体验。理念的内核是人本思想,构筑的是一个符合人性规律与教育规律的校园教育文化。 　　幸福教育是在追溯学校历史,反观学校当下发展而提出的。在这一办学理念引领下,学校沿着内涵式发展道路,谱写幸福教育的特色之路
学风	**品端乐学、体艺双馨、个性学习** 　　在学校创办者蔡鼎常先生"读书积善"办学遗训中融入时代精神,提炼"品端乐学、体艺双馨、个性学习"的学风,熔铸社会主义核心价值体系,引导学生在学海荡舟和生动活泼的校园生活中形成正确的价值观,发展爱学、会学、学会的个性化学习品质和健康活泼、积极向上的风貌
教风	**人文敬业、博学善教、乐群思进** 　　以"珍爱心灵、自主发展、享受幸福"激活教师群体的共同愿景,用高尚师德和教育文化构建学习型、发展型组织,实现教师自我、学校大局的共同发展
校风	**爱国、求是、尚美、健体** 　　历百年积淀,砥砺出"爱国、求是、尚美、健体"为校风的学校文化传统。用时代精神和素质教育理念诠释并继承孔子的"六艺",整合提炼出培植师生幸福有成价值观的学校的文化精神"新六艺"——德、美、体、能、知、智,进一步丰富"个性学习、体艺双馨、品端学芳"的培养目标的内涵,为师生实现幸福有成的人生追求奠定基础
校训	**团结、勤奋、诚实、创新** 　　具有团队意识,求同存异,和谐共进;勤奋工作、勤奋学习,以勤为径育硕果;以诚为本、严谨治学,脚踏实地干实事;与时俱进,开拓进取。从而激励全体师生弘扬传统、奋发有为,增强荣誉感、责任感、使命感

　　我校校徽(见图 2-1)彰显学校的办学理念和人文精神,彰显学校独特的文化内涵和精神底蕴,使广大师生员工对学校产生归属感、自豪感。我校校徽的整体图案是一条腾跃的鲤鱼,以绿色为主色调,既代表和谐友善,又象征蓬勃发展。校徽底色为黄色,给人轻快、充满希望、活力十足之感。

　　鱼头:两个红色实心圆,大圆是鱼嘴代表老师,小圆是鱼眼代表学生;

图 2-1 鲤城区实验小学校徽

两段弧线代表教师张开双臂环抱学生,精心呵护,点亮成长。同时红色又象征学校办学、教师教学、学生学习红红火火,全面丰收。

鱼身:两个相背的英文字母"E",分别是"实验"和"小学"英文翻译的第一个字母,表示我校是鲤城区实验小学;同时相背的"E"也代表撑开的双手,表示学校对学生发展、教师成长的关注。

鱼尾:两个支撑点代表政府和社会,表示我校受到政府部门及社会各界的关注和支持。

三、精神——在内化言行中融合入心

一所有内涵的学校是靠精神站立的。靠精神站立起来的教育充满力量,深入骨髓。当精神站立起来的时候,所有的努力都会变得自觉、自动和自发。无论教师还是学生,每个人都倾其所能,倾其所力。为此,我们迈开了改进的第三步——"立精神"。

我们着重开展学校精神文化内化活动。一方面,通过积极的学习宣传,如开学初升旗仪式、教职工例会、班队会等,解读学校精神文化,让广大师生员工知其然,同时也知其所以然。除此之外,每学期初,把学习教育法律法规和学校的规章制度作为教师开学的第一课。为培养青年教师的师德修养,我们充分发挥关工委退休教师的作用,请他们为新教师做校史介绍,以及介绍个人的教育生涯,引导青年教师学习老教师对教育的责任心和使命感;同时,通过开展新老教师结对活动、开展师德演讲、组织班主任工作经验交流等,引导教师牢固树立爱岗敬业风范。另一方面,我们更注重正面的示范引导,如学校领导的身体力行、名师骨干的典型引路、大队干部的个人风采、"阅读之星"的成长之路等带动全体师生的集体实践,凝聚成全校员工及学生强大的精神认同和群体力量。除此之外,我们还通过各种活动进行潜移默化的熏陶。如建设"书香校园",促进师生阅读,为未来打好精神底色。利用纪念日、传统节日、校园四大节等特色课堂进行文化育人。还将"一网一号两报"——校园网、学校公众号、《泉州市鲤城区实验小学报》和《晨曦报》,作为经常性文化阵地,加大组织建设的力度,将"为校园服务,为师生服务,为文化服务"作为宗旨,围绕"育人"的根本任务,明确目的及方向,以严肃的态度,坚持板块负责制,为学校精神文化建设的持续发展和健康成长做保障。

在"三步三入"中,我们建立起校园精神文化识别系统,从系统设计精神文化的"文本化"层面走向着力推进的"人化"层面,看到了学校精神逐渐在广大师生员工的心里饱满生辉。心有情怀,方能感知,当精神文化成为根植于内心的修养,进而化成无须提醒的自觉。我们相信精神文化已然为广大师生员工筑起了幸福高地,使他们将奋斗的精神和传统贯穿在一切行动中,我们的学生、我们的老师、我们的学校也逐渐拥有了不会随着岁月变迁而消失的"精神长相"。

第三节 幸福的管理文化构建

彼得·德鲁克认为:"管理是一种工作,它有自己的技巧、工具和方法;管理是一种器官,是赋予组织以生命的、能动的、动态的器官;管理是一门科学,一种系统化的并到处适用的知识;同时管理也是一种文化。"

随着现代教育管理理论的不断丰富和发展,大家越来越深刻地认识到学校管理系统目标能否高效实现,不仅受到管理方法与手段的直接影响,更受到来自文化的深层次影响。管理学是人学,我们的管理必须依托人、看见人、关注人、尊重人、相信人、提升人,从而才能启迪人、培养人,使其感到幸福所在。因此,管理文化不应是挂在墙上的口号,而应是基于"人性"而来,确立人本化的管理理念,健全人情化的管理制度,创设人文化的管理环境,使管理文化成为落在实处的对广大师生员工的关怀,用底线约束、用情怀呵护、用动态激励,力图发挥他们的主观能动性,使学校管理走向文化自觉,使学校成为有温度、有情怀的文化场,使管理文化成全"人"的发展和飞跃,助推学校教育事业走上科学、健康的发展之路。

在"和谐育人、幸福有成"办学理念的引领下,我们致力于用生态的眼光,不断探索适合我校发展的管理新样式,为广大师生员工营造和谐、幸福的管理文化氛围,使他们既有对当下幸福的追求,又有对未来幸福的探寻;既有外显表象的快乐情绪体验,又有深层持久的满足感和深远绵长的希望,从而使广大师生员工在主动成长、自觉成长中实现自我超越。

一、刚性制度建立界限

无规矩不成方圆,任何一所学校都依赖于制度来进行管理。学校管理其根基是一种"人治"的文化观念。制度如何,不在于自身,而在于运用它的"人"秉持何种理念去对它进行设置、改变和推行。[9]因此,在学校制度建立上我们遵循基本规律,将我校特有的文化精神融入其中,以"守住底线、满足需求、服务成长、保障发展"为目的来制定学校的各项规章制度,给广大师生员工营造一种向往、享受和自在自足的成长空间,使制度拥有恒久的生命力,最终成为学校文化中最为恒定的力量。

教师层面,"师者,传道授业解惑也"。传道的前提条件是教师必须自身拥有高尚的道德情操。我们强调依法办学,一直以《中小学教师职业道德规范》为基本的行为准则,建立健全教育、宣传、考核、监督与奖惩相结合的学校师德建设长效机制,通过制度层面的考量守住底线,以此提高全体教师对师德师风的认识,增强师德师风建设的责任感和紧迫感,督促教师严格遵守职业道德,树立良好的教师职业形象,从而助推教师走向更高的境界。有高水平的师资,才有高质量的教育。为此,我们不断完善内部管理制度,针对教育、教学实际,制定了《鲤城区实验小学岗位职责》,通过权力下放,重心下移,强化规则意识,提高管理效益。加强课程实施的管理,制定《鲤城区实验小学教学常规管理细则》,明确"人文敬业、博学善教、乐群思进"的教风,不仅使全体教职工自觉遵守学校教育、教学规范,更好地为学生、家长服务,又人性化地关注教师需求,服务教师成长,保障教师发展,使管理有序、有效。在切合学校实际,促进学校发展的相关制度畅通运行的机制中,引导全体教职员工不断提升幸福能力,提高教学效率,提升个人素养,促进专业发展,打造适应时代需要的高绩效教师队伍。除此之外,我们还不断优化激励机制,制定《鲤城区实验小学"大开元寺普贤奖教基金"奖励实施办法》《鲤城区实验小学绩效考核方案》《优先评优晋级原则》等,大力鼓励、表扬先进团队及个人,通过他们传递热情和正能量,有效地带动更多人向他们靠近,激发全体教职工的积极性和有效性,使他们干劲十足,在一线实践佳绩频出。

学生层面,我们以学生发展为本,制定了《鲤城实小学生在校一日常规》《五星班级、五星个人评比细则》,以争当"生命之星、环保之星、礼仪之星、学习之星、体育之星"为具体内容,培养"乐学谦善"的"实小人"。同时结合《五星班级、五星个人评比细则》,根据《教育部关于推进中小学教育质量综合评价改革的意见》精神,构建了《鲤城实小学生"三星十五品"绿色多元评价体系》,使之成为隐性学校文化的重要支撑点和着力点,保障学生的幸福发展。

精细化、人本化的制度跟进,使广大师生员工内心激发出爱与善,大大消除负能量、消极情绪、低效率及与教育事业无关的杂念,保持良心、良能,守住底线,回归师道,成就学生,同时启动自觉的引擎,促使他们主动去遵守、维护、践行。我们欣喜地发现,刚性制度文化在建立界限时,为学校的价值系统外化,为广大师生员的自觉行为起到规范和保证,激励着大家将自己的人生价值与教育使命合二为一,这也是办学活力的源泉。

二、柔性管理铸成契约

现代社会是民主的、法治的文明社会,人的地位得到了应有的重视,人的价值也得到了充分体现。在组织管理中,人是决定组织发展的第一资源,是组织最宝贵的财富。从对人的心理规律的把握以及对人发展角度的预测,我们学校管理需要刚性的制度文化来建立界限,更需要柔性的人本管理来铸成坚固的心理契约。柔性的人本管理能使被管理者从内心产生一种高昂的激情和自觉行动的积极性,调动人的主观能动性,激发人的创造精神与自身潜能。

教师是育人的导师,在学校管理中,我们要发挥其主导作用,增强主人翁的责任感、紧迫感和荣誉感,真正树立起以教师为本的管理理念。为此,我们营造宽松民主的管理氛围,强调学校管理从"决策—执行—监督"都要贯彻民主化制度,坚持校务公开,充分发挥工会、教代会的集体监督职能。除此之外,我们注重激励方式,改善工作条件,利用并发挥其个人优势,着力调动教师的积极性,使教师在自由、民主、平等的环境中施展自己的聪明才智。成功心理学大师唐纳德·克利夫顿指出,人本管理的关键,就是在对人性科学理解的基础上,看准人的优势和利用这些优势。如今,学校要适应未来的挑战，树立终身学习的理念，学校管理更要注重学习型团队的建设。为此，我们特别重视加强新手、熟手、专家型教师三个学习型团队的建设，提升教师团队精神，确立团队共同价值取向，为实现学校的目标愿景而奋斗。这一学习型团队的建设，关注人的发展、人的价值的实现，助推管理向文化转型，既是实现学校人本管理的需要，也是学校可持续发展的战略需要。

在学校管理中，我们也应注重"以生为本"的管理文化。学生有自己特有的需要、态度与价值观。他们有思想与情感、有人格与尊严、有人际与交往，我们应平等对待学生，尊重学生人格，重视学生发展，而不是一味地用刚性制度去约束。拿一年级新生来说，我们有时难免会听到老师抱怨连连，看到控制不住的景象，骨头快散架了，嗓子都哑了，以及高呼：管不住！但换个角度思考，用制度来约束、强迫控制儿童，往往会导致儿童产生恐惧、紧张、抵触。因此，我们尝试通过课程改革，创造性地开发"入校课程"，在课程的实施中，不断帮助、引领一年级新生从幼儿园向小学跨入的"软着陆"。这样基于对"人"的需求的课程，在成长的服务式、帮助式的唤醒引领中，既为学生创造丰富且拥有吸引力的学校生活，又助推学校管理体系的优化。

联合国教科文组织在《教育——财富蕴藏其中》的报告中指出："吸收社会各方面参与决策是改进教育系统的管理方法之一，也可能是一个重要手段……应该创造条件，使地方一级的教师、家长与公众之间更好地合作。"《义务教育管理标准》第 89 条也指出："邀请家长参与学校治理，形成育人合力。"因此，在实施人本管理中，我们还应关注到一个与学校管理密切相关的、直接影响教学和管理效能的隐性群体，即家长群体。在实现学校现代化全方位管理中，以人为本的管理更需要我们改变传统的管理理念，注重家长这个层面的管理，使我们的学校管理提升到一个新高度。我们给家长提供了解学校、了解学生的畅通渠道，做好校务公开，成立家长委员会，定期召开家长会，开设家长课堂，组建家长义工……家校合力、齐抓共管开展工作，助力家校和谐与共，促进孩子幸福成长。可以说家长参与管理，大大弥补了学校教育管理的不足，实现了教育资源的最大化，使学校管理更加开放、民主。

《道德经》第十七章里有这样一段话："太上，不知有之；其次，亲而誉之；其次，畏之；其次，侮之。"我们每个人都希望自己的学习、工作、生活是一种理想的样态，理想的应该是美好的、享受的，或许最好的管理就是你身在其中、非常享受,但并不知道管理的存在。这也正体现了老子认为的最高层次的管理——一种文化的自觉,这正是我们幸福的管理文化再朔的永恒追求。

第四节 幸福的行为文化创生

学校行为文化是学校广大师生员工在精神文化指引下和管理文化规范下所形成的为社会认可的行为方式及其承载这些行为方式的活动的总和。行为文化是学校文化的"第二足",是学校文化重要的外显方式,表现在学校不同于他校的个性风范,是学校精神的折射。我们行为文化的建设以提升师生的生命质量为切入口,以用理念来改变行为方式为操作途径,以改善师生的生命状态为最终呈现方式,通过理念指导行为、引领行为,通过行为润泽行为、感染行为,从而使幸福的行为文化得以创生。

一、学习——自为中显自觉

《自驱力》一书这样写道:"拥有自驱力的人,就是有着强大内心动力的人。他们对工作有着一种非做不可的使命感,并愿意为之奉献一切,不计任何报酬。"在学习型社会中,在互联网时代下,面对复杂多变的环境,聪明的组织和个体都选择了"学习"。作为知识的传播场所,学校理应成为构建学习型社会的中坚力量,成为学习型组织的榜样和典范。一直以来,我们着力建设支持教师学习的行为文化,注重学习型教师队伍的建设,努力帮助教师提升自主学习、团体学习、终身学习的能力,使之在持续的学习更新和充实自己中,树立起终身学习的思想认识,保持工作的激情与活力,在"三个自我"——完善自我、提升自我、革新自我中,不断提升教师自我效能感,帮助教师拥有自驱力,助力教师成为一个能够面向未来,不断创造并推动自身成长,提升自身价值锻炼的人。

(一)创环境重坚持,在接受习得性学习中完善自我

苏霍姆林斯基在《给教师的一百条建议》中说:"要天天看书,终生以书

籍为友。"作家曹文轩曾说："人是需要修炼的，而修炼的重要方式，便是阅读。"我们认为，教师不能让自己的精神成长史一片空白，而应该把读书作为自己的第二职业，做一个有深度的好教师。为此，我们长期致力于打造"书香校园"，为教师创设良好的阅读学习环境，先后建设了教师阅览室、馨园阅读吧、晨曦书吧等开放学习空间；同时，开辟工具书专栏，每学期征订上百种教育期刊，方便教师借阅学习。可以说这些开放场所随时恭候教师大驾，为他们创造了"随时、随地、随手阅读"的便利环境，让教师逐渐爱上阅读、爱上学习。寒暑假里，我们发起"把图书馆搬空"的读书倡议，开展"书香假日""图书认领"等读书活动，鼓励教师与书为友、与书相伴，用阅读塑造更好的自己、用阅读拓展生命的宽度、用阅读引领美好未来、用书香温暖悠长假期，让书香伴随大家度过健康积极的假期。除此之外，我们与时俱进，打造了有屏就有阅读24小时无墙化的数字图书馆，创建了一个全新的交互式数字阅读平台，使阅读空间无限扩大化，每人一间终身书房，随时随地都可打开进行畅快阅读。

除外，我们还致力于"双坚持"的学习活动。坚持"请进走出内外并举"，如邀请福建师范大学心理系叶一舵教授做关于《积极心理学在小学教育教学中的应用》《做一个快乐、幸福的教师——小学教师的心理健康与心理调适》的讲座；福建师范大学心理学院院长、福建省心理学会理事长连榕教授做《生涯辅导与学习辅导》《学生核心素养与学习心理》的讲座；福建省特级教师、泉州市教科所教研室主任刘香芹老师做《基于语文学科核心素养，探究评价与科学新走向》的讲座；鲤城区进修学校教研员刘学林老师做《部编教材背景下小学语文教师专业素养的提升》的讲座；等等。同时我们也不忘创造条件让教师走出去，鼓励他们积极参加国家、省、市、区各级各类学术研讨交流活动，学习新知识、新理念，开拓新思路，在交流中博采众长、取长补短，同时带回先进的教学思想和教育理念。坚持"线上线下双轨同行"，如平日里我们坚持开展每周一次的年级教研活动、两周一次的学科大组教研活动，为教师创设学习交流的平台，校本培训学习已成为一种常态。在"互联网＋"信息时代背景下，我们拥有了更多途径和方式去完善教师的发展活动，如通过建立工作坊、视频沙龙，线上互动交流；通过微信群随时随地推送学习材料，推送研究平台、创先泰克教育云等，让教师足不出户也能学习教育大咖、专家导师的思想与方法，观看名师课堂教学，参与在线交流互动等。"双坚持"使学习既立足当下实际致力传承好传统，又与时俱进合理利用新方式，让全体教师都能得到引领帮助，不断提高教师职业理想,培育健康积极心理,做好学科教学计划,提升个人专业能力,从而切实提高教育教学水平,促进学校教学整体质量迈上新台阶。

（二）抓行动重科研,在研究发现型学习中提升自我

在教师个人学习自我完善的基础上,我们着力构建教师学习共同体,在研究发现中助力教师提升自我。如开展师徒结对,同课异构,发现不足,学习经验,缩小落差;年级公开课,相互切磋,取长补短,横向支援;校级公开课,共磨共研,集思广益,纵向引领;教师们在"筑台阶、爬楼梯、横支援、纵引领"的集体教研中,努力探索,走在学习的路上! 同时,我们大力实施"科研兴校"的战略,以课题研究促进教师学习。近年来,教师参与课题研究的热情愈发高涨,各级各类、大大小小的课题近百个,形成了"百花齐放、百家争鸣"的良好局面。教师们在教育实践工作中不断研究,搜求外界信息,吸收各种新成果、新思想,关注教改动态,在"学习—实践—反思—科研—再实践"的成长道路中越走越扎实,不断提高教科研水平,实现自我专业的提升,做不断更新自我的终身学习者。教师们边学习边工作边研究,不仅自身的科研素质得到提升,教育质量也得以提高,催生出积极的教育行为和科研文化。

（三）勤梳理重表达,在交流分享性学习中革新自我

英国作家萧伯纳说:"你有一个苹果,我有一个苹果,彼此交换还是一个苹果;你有一个思想,我有一个思想,彼此交换就是两个,甚至是两个以上的思想。"真诚的交流引起的思想碰撞和交锋,会使我们对问题的认识更加全面和深入,会使一些主题和思想在我们的心中深深扎根,毕竟能说出来的才是自己的知识。不管是个人学习活动,还是团队学习活动,教师都在不断地进行接受习得性学习,不断地进行研究发现型学习,但是学习的效果如何更是我们非常关注的,因此我们十分重视交流分享性学习,并将其穿插于前两种学习之中。如教师读书活动,我们利用"卓吾陶陶乐""教师例会"开展读书分享会,分享人生智慧,提高人文素养,凝聚教育理想。教师外出培训后,我们坚持返校二次培训,提高学习资源的利用率,让全体教师受益,极大地激发了教师钻研业务的热情,进一步提升了学校的教学质量与管理水平。在教学研讨中,我们坚持评课制度,让教师们在比较、推敲、研究中进行梳理、转换、表达,吸收他人经验,改进自己教学,提升教学能力。在各级各类活动中,鼓励教师开讲座,将自己的教学经验、课题研究

等进行交流分享。独特的视角，深入的思考，一线的实践，不仅促使教师精神状态发生积极变化，还督促他们不断成长。

教师的学习不应在踏上讲台的那一刻就结束，而应该是时时学习、处处学习、终身学习，成为一个行动者、研究者、创造者。在支持教师学习的行为文化中，我们让学习风车上的三片叶子——接受习得性学习、研究发现型学习和交流分享性学习真正转动起来，助力教师形成自己的学习理念，掌握专业化的技能，促进学生的发展，让学习指向讲台上的真实改变。

二、平台——志业中得成长

学校是教师的立业之基、成才之本，任何教师的成长与成功都离不开学校为其搭建的平台。为此，我们除着眼于常规性的学习外，尤其注重搭建平台，在充分了解和把握教师专业发展需要的前提下，努力创造条件和机会，分层分类地帮助教师加强专业和提升自主能力。通过外化，让教师获得"我很行，我活得很有价值，很有意义"的体验，体现个人价值，实现自我发展。在外化证实自己的同时，进而追求"内化"，不断变化实现自我发展。在"内化"与"外化"的良性互动中，提升教师自我效能感，让教师真正将教育活动当作幸福体验，收获专业成就感和职业幸福感。

新教师"六过关"育苗工程——写字过关、朗诵过关、设计过关、说课过关、教学过关、口才过关，重"练内功"，赛训结合，以赛代考，以赛代训。一方面通过具体的目标帮助教师提升内功，另一方面通过比赛让教师在过程中发现自我、反思自我，明确下阶段的努力方向；更重要的是获得积极的心理体验，收获自我努力中内功提升的满足感，获得他人认同的幸福感。

中青年教师"三推进"青蓝工程——一年汇报课、三年示范课、五年优质课，重"提内功"，师徒结对，以老带新，以新促老，共同提高。课堂平台，骨干教师传、帮、带，青年教师学、赶、超，在陪伴、激励、引领中，从被动到主动，从入模到出模，青年教师收获成长的喜悦，产生无限动力，实现自我超越；而青年教师的"反哺"行为，又倒逼骨干教师的专业成长，体现自我专业价值，形成教师共同成长局面。

老教师"三加强"魅力工程——加强担当、加强引领、加强辐射，重视团队建设，以名师工作室、科研共同体、项目共同体等为主要形式，既有长期团队，也有短期团队；既有指定人员，也有自主招募。以"打开来、走出去"的方式，如送教下乡、研讨活动等，进阶更高平台，助力再次成长，强化价值体验,让大家成为彼此生命中的"重要他人",将彼此铭记在心,转变人生态度与成长轨迹,促使学校形成"共建共享、共生共荣"的教师文化。老教师勇于担当、主动作为,中青年教师勇挑重担、拼搏创新,在彼此欣赏、合作互助、彼此成全中,展现魅力,共同超越,获得成就。

"六三三"工程为各阶段教师提供了更多的发展空间和成长空间,提供了做事、成事的机会和帮助,在各种平台中拥有了发展的机缘,助力教师走出舒适区,走向更好的境界,拥有更宽阔的视野,让教师的生命状态有光,从而更好地照亮学生的成长之路。

三、仪式——温暖中注能量

仪式作为一种文化或者说文化象征,具有特别重要的作用,它可以让广大师生员工经历共同的情感体验,使普通的事件成为不普通的经历,激发广大师生员工对学校文化价值观的认同和欣赏,使学校成为广大师生员工共同的精神家园。

因此,我们将仪式的建设作为一个很重要的组成部分,用饱满的仪式为广大师生员工的工作、学习、生活打一针强心剂,输入一种有力强音,注入一壶温润清泉,让其拥有切切实实的存在感,在充满生机与希望中、在拥有关怀与温暖下,装上启动能量的"触发器",使他们带着对教育、对工作、对学习,认真、尊重、敬畏且热爱的态度,真切地感知美好生活,热忱地面对未来前路,勇敢地对抗消极因素。在每一个平凡又琐碎的日子里,他们都能去发现学习的美好,去崇尚诗意的生活,去重归校园的秩序,去找到前进的亮光,去拥有不愿轻易放弃的勇气,让学习、工作和生活变得庄重而有意义,让同样平凡的日子也能发光发热。

每学年初,我们总会为新教师举行入职仪式,发自肺腑的入职心语、语重心长的领导寄语、简单而朴实却能激发新教师的职业神圣感,提升自豪感,增强责任感,强化身份认同和自我意识,坚定职业信念,为即将开启的职业生涯注入温暖的力量。每年教师节,学校领导总是早早站在大门口迎接老师们,声声祝福,鲜花递送,幸福满怀;卓吾文学社的社员们则代表全体学生走进班级,张张贺卡,礼轻义重,表达感恩,让全体教师的职业幸福感油然而生。每逢教师生日,鲜花微语,鸡蛋面线,暖心礼包,人文关怀,细小真情,润物无声,让教师们感受到如家般的温暖。"三八妇女节"举行趣味运动,丰富生活,凝心聚力,展现女职工积极向上、朝气蓬勃、奋发进取的精神风貌。举办颁奖典礼，营造氛围，让优秀教师获得成就感、荣誉感、自豪感，打造正能量。

每年9月的开蒙礼，在齐正衣冠、朱砂启智、行拜师礼等庄严传统的仪式中，我们为一年级新生开启智慧之门，激励他们珍惜时光，勤奋学习，感恩老师，弘扬传统。开学典礼别具一格的迎接方式，为学生们注入强劲的精神动力，让他们带着憧憬，带上干劲，不但拥有追求新目标的激情和冲动，又有接受新考验的信心和决心，始终保持积极向上的心态和热情，从而源源不断地焕发学习的动力和创造力。在毕业典礼上，回眸成长，祝贺毕业，难忘师恩，展望未来，让他们用温情一生铭记。在入队仪式中，唱队歌、佩戴红领巾、授队旗、宣誓，庄严而隆重的仪式，给队员们带去的不仅是幸福，更是勇气和动力，激励他们身体力行，做更好的自己。每周一的升旗仪式，鼓号队、升旗手、国旗下课堂，激发爱国情，萌生自豪感，注入正能量，展现好风貌。

可以说，仪式中的行为文化，既形成了一种自我暗示，让广大师生员工感觉被重视，因而更加珍惜和学校的关系；又架起了一根强有力的杠杆，大幅度提升广大师生员工的行为力；不但设计了一个特殊意义的标志，在强化升华中也让广大师生员工的生活更丰富多彩；更是打造了一张亮丽的名片，提升学校的美誉，推动文化的传播。

四、活动——集体中享幸福

学生活动是行为文化的重要组成部分，更能展现一所学校的行为文化特色。成功的活动能让学生拥有共同的目标，发挥各自的优势，更好地服务集体和他人，使同伴之间的联系更密切、交流更频繁。在学生活动的开展中，我们着力思考"学生活动如何促进学生幸福感的形成"这一问题，努力从根本上改变学生活动的开展模式。为此，我们在充分挖掘现存的优势及有利的资源中，为学生创建体验成长角逐的舞台，一改以往传统形式，从"主题式规划、艺术化呈现、德育性融入、个性化体验"四个方面进行全方位考虑，让学生享受活动带给自己的成就感和幸福感，真正实现学校活动中学生幸福感的提升。

奥斯特洛夫斯基曾说："人的巨大的力量就在这里——觉得自己是在友好的集体里面。"因此，对中小学教育工作者来说，应创建友好快乐的集体，使之成为学生获得学习幸福感的重要源泉。活动理论表明，人的心理发展与人的外部活动是辩证统一的。幸福感属于心理意识,它的发生、发展必须依赖于学生个体的参与。我们创新校园主题文化节,以科技节、体育节、艺术节、读书节、英语节五大文化活动节为主导,举办各种体验活动,让活动成为学生学校生活的一种特色,成为学生生命的一种底色,使学生在"展现自我、忘记自我、超越自我"中体味幸福的妙不可言。

九月读书节,我们在"读书积善,体艺双馨,幸福有成"办学宗旨的引领下,举行了全校经典诵读活动、千人静读、一年级新生破蒙仪式、书卡书签制作比赛、跳蚤书市、最美亲子阅读照片评选等一系列蕴含浓厚文化底蕴的活动,让书香在校园中弥漫,让阅读成为孩子的生活习惯,让孩子在读书活动中养成懂恭敬、学尊让的意识,在积善中逐渐拥有美好、善良的心灵。同时,我们与时俱进,不断创新活动形式,提高活动的文化品位。在书香校园的建设中,我们独树一帜,形成了富有家乡特色的"小鲤鱼"文化。引导学生设计图书馆"小鲤鱼"吉祥物,征集众多作品,将学校办学理念融入其中,充分展示学生积极向上的精神风貌。此外,"小鲤鱼"橡皮章藏书票设计比赛、"卓吾杯"校园诗歌大赛等活动也开展得如火如荼。形式多样的比拼不仅给学生带来了挑战及成功的喜悦,而且锻炼了学生的实践与创造能力。此活动不仅营造了校园浓厚的文化气息,也推进了"小鲤鱼"文化的探寻、研学活动的开展。孩子在"觅鲤"的实践活动中,收获了很多家乡文化瑰宝,激发了热爱校园、热爱家乡的情感,激起作为一个"实小人"的幸福感和自豪感。

五月体育节有一年一度的运动会、足球比赛、篮球比赛以及跳绳比赛等,学生在活动中顽强拼搏、挥洒汗水,在活动中体验合作与竞争的乐趣,享受体育带来的快乐。活动中,学生们不仅展示他们的力与美,更是他们拼搏进取精神的迸发及个人情操的升华。同时,我们注重面向全体,人人参与,让学生承担一定的工作。运动员,挑战自我为班级争光;啦啦队,加油鼓劲为同学助力;文明小卫士,服务赛事能体现价值……学生们在活动中既找到自己的位置,贡献自己的力量,发挥自己的能力,获得自我的存在感,又因此感受到活动的意义,这就是一种幸福的感受。

三月科技节至今已举办十四届,我们围绕主题开展了科技小制作、"未来生活"科幻画、"科学饮食,健康生活"科普手抄报、科普书籍读后感、"知识产权"知识宣讲、机器人基础搭建、电子百拼制作等多项赛事,以丰富多彩的形式让学生体验科技魅力,展现自己的科学智慧与动手能力。学生用自己的聪明才智和勇于创新的精神在科学的舞台上尽情演绎,点燃了自己的科学梦想，享受体验的乐趣。

六月艺术节，器乐、歌唱、课本剧创编等一系列的艺术活动为学生提供展示舞台，充实学生美好生活，培养学生对美的感受力、鉴赏力、创造力，不断完善学生的人格。

十二月英语节也已举办十六届，活动丰富多彩，为孩子们创造了很多运用英语交流的机会，点燃了学生们学习英语的热情，培养了许多英语小达人。

人的快乐和幸福必须建立在"尊重和认同自身的群体文化"的基础上，在我们的学生行为文化中，我们看到了积极向上的集体活动，体味到了活泼快乐的群体文化，学生们在集体参与中体味活动的快乐，在目标追求中感受生命的意义，在个体参与中体现人生的价值，不仅促进了社会主义核心价值观的养成，更促进了学生正确幸福观的形成。

第五节　幸福的课程文化重构

马克思主义关于人的全面发展学说认为，劳动创造了人，人是在劳动基础上形成的社会化的高级动物，是社会历史活动的主体。人具有主动性、自主性、社会性、抽象思维能力以及高度创造性等基本属性。恩格斯指出："全面发展的人必须是体力和智力获得充分自由的发展和运用的人。"马克思主义极其注重人的主体性，肯定人的价值、人的个性、人的尊严和人的全面发展，每个人自由幸福地发展才是一切人的幸福的条件。

在育人模式的构建中，课程无疑是最关键的环节，是学校育人目标、办学理念的载体，也是学校的核心竞争力，更是学校办学的外显文化，学校顶层设计的思想必须通过课程才能与教师和学生发生关联，形成教育链条，整合教育资源，为学生发展服务。

构建什么样的课程，决定了计划培养什么样的人。在学校课程构建的过程中，我们在国家、地方和学校三级课程管理体制下，秉承"幸福教育"的办学主张，依据学校培养目标、学生需要、校内外教育资源进行重组，本着"让每一朵花儿尽情绽放"的学生发展愿景，着力培养具备"理解幸福的思维"、"感受幸福的能力"、"体验幸福的境界"和"创造幸福的能力"为核心内涵的幸福学生,立体统筹在"补充、融合、拓展、创新"中,搭建集"多元化、品质化、优质化、特色化"的"4＋X"幸福课程体系,面向学生完整的生活领域,挖掘学生潜质,满足学生全面和谐并富有个性的发展需求,使学生彰显"身心健康、性格阳光、积极向上、德行尚美、学力强盛"的幸福学生的特质,让课程成为滋养学生的文化,在学生幼小的心灵中培植幸福基因。

一、一诵＋二练——传承传统蕴底气

在全球化、信息化、数字化的时代里,人们对传统文化的呼唤日趋强烈。中共中央办公厅、国务院办公厅印发的《关于实施中华优秀传统文化传承发展工程的意见》中明确提出,总体目标是"到 2025 年,中华优秀传统文化传承发展体系基本形成"。直面如何让传统文化教育落地这一问题,我们以"习近平新时代中国特色社会主义"思想为指导,立足于传承成为传统文化教育向下生根的首要选择,把塑造"中国灵魂"放在培养目标的首位,在学生价值观形成的关键时期给予保障。开发传统文化课程,通过"一诵＋二练",以循序渐进的文化渗透,学习中华传统文化底蕴,为学生打上中国烙印。

(一)经典诵读课程——树立民族文化自信

历经时光的淘洗,经典文学在历史长河中如同颗颗丰盈的珍珠,晶莹夺目,熠熠生辉。《唐诗三百首》《笠翁对韵》《三字经》……那些祖先们留给后代子孙的一笔笔宝贵的精神财富,需要我们一代代传承下去。为此,我们从浩如烟海的传统文学作品中筛选出适合学生学习的经典作品,精心开发适合一至六年级年龄特点的校本教材《经典诵读》,每学年一本,分为上、下册,辅以注释、图画,文质兼美、图文并茂。长期以来,我们立足校本,坚持扎实而有效地开展经典诵读课程。首先,我们对课时进行合理规划,每周一节经典诵读课,每天每节课坚持课前三分钟诵读,形式不拘一格,个人诵、小组诵、集体诵、师生诵、表演诵……培养学生阅读经典的习惯。其次,我们关注诵读过程,让学生以图画、注释助读,感悟诗文意境,熟读成诵。同时,鼓励学生学以致用,把经典诵读与语文竞赛及学校活动相结合,将文学经典与现代竞技游戏形式呈现出来。每年 9 月 28 日的校园读书节,千人齐诵,稚嫩的童声响起,汉字的韵律撞击着每一个孩子的心灵。诗词大会,古香古色的诗词悬挂,孩子们抬头仰望,静思默念。古诗诵读测评,操场上满是大珠小珠落玉盘的清脆童声……国学经典在校园里悄悄流淌,浸润了每一个鲤城实小人的心灵。经典诵读课程,通过日复一日的诵读,培养了学生热爱祖国语言文字的情感,使之形成健康积极的人生观、价值观,提升文化品位和审美情操。经典诵读成了滋养学生大脑和心灵最新鲜丰富的营养,强健了学生的骨骼,丰满了学生的血肉,树立了民族文化自信。

(二)翰墨薪传课程——积淀民族文化底蕴

书法是中华民族的文化瑰宝,是人类文明的宝贵财富。书法在传承中华民族优秀文化、提高学生汉字书写能力、培养审美情趣、陶冶情操、提高文化修养等方面起着至关重要的作用。我们历来坚持开设书法教育,将其作为校本特色课程体系中的重要一环,按照《中小学书法教育指导纲要》和课程标准要求,开展书法教育教学。首先,全员必修,每周四下午第三节全校习字,分年龄、分阶段学习硬笔和软笔书法。低年级以"硬笔的笔画和独体字"为重点,注重培养学生良好的学习习惯;中年级以"汉字的发展史和合体字的结构书写"为重点,注重学生了解书法历史的发展和规范,写好合体字;高年级以"毛笔字的书写技法"为重点,注重楷书的解体特点和书写方法。其次,补弱提升,采取"2+1"教学模式,既支持教师"统一授课",书法专职教师每周定期指导,又支持学生"自主学习",同时对学生进行分组、分层因材施教,真正实现差异化教学,满足兴趣特长,唤醒学生潜能。最后,活动助力,定期举办教师书法培训,学生社团每周开展一次活动,学校每学期举办一次书法竞赛,期末进行一次写字综合测评,每年度组织一次师生书法作品展,鼓励师生积极参加各级各类比赛。通过翰墨薪传课程的学习,使师生不仅练得一手好字,更在墨香中习得了毅力和自信,提高了审美能力和综合文化素养,积淀民族文化底蕴。

(三)国粹南拳课程——弘扬民族文化精神

一所好学校,不仅要有琅琅书声、墨韵书香,还要有运动的身影。现代社会物质生活丰富,科技快速发展,但当下青少年身心健康状态令人担忧。因此,长期以来,我们都在寻求一种适合少年儿童的健身方式,希望通过体育帮助学生强身健体、陶冶情操、增强意志力,促进健全人格的形成。而武术是中国的国粹,南少林武术发展历史又是一部民族发奋图强、抵御外侮、献身祖国统一大业的历史。以南拳作为课程资源进行开发,既有利于学生身心健康成长,又能对学生进行弘扬民族精神的教育,使优秀民族文化得到有效的传承。基于此,我校与泉州武术协会共同开发南少林武术文化作为课程资源,创编适合小学生的"三战八法操",代替每周星期二、星期五的广播体操,提出"天天练南拳,强健中国人"的口号;与泉州民俗专家陈日升先生一起斟酌教材的编写体例,将富有闽南语特色的有关习武及品德修养的谚语、童谣编进教材,将泉州古今名人刻苦习武、习武为民、习武救国的事迹写成故事且编进教材,将闽南歌曲《泉南处处少林风》《蓝蓝泉州湾》《三战八法操》编进教材……丰富南少林文化的内涵;邀请泉州武术界著名人士为学生开设武德讲座,促进学生对武德和武术文化的感悟和体验;开展"我与南拳"征文、征画、演讲和感言征集系列活动,让全体师生在《南拳》校本课程"润物细无声"的学习中延续文化命脉,弘扬民族精神。

"一诵＋二练",即"诵经典、练书法、练南拳",我们从三个维度构建了三大传统文化课程体系:经典诵读课程——树立民族文化自信;翰墨薪传课程——积淀民族文化底蕴;国粹南拳课程——弘扬民族文化精神。同时制定了三大课程体系的课程目标、内容结构、实施方式和评价体系,形成了完整的传统文化教育链条,使优秀传统文化在常态教育中实现入脑、入心,传承、弘扬。

二、内学＋外研——植根本土育乡情

泉州,海上丝绸之路的起点。1000多年前,海上丝绸之路在这里开航;1000多年后的当下,"一带一路"在这里延伸。在这片神奇的土地上,名胜古迹星罗棋布,文物瑰宝琳琅满目,民风习俗情趣独具,文化艺术绚丽多姿,蕴含着丰富的内涵及无尽的校本课程资源。地处泉南的我校长期以来十分重视优秀地方传统文化教育,着力开发地方校本课程,通过"内学＋外研",为学生提供探寻、欣赏、品味、感受、体验、创造的机会,使学生在课程实施中得到美的滋育,植根本土文化育乡情。

(一)泉南文化课程——立足课堂习文化

为了更好地利用地方文化资源,让学生认知本土文化,体验、保护和传承本土文化,使之获得本土优秀文化熏陶,促其在美育教育中渗透、生根,以全面提升学校美育教育质量。我们特别组织了具有深厚学科造诣、丰富教学实践经验及改革创新精神的教师,充分利用社区、学校、教师、校友、家长等有利资源,围绕"闽南传统文化"这一大背景,着力开发地方校本课程。

我们在层层细化、协调合作、有条不紊中，先后自主开发了《泉南文化》《海丝美韵》等校本美育教材，采用"直线式排列"的方式，构建以"工艺、戏曲、童谣、武术、建筑、民俗"六大主题美育教材体系，使教材内容在贴近生活中，又给教师提升教学自由度，带给学生精神的享受和生活的乐趣，促使学生的情操受到陶冶，积累艺术知识、技能与方法的基础，进而提升审美情趣。在课程实施中，我们合理规划课时安排，将《泉南文化》《海丝美韵》纳入综合实践活动课程范畴，使之与综合实践活动课程互为补充，同时与学校四点半课后服务相结合，在"本校教师课上教授＋外聘教师（非遗传承人等）课后传授"的双师制下，在"课上学习＋课后体验"的实施过程中，让学生品味家乡本土文化的底蕴，传承家乡优秀本土文化。

（二）泉南研学课程——走出课堂育乡情

2016 年 11 月，教育部等 11 部委联合发布了《关于推进中小学生研学旅行的意见》。该意见提出，要将研学旅行纳入中小学教育教学计划，加强研学基地建设，规范研学旅行组织管理，健全经费筹措机制，建立安全责任体系。研学旅行成为必修课程，这使我们看到了家乡本土文化进一步推进、落地、茁壮成长的契机。为此，我们与时俱进，开始构建"泉南研学课程"，使之成为"泉南文化课程"的补充和延伸，在课内学的基础上，通过课外用眼睛去观察、用心灵去感受、用理智去判断，用不一样的视野去面对，进而真正培育学生爱国爱乡的情感。在课程实施过程中，我们统筹安排，每年段每学期完成"1＋1"两个主题，即围绕泉南文化课程内容及实际需求进行"统一＋自选"的体验式学习主题设置，每次半天体验学习，在"前期知识铺垫—中期实地研学—后期总结提炼"的环节中，让家乡本土文化真正成为一场文化盛宴，让泉南研学课程对学生成长具有深远的教育意义。

"内学＋外研"，我们在内外结合、相辅相成、融会贯通中，构建闽南本土特色校本课程：对内，泉南文化课程，立足课内习文化；向外，泉南研学课程，走出课堂育乡情。学生以研究性学习活动形式，走进家乡泉州实践体验，通过自身的感受、探究和领悟，培育知乡爱乡之情，产生对家乡的亲切感、认同感，充满向往感，同时也培养走向世界的开放意识。

三、整合＋拓展——接轨国际向未来

随着社会生活的信息化、经济发展的全球化以及人类科学技术的不断进步,传统的单一方向培育的人才已经越来越不能满足未来社会发展的需求。为了进一步落实"教育要面向现代化,面向世界,面向未来"战略指导思想,我们在基础素养课程上做加法,基于实际问题的解决,把接轨国际增加学生效能、提高学生创新能力、培养复合型创新型人才摆在了首位,以"整合＋拓展"对英语和科学课程进行再建构,培养学生的国际视野、跨文化交流能力和科学素养,提高学生分析问题、解决问题的能力,提升创新能力和核心竞争力,使课程建设接轨国际,直面未来。

(一)"三位一体"语用型英语课程——接轨国际增效能

基于常规英语课程中学生的英语学习由于恒常刺激不足,出现遗忘率高、弱动机、高焦虑等弊端,为了解决学生英语学习的需求,改变小学英语"学了忘""开口难"的尴尬局面,我们以课标为纲、以积极心理健康教育理论为魂,以英语学习规律为依据,深入课程设计、师资培训、教学模式等层面进行创造性探索,构建了"'三位一体'语用型英语课程"。课程构架以常规课堂教学为立足点、以每日空中英语广播课程为拓展点,以课后活动为提升点,在国家基础课程英语的学习中,在"千人同堂,异段分层"空中英语任务型情景教学模式中,在异学科教师"先学后教,教学相长"的"学研教"一体模式下,在"串联复习巩固"英语学习模式及多元智能英语学习评价方式里,营造浸润式校园英语学习氛围,全面落实学生英语素养的有效提升。同时,我们还创编了"快乐英语10分钟"课程资源包、空中英语健康操、《空中英语多元智能评价手册》,搭建了快乐英语综合实践活动、校园英语文化节等学用平台,让学生在高频浸润式学习环境中,助力英语学科素养得以软着陆。

(二)通淮科技课程——迎接竞争向未来

科学技术的普及程度,是国民科学文化素质的重要标志。未来学校,科技创新工作更将成为各个学校的重头戏。我校长期以来非常重视科技教育,始终坚持以"培养走向世界、走向未来的科学之人"为育人目标,以"创造科学,幸福体验"为科技教育理念,使得校园科技文化的建设有基础、有底蕴,收获累累硕果。为了进一步推进学校科技教育工作,2019年春节,在泉州市通淮关岳庙董事会的大力支持下,孩子们获得了一份新年大礼——鲤城实小通淮科技馆。通淮科技馆占地面积235平方米,内设悬浮星系区、VR体验区、3D打印创新区等多个功能区,为我校进一步深入开展科技教育提供了有力支撑。同时,也助力我们科技课程的构建,接下去我们将构建"通淮科技课程",在基础素养课程科学课程的基础上,建构知识普及、航模制作、超能工作室等集知识性、趣味性、实践性、创造性于一体的课程体系,提升通淮科技馆的使用率,让全校学生都能参与到科技创新活动中来,不断增强学生科学素养和科学能力,逐步使我校科技教育工作得到新跃升。

"整合+拓展",聚焦学生核心素养,在国家课程标准的基础上,打破现有教材局限,构建了"英语+交际""科学+创新"等更符合时代气息、更适应时代发展、更适合学生成长需求的课程,不断推动课程形态、课程内容、课程与人的全面整合。

四、线下+线上——丈量高度润人生

朱永新教授说:一个没有阅读的学校永远不可能有真正的教育。为了让全体师生爱上阅读、学会阅读,构建阅读家庭,打造书香校园,让阅读成为好习惯,形成由实小教师、学生及家长组成的学习共同体,使实小全体人员学习视野更开阔、思维更敏捷、气质更高雅,我们大力倡导"读书就是生活,阅读改变人生"的理念,立足我校现今实际情况,构建"晨曦阅读课程",以"线下+线上"的方式逐步推进,在"要坚持、要落实、要实际、要扎实、要细化"中,用读书丈量人生的高度,用书香润泽美好人生。

线下:学生层面,我们按学生年龄特点大力开展阶梯阅读。低年级"和大人一起读",中年级"和同伴分享读",高年级"大家共读一本书",每天午间阅读时间保障学生阅读,成立读书社团,招募读书爱好者,走进图书馆推荐分享好书,走进晨曦书吧开展读书沙龙。教师层面,成立读书俱乐部,开展读书计划,定期举办读书分享会,分享读书经验,感受读书之乐。家长层面,每天半小时亲子阅读时光,走进校园亲子阅读分享,好书大家一起共享。学校层面,以活动助力,举办校园读书节,开展千人静读、千人诵读、跳蚤书市等活动;校园艺术节,开展经典诵读比赛、讲故事比赛、课本剧比赛、小品剧比赛等活动。

线上:各班级建设班级阅读群,线上做好家校沟通,做到阅读有指导、过程可监控、成果能共享、阅读有收获。学校卓吾文学社建设鲤城实小读书沙龙群,定期举办线上读书分享、好书推荐、答疑解难,更好地推进阅读活动。学校公众号推出《卓吾阅读》栏目,"阅读者"——"书香班级秀"展示班级风采，"'阅'精彩"进行好书推荐，"'阅'心灯"分享读书感悟，"'阅'时光"展示最美阅读照，"'阅'视界"观赏影音作品。"朗读者"由学生版和教师版两大板块组成。"朗读篇"录制作品朗读音频，"美文篇"阅读感悟赏析，"真人秀"展示阅读风采。

可以说"晨曦阅读课程"是面向全体学生、老师、家长的三方群体共读活动，在"线下线上双线并行"中，在大力倡导多读书、读好书的文明风尚中，努力建设书香校园阅读共同体，逐步培养"活力"阅读少年、成就"幸福"阅读教师、开展"全员"阅读活动、打造"书香"阅读家庭，为推动全民阅读活动深入开展，提升学生、教师、家长的文化素养不懈努力。

五、多项选择——满足个性促发展

为顺应时代发展需要，扎实推进新课程改革，全面落实科学发展观，全面深化素质教育，我们坚持以人为本，坚持以丰富课程为每个学生幸福成长奠基，创新性地开发丰富多彩的、满足个性需要的、提供多项选择的个性拓展类课程，每学年为学生开设50多门选修课程，充分挖掘学生潜能，张扬学生个性，展示学生才艺，让学生的学习生活处处充满阳光。个性拓展类课程有效提升了学生的综合素质，全面改观学生的精神生活，为学校全面提升育人质量，为学生个性化、多元化成长打下了坚实基础。

小刺桐合唱团：从1994年建团以来，经过常抓不懈的训练和"爱拼才会赢"的价值引导，时至今日，已成为一支走出国门、走向世界、享誉全国的少儿合唱团。合唱团采用"同伴合作、专家引领、广泛参与"的方式，让学生在合唱这门综合的艺术中，培养了对音乐的感觉和表现力，培养了合作的群体意识和合作能力；各种比赛活动让学生在走南闯北、领略祖国美好河山的过程中，激发了对祖国的热爱；而与不同国家、地区的合唱团进行交流，则拓宽了学生的视野，培养了开放意识和竞争意识。因此，凡在合唱团锻炼过的学生，其综合素质都得到了较高的提升。

卓吾文学社：结合书香校园建设，开展各种读书活动，如"阅读经典，与名人对话"、"元宵灯谜乐"以及结合各种节日、少先队主题活动开展的读书活动等，引导学生遨游于书海之中，体会读书的快乐，在读书过程中接受书中优秀人物的品质的熏陶和感染，为学生健全人格的形成和终身学习奠定了良好基础。

威武宋江阵：把传承优秀传统文化与特色发展项目有机地结合起来，

以"健康第一"为指导思想，根据时代的要求，挖掘宋江阵丰富的文化内涵和社会价值。在传承中华非物质文化遗产项目中，全面提高学生思想道德、科学文化、劳动与技能、身体、心理素质，促进学生整体素质提高，使全体学生身心健康发展，成为富有朝气的"实小人"。

花灯工艺坊：作为非物质文化遗产保护和传承实验校，在花灯工艺坊中，让泉州花灯走进校园，邀请非物质文化遗产传承人曹淑贞老师到校指导花灯制作。以儿童天性创造彩扎起泉州花灯非遗传承的一片华彩，让师生更加亲密地接触传统花灯文化，形成了浓郁的艺术文化氛围。

泉南文化社：推进戏曲艺术传承发展，促进学生对戏曲艺术的兴趣和爱好，提升学生审美能力和文化品位，增强文化自信与爱国情感。拉近了戏曲艺术和同学们的距离，让同学们近距离地感受到传统戏曲文化的魅力，丰富了自身的文化素养，为戏曲真正走进校园，并在校园中生根发芽、开花结果、发展传承、发扬光大，书写了浓墨重彩的一笔。

多项选择，让孩子们找到适合自己的跑道，让他们在通往幸福的道路上不断行走，在发现自己的同时发现世界，让孩子慢慢地散发个性化学习的光芒！

第六节　幸福的环境文化完善

法国哲学家爱尔维修有句名言："人是环境的产物。"你在什么环境，你就会成为什么样的人。苏霍姆林斯基说："只有创造一个教育人的环境，教育才能收到预期的教育效果。"

社会心理学强调从个人与环境两方面来探究个体心理与行为的影响。幸福感研究也是如此，一方面研究个体特征（例如人格、态度、基因遗传因素）对幸福感的影响，也强调环境（例如工作特征、物质条件）对幸福感的影响。

北卡教堂山大学心理系教授鲍勃·弗雷德里克森说过，积极情绪的存在符合进化学说，除了让我们感觉到快乐之外，它还有其他作用，比如可以帮助我们更深入地思考，拓展我们的思维，帮助我们与他人建立联系，提升自身潜力。

校园是教书育人、文化传承的场所，环境文化是文化体系建设的基础，具有强大的育人功能。因此，我们不能将环境当作是学校的"面子工程"，而应使环境在空间形成文化的气场，赋予其强大的穿透力，使之将人笼罩其中，产生一种无声的教育力量，塑造群体性格，培育个体气质，进而影响每个人的行为，起到"润物细无声"的教育作用。

环境皆由人造，为使环境成为育人的重要组成部分，让身处校园中的每个人视线所及都能看到教育的样子，置身其中都能看到生长的样态，我们对校园环境文化进行了新一轮的完善。以学为中心，注重"三重三度"，规划环境、设计环境、改造环境，努力追求校园一草一木、一树一石、一砖一瓦、一墙一画都有声有色、有形有趣、有神有气，使其融知识、教育、艺术于一体，使环境文化因教育而来，为生长而在，真正去影响人、培育人、造就人，赋予人幸福的意蕴。

一、重熏染——在理念引领中赋予人文高度

校园环境的构建反映着教育者的教育理念和育人构想。如何寓育人之道于环境建设之中，使校园环境尽可能体现自己的办学特色，体现育人思想，是我们对校园环境重构的再思考。在"和谐育人、幸福有成"的办学理念的引领下，我们在校园景观文化的建设中重熏染，紧紧以育人为核心，摒弃花哨的构想等形式上的装点，力求赋予环境中的景观以鲜活的思想，使其折射出的独特语言不断冲击广大师生员工的心，使他们得到积极的心理体验，受到启迪与感召，从而营造一种激发广大师生员工积极进取、奋发向上的环境文化氛围，赋予教育的人文高度。

学校正大门的孔子像，既体现了我们对万世先师孔子"和而不同"哲学思想的一种传承，又体现了孔子"自觉修养、虚心好学"精神对我们的一种鞭策。

校史馆入口处的墙面上镌刻着学校创始人蔡鼎常先生的百年遗训——"读书积善"。墙石，恒久而坚固，象征着我们"实小人"每一个步伐都同样坚定而久远。它在"实小人"心中无形地立起了一杆标尺，时刻提醒大家要不断规范自己言行，并影响周边他人言行。除此之外，它更是一份美好的寄托，承载着老师殷切的期望、学子执着的梦想。

紧邻着的是"孔子六艺浮雕墙"，既体现了孔子思想的一大精髓，又体现了我校将传统文化与当代校园相结合下发展的"新六艺"，让每一个孩子

的天资、兴趣特长都能得到充分的发挥和施展,更体现了我校把教育当作一件幸福的事情来做,坚持全面发展的质量观,以人为本的学生观,着眼于人的整体发展、和谐发展。

学校四大文化长廊,彰显了我校的办学特色。每条长廊都根据各自主题进行个性设计,有社团简介、名人简介、活动开展、实小新星、文化传承、硕果累累等多彩内容,可谓是墙上媒体,在大家面前打开了一扇窗,从中看到学校发展变化的辉煌历程,传承传统文化的坚定步伐,激发为校争光的奋斗热情,极具传播力和渗透力。

教学楼三楼走廊最新打造的国学长廊,从书法教室这头贯通起整层楼每一间教室,在走廊与教室的连接处以汉字演变过程、书法名家碑帖等加以连接,使廊道更具传统文化的味道,蕴含浓浓的墨香,使师生在国学的熏陶与浸染中,感受魅力,传承文化。

可以说在学校精神文化建设的基础上,在办学理念的引领下,学校室内外景观不断被激活,标志性的景观被赋予了教育的人文高度,让更多的人了解文化并产生感知。广大师生员工每日浸润其中,潜移默化中受到熏染,得到一种心灵上的洗涤,不断感知校园环境文化的存在意义,使校园渐渐成为师生汲取精神营养的乐土。

二、重生长——在课程造景中赋予互动广度

学校空间设计是学校内涵发展的必然需求,在以人为本、以学为中心的学校里,学校应是一个能让学生每天带着期许走进来,持续主动地投入到学习生活中,让学生有效学习、自由成长、快乐交往的生命场。为此,我们在空间文化建设中转变思维重生长,致力于用课程造景赋予生命温度,让空间为学习而设计,体现其功能性、教育性、艺术性和灵活性;让空间因学习而灵动,使师生在与空间的互动中获得信息、认知世界、构建和发展自身,让有限的空间生长出无限的课程价值,让有限的空间拥有无限的维度,让越来越多的活动在空间发生,让空间处处都能看见生长的样子。

我们通过基础素养课程中的"德+"课程之"走进校史馆",每学年开学季、毕业季在校史馆中开展思政课校内实践活动,既使学生了解校情校史,感悟校史底蕴,培育爱校情怀,传承学校精神文化,激发"知校、爱校、荣校、兴校"的自豪感、荣誉感和责任感,又盘活了校史馆这承载学校历史、反映文化印记的空间资源,使校史馆焕发生长的样态。

通过基础素养课程中的"少先队活动课程"之"国旗下课堂",创新活动方式,拓展参与主体;每周一的升旗仪式,为师生创造机会,提供传递知识、展示才华、体现价值的平台;打造获得新知、学会欣赏、引领提升的课堂,使这一方小小的舞台发挥大大的功能,因更多人的参与而富有温度。

通过个性拓展课程中的"走进图书馆",借助世界读书日和孔子诞辰日,开展中华诗词大会和读书节活动,引领师生在中华古典文化的长河中徜徉;举办千人静读、成语插画、跳蚤书市……而新建设的"晨曦书吧"拥有开放的非正式的学习空间,分年级阶梯式推进的阅读课程,师生可以轻松自如地阅读,在阅读中真实地感受、体验、感悟。在"阅读课程"的建设中,空间的潜在能量被唤醒,学生的阅读习惯在养成、阅读素养在提升,老师的课程领导力也在提升。

通过个性拓展课程中的"巧手工坊",在选修课程中传承闽南文化,丰富课程文化。在这创作天地里,学生或画作,或泥塑,或制作花灯……成品已渐渐填满柜子。与其说整墙的木质橱柜被他们的作品填满,不如说是他们的创意点亮了这一创作长廊。在这里,我们看到了汗水在凝聚,智慧在闪光,个性在张扬,梦想在起航,空间里已生长出学习的样子。

总之,在"支持与感知"的模式下,在始终聚焦"生长"、始终感知"需求"的每一个空间里,我们看到空间倒逼教师改进课程、适应课程、适应孩子,使空间呈现出美好的课程景观,与学习深度融合,不断提升互动广度,具备变的能力。用课程造景,空间已成为一个软件,而非硬件;空间已成为不断生长着的"灵动的生命体",而非"静止的音符"。这里不仅生长了生命的能量,点亮了成长的美好,也生长了文化的基因,幸福传递无处不在。

三、重思维——在多元跨界中赋予生命温度

在学校空间建设中,我们不仅要有前瞻性的教育理念,还要具有对空间建设和使用方面的"跨界"思维,使其体现人本关怀,突破固定思维,注重开放设计,促进平台整合,打破空间壁垒,赋予生命温度,用可持续发展思维促进空间的可持续发展,使学校的教育远景目标可以在空间改造的支撑下得到实现。

我们注重用户体验思维,关注细节,体现人性化。教师办公室,从空间布局、办公用具、色调搭配等方面,着力打造舒适温馨、方便高效、卫生安全的办公文化,不仅更大限度地提高教师的工作效能,还提升了教师的职业

幸福感。学校图书馆弧形外墙边新添置的休闲座椅,基于师生日常活动与生活的考虑,既可作为生活休闲区,师生可以会话、学习、小憩;也可作为家校访谈区,供家校交流;更可作为活动观众席,让场上活动的人因有了观众的关注与支持而更加努力。小小的座椅,不仅体现对人的关怀,也满足不同需求,承载各种活动,实现多元开放互动。美术专用工作室,桌椅用具的设计、使用空间风格的选择等为教师开发、落实课程提供了可能。在这个空间里,师生的创造火花受到关注,课程创意成果得以展示。教师有了挥洒的空间,孩子也在潜移默化中学会发现、感受、欣赏美,从而创造美。

我们注重开放式思维,将空间灵活转换,克服教室数量增加可能带来的建筑空间浪费。多功能学术报告厅既可作为每周一教师例会的会议场所,又可作为平时的音乐活动室及四点半课堂活动室,还可作为平时各级各类大型活动的场所。馨园功能室是学校心理健康教育中心,同时也可开展小型研讨,作为沙龙活动室。通淮科技馆开放的创客空间、悬浮星系区、VR体验区、3D打印创新区等多个功能区,为跨学科、跨年级的合作、探究为主的项目学习提供了空间便利。学生无须在相对独立的传统功能教室里来回转换走动,一站式地完成学习任务,学习流程顺畅,活动时间成本降低,教育空间也真正发挥出了最大的价值。

我们注重平台整合思维,构建多方共赢的平台生态圈。例如:学校操场、图书阅览室等,在寒暑假、放学后等时间预留开放"通道",对社区居民开放,盘活长期闲置、浪费资源,提高空间利用率。学校空间有限,我们与社区协同发展,建设"校社双赢共同体",利用社区空间、自然空间等其他公共空间来为学生发展服务,引领打造学校和社区一体化协同发展的"生态链"。

思维转变,让我们拥有更广阔的教育视角,不仅关注学校里主要场所的建设,还关注学校中每个空间的使用率,满足不同需求,实现多元开放,使之得到更充分、更合理的利用,更好地服务师生发展,重新"发现"学校空间的"教育秘密",让环境空间赋予生命温度。

在学校环境文化建设的过程中,我们三重并举,以教育元素构建校园环境,深入探索校园环境与教育空间的教育意蕴,让环境充分展现文化性的功能,让现代化、人本化、生态化的校园环境,成为现代科学技术开发的学习基地,成为儿童自我发展的实践基地,成为文明品行的培育基地,使校园环境不断赋予人文高度、互动广度、生命温度,不断展现和转化学校发展的核心理念,不断迭代生长,促进师生发展,彰显文化魅力。

时光里,影响言行,砥砺人格,是文化的力量;沉淀下,沁润教育,推动教育,是文化的价值;角度中,打开视角,解读故事,是文化的温度……教育赢在哲学,学校赢在文化,行走在追求幸福教育的路上,无论世代如何更迭,幸福教育的深层基因都在学校文化中缓缓流淌!

行动篇

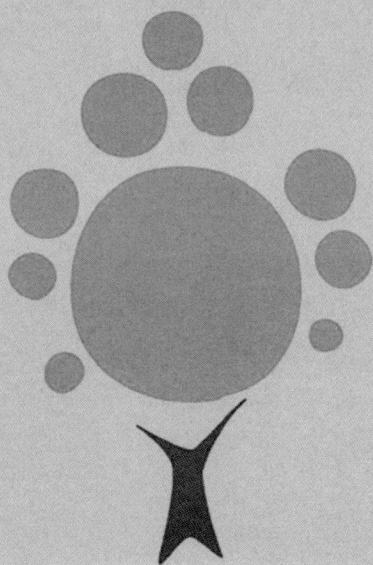

第三章

幸福德育:幸福教育的根基润泽

英国教育家亚历山大·尼尔认为:"我相信生命的意义在于追求幸福,在于寻找兴趣。教育是为人生作的准备。"费尔巴哈在《幸福论》中提出:"一切有生命和爱的动物,一切生存着的和希望生存的生物之最根本的和最原始的活动就是对幸福的追求。"积极心理学中也提道:幸福,是指一个人得到满足而产生的喜悦,并希望一直保持现状的心理情绪。这些对幸福教育理念的诠释渗透在学校教育的方方面面,是教育的终极目标。为实现这一目标,幸福教育将人作为教育对象,把教育目的回归到人,定位在人的情感上,体现出教育对人的关照,其目的是培养人的幸福情感和幸福能力。

德育指政治思想和道德品质的教育。毛泽东《关于正确处理人民内部矛盾的问题》中指出:"我们的教育方针,应该使受教育者在德育、智育、体育几方面都得到发展,成为有社会主义觉悟的有文化的劳动者。"广义的德育指所有有目的、有计划地对社会成员在政治、思想与道德等方面施加影响的活动,包括社会德育、社区德育、学校德育和家庭德育等方面。狭义的德育专指学校德育。学校德育是指教育者按照一定的社会或阶级要求,有目的、有计划、有系统地对受教育者施加思想、政治和道德等方面的影响,并通过受教育者积极的认识、体验与践行,以使其形成一定社会与阶级所需要的品德教育活动,即教育者有目的地培养受教育者品德的活动。

当今社会,因为应试教育的压制,社会、学校、家庭三位一体的教育体系清一色都是重智育轻德育,因此产生了许多社会问题——"啃老族"、不孝子、"愤青",校园内的暴力事件也层出不穷。为此,党十九大报告中对德育进行了不同的表述:"要全面贯彻党的教育方针,落实立德树人根本任务,发展素质教育,推进教育公平,培养德智体美全面发展的社会主义建设者和接班人。"报告将"立德树人"提到一个非常重要的地位,进一步明确和发展"立德树人"的目标、任务与使命,强调"要以培养担当民族复兴大任的时代新人为着眼点",要"广泛开展理想信念教育,深化中国特色社会主义和中国梦宣传教育,弘扬民族精神和时代精神","培育和践行社会主义核心价值观","构筑中国精神、中国价值和中国力量"。

学校品德教育的开展恰恰体现幸福教育的实质,即小学幸福教育的实质归根结底要落实在德育上,才能形成学校自身的幸福教育体系,确保每个学生向积极主动、多元智能、和谐幸福方向发展,最终让每个学生都能感受到生活和学习上的幸福感。

第一节　幸福德育的本位回归

四十多年改革开放,促进国家经济发展,中国社会发生翻天覆地的变化,这些变化直接或间接地影响少年儿童的身心发展。西方发达经济影响国内的方方面面,人们的思想意识也受到冲击。社会上充斥着许多不良思想,加上大多数家庭都只有一个孩子——独生子女,导致全家人围着一个孩子转,溺爱多于教育。孩子们因此养成许多不良习惯,这对孩子的成长特别不利。无论是社会,还是学校,德育都面临着诸多问题。

为了应付层出不穷的应试教育,许多学校把教学质量放在了德育的前头,比起成绩来,德育似乎是"喊起来重要、做起来次要、忙起来不要"般可有可无。只要应试教育观念没有转变,德育位置就不可能真正落实。加上小学升初中,不像中学一样有升学压力,现阶段采用的模式是电脑派位方式,但是"赢在起跑线上"是中国家长们多年来的口号,"分分分,学生的命根"则是社会、家庭对学校教育的"紧箍咒"。教师无法完全摆脱,导致对分数的看重,无形中人们对"智育"的重视大于对"德育"的重视。

此外,部分学校中的德育方法比较呆板,说教、灌输式比较多,缺乏活力,"高、大、空、远"的口号式德育太多。尤其是小学德育目标守旧,老师们更多倾向于培养懂事、乖巧、听话、顺从的孩子,这与幸福德育理念中"培养独立自主、自尊自爱的人"的理念相违背。

我们认为要使学生成为一个幸福的人,最基本的是对世界观、人生观、价值观有所理解并产生强烈的情感,但这仅用专业知识育人是不够的。幸福教育是幸福德育的最终目的,必须使学生具有鲜明的辨别是非能力,懂得生活中的"善与恶""美与丑"。幸福德育则是幸福教育的灵魂，是学校教育工作中的重要组成部分，它必须紧扣时代脉搏，紧跟时代步伐，不断注入新鲜血液，才能发挥"德育养德"的育人功效。

亚里士多德说过："幸福就是某种善。""幸福就是呵护德性的现实活动。"有什么样的幸福观，就有什么样的人生追求、价值取舍和行为准则。幸福学校是幸福教育的载体，幸福教师是幸福学校的重要基石。只有教师幸福起来，才能带动班级和学生获得幸福感；只有学生感到幸福，享受到幸福童年的快乐，才能为幸福人生奠基。因此，学校的幸福教育体系最终的落脚点是在幸福德育上，幸福教育呼唤幸福德育的本位回归。学校应该加强幸福德育观的教育，将其作为加强和改进德育工作的重要方向和视角，在教育中大力弘扬教书育人的幸福观，把对祖国和人民的爱与教育事业的追求真正融为一体，全心全意为学生服务，坚持从德育点点滴滴做起，才能形成学校架构完整、内容健全的幸福教育体系，在活动实践中引导学生体验生活，真正走向幸福之门。

一、当前幸福德育困境

当前学校教育存在许多问题和困境，从德育角度出发，我们发现没有处理好学生的道德认知与道德情感、道德行为和道德信仰之间的关系，从而导致知情分离、知行脱节、知信疏离等问题。结合幸福教育观，分析如下：

（一）知情分离：缺失德性幸福感

学校德育模式以认知性德育为主，注重道德认知的作用，在德育过程中不能简单套用知识教学的模式，而应该侧重道德理论引导和道德认知的提高。如果长期侧重认知性德育，将会减弱道德学习的主体性地位，从而导致学校对个体道德需要和道德情感体验的忽视，降低德育本身的感染力和实效性。

（二）知行脱节：弱化幸福德育功能

杜威指出：学校中道德教育最重要的问题是关于知识和行为的关系。当前中国的大多数学校都存在这样的问题，即学校教育的实际效果微乎其微，往往是老师说老师的，我做我的，学生的行为仍然没有改变，陷入了知行不统一,甚至知而不行、知而妄行的困境。

为什么道德认知无法转化为道德行为呢?古人说得好:知而不行,只是知得浅。也就是所谓的道德认知缺乏情感的支撑和动力的驱动,认知和行为之间缺乏必要的衔接。孔夫子云:"知之者不如好之者,好之者不如乐之者。"道德的学习也是如此。人只有在道德实践过程中真正体验到快乐与幸福,才能激发自身对道德的需求与动机。可见,幸福感必须是个体在履行道德行为中产生的,是道德意识自我发展的源泉。

(三)知信疏离:动摇德福一致信念

学校德育使学生从不知到知,这是一个必然的过程,但是德育认知要成为一种个人内在的价值信仰,需要强大的精神动力才能实现。中国传统的儒家教化理论、佛家因果报应,归根结底也是幸福观问题。中国人一向相信"善有善报,恶有恶报",这是建立在人的品行善恶与因果报应直接关联上,即好的品德行为能为幸福生活提供报偿,反之,败坏的品德会遭到惩罚,这种论断促成人们对美德的遵守、服从直至信仰。所以,知信疏离和道德信仰的危机是生活中一切善恶有报因果规律的结果,一旦动摇,将给社会道德建设和学校德育带来极大的冲击。[10]

综上所述,学校德育要坚守自己的责任,在培养学生幸福观形成的路上多下功夫。幸福作为人生目标在德育内容上的落实表现为幸福感的体验和创造能力的培养。密尔说得好:美德并不自然是,本来是目的之一部分,但可以变成这样;而且在不计利害地爱好美的人,美德已成为目的之一部分;他们欲望并珍爱美德,不是因为它是取得幸福的工具,而是因为它是幸福的一部分。

二、回归幸福德育本质

关于德育本质的讨论,一直是中外德育理论谈论的焦点之一。每一位德育理论家或教育家都有自己的观点。一种是从社会与个人的关系角度讨论德育的本质,即道德教育的本质是使个人完成道德上的社会化。一种是从本质的形成的角度讨论德育的本质,认为本质是在实践中通过活动不断形成的,道德的本质是在不断形成中的、需要有所构想的。

那么什么是本质?本质是事物的根本性质,是事物自身组成要素之间相对稳定的内在联系,是由事物本身所具有的特殊矛盾构成的。一事物和他事物的区别取决于事物的本质。本质是事物的根本特征，是同类现象中一般的或共同的东西。

道德则是人类社会生活中所特有的，由经济关系决定的，依靠社会舆论、传统习惯和人们的内心信念来维系的，并以善恶进行评价的原则规范、心理意识和行为活动的总和。道德是一种行为规范，它是人们用来约束思想和行为，调整人与人、个人与社会之间关系的重要行为规则。它是人们作为评价和判断善恶、是非的标准。它反映了一定阶级、组织对人们的行为和相互关系的基本要求。所以，道德的本质是一种社会意识形态，是一种特殊的调节规范体系，是一种实践精神。

归根结底，德育的本质功能是对于人的生活意义的求索和生存质量的提升。幸福德育本质就是"让人成为幸福的人"，强调德育回归的重要性与紧迫性，呼吁"让德育重新回归教育的中心"，从单方面强调"智育"转向帮助学生获得成功，体验幸福的能力。

（一）构建幸福生活是德育之目标

教育的目标，包括德育的目标，不能只为了发展人而发展人。一个人要拥有幸福的人生，掌握知识、发展能力、涵养品德才更有人生意义。所以，幸福应当成为教育的目的，而好的教育能增进个人与公共的幸福。

（二）让德育本身充满幸福

德育要引导人构建幸福的生活，其条件就是使德育过程本身充满幸福，让人们最大限度地在德育过程中真切感受幸福，体验幸福。德育在整个教育体系中凸显生命的价值和人性的光辉。幸福作为人的一种存在方式，是一种自由自在的诗意存在，幸福状态是人性的一种完满状态。幸福德育以关注人的幸福作为德育活动的切入点，首先要还原人在德育活动中的幸福状态，这种状态就是人性的一种完满，一种敞亮和自在。

（三）德育过程体现自由、平等、民主、快乐的元素

使人幸福的德育，必须把人作为主体，使德育过程体现自由、平等、民主快乐的元素。自由、民主、平等虽不是幸福，却是幸福的必要条件。没有自由、民主和平等，人就失去了资格与尊严，成为他人控制的工具。人无法主宰自己的生活，反映自己的意志和愿望，自然谈不上幸福。幸福展现的是一种人性的完满，只有在自由、平等、民主之中，才能体现人性的尊严、人

的价值。

总之,社会、家庭、学校,三位一体均呼唤幸福德育的本位回归,幸福德育应回归教育的中心,其回归本位是幸福德育的本质,是成为基于人生实践的生命价值课程,更是成为引导人们走向幸福的科学。

第二节　幸福德育的体系架构

人生活着就是为了追求幸福,但每个人对幸福的理解和看法不一样,就是通常谈到的"幸福感",这是各不相同的。说白一点,幸福感是人们对自己生存状态的满意度。追求幸福是人的本性。教育是为人的追求、为社会的追求、为国家民族的追求服务的,幸福作为人性最本质的渴求亦是教育最根本的目标。我校秉承"和谐育人、幸福有成"的办学理念,以学生的追求为出发点,构建"二融三聚"的德育培养模式,全力培养"身心健康、性格阳光、积极向上、德行尚美、学力强盛"的幸福学生。

学校幸福教育的实现呼唤幸福德育的回归,德育靠一己之力过于单薄,无法承载学校幸福教育的全部。这要求学校幸福德育要形成自己的体系,并在健全的幸福教育体系下,树立正确的育人目标,举多方之力,在全社会、全校、全学科范围内形成良好的德育氛围,我们的幸福德育才能彰显力量。我校通过传承与创新,集合多方力量,采用"一渗二融""三聚助力"的举措,一方面结合多学科特点,渗透德育内涵,紧紧围绕"幸福德育"的目标,充分考虑学生身心发展特点和社会成长需求,设计渗透德育内容,共谋发展;另一方面沟通校内外,集聚多方力量,以活动为手段,以德育为目的,在潜移默化中培养学生良好的性格、品德,以正确的价值观取向和积极向上的人生观打动人心,陶冶心灵。

一、继往开来,幸福德育体系的传承与创新

德育管理是学校整体管理体系的一个重要环节,它是学校实施素质教育的重要组成部分,它贯穿于学校教育教学的全过程和学生日常生活的各个方面,渗透在智育、体育、美育和劳动教育中,对青少年学生健康成长和

学校工作起着导向、动力和保证的作用。小学德育是社会主义精神文明建设的奠基工程，是提高全民族思想道德素质的奠基性教育，是培养造就中华人民共和国合格公民的起点。小学德育是基础教育，它要在德智体诸方面为学生的成长与发展打好基础，要为学生步入社会打好做人的基础。

《中共中央国务院关于深化教育改革，全面推进素质教育的决定》指出："实施素质教育，必须把德育、智育、体育、美育等有机地统一在教育活动的各个环节中。"学校教育不仅要抓好智育，更要重视德育，还要加强体育、美育、劳动技术教育和社会实践，使诸方面教育相互渗透、协调发展，促进学生的全面发展和健康成长。

时代在发展，社会在进步。学校的德育理念、德育文化、德育方式也要不断更新，精益求精。教育我们的下一代，培养祖国未来的合格建设者和可靠接班人，这是教育的百年大计。鲤城实小有着百年历史，有着深厚的文化底蕴，学校创始人蔡鼎常先生建校初始就提出"读书积善"的办学理念。学校肩负着传播知识的重任，承载着学生品德培养，传承中华优秀传统文化的使命，我们正不断地赋予"幸福德育"新的生命力。

教育部 2017 年 8 月发布的《中小学德育工作指南》，也将"立德树人"作为根本任务，要求切实将党和国家关于中小学德育工作的要求落细、落小、落实，着力构建方向正确、内容完善、学段衔接、载体丰富、常态开展的德育工作体系，大力促进德育工作专业化、规范化、实效化，努力形成全员育人、全程育人、全方位育人的德育工作格局。这恰恰与学校幸福教育提倡的幸福德育相吻合。幸福德育就是以幸福教育为出发点，以培养学生全面、健全人格为价值取向，充分尊重学生的主体地位，将学生个人幸福感与学校德育融为一体，让学生在幸福的、充满正能量的校园氛围熏陶下，培养优秀品质，养成积极健康心理，从而激发自身的主动性、自觉性和创造性，从而成就幸福人生。

确定德育目标，形成德育特色。我们的德育目标浓缩为三个关键词：三层、三线、三育。结合《中小学德育工作指南》，以及"幸福教育"中"幸福德育"的教育理念，学校着力于学生品德的全面健康发展，科学规划地重新构建德育体系，创新提出"三层三线三育"的德育新模式。所谓"三层"，即简化原来学校德育的四级管理网络。"立德树人"是鲤城实小多年来牢固树立的德育工作理念，多年来学校根据实际情况，原本是制定了一套德育体系网络，即建立了学校统一管理，下设德育处—少先队—中队（班级）四级管理网络，明确了德育管理的职责。为了适应新形势下幸福德育管理体制需要,我们将四级管理改为学校—德育处(少先队)—中队(班级)三层管理,建立一系列规章制度,构建"幸福德育"的长效机制,从学科课堂、德育活动入手,从全员育人到"五星"育人再到"红色"育人,从绿色评价到雏鹰争章,抓住学生、家长、教师三条育人线路,开展行之有效的"育人、育心、育福"的幸福德育,全面提高学生的思想道德素质和自我管理能力,促进学生健全人格的自我建构。[11]

之所以把原来的四级德育管理网络精简为三层管理,是为了建构学生德育体系的基石。将德育处与少先队并列为一个级别的管理,就是为了引起从社会到学校、家庭到班级对思想教育的重视。少先队和德育既有许多共同点,又有着明显的区别,它更注重在活动中从小对队员进行组织教育和政治启蒙教育。学校组建由校长、德育主任、大队辅导员和班主任(辅导员)组成德育领导小组,从校长到最基层的班,形成一种垂直的联系,并沟通教导处、总务处之间的横向联系,再根据德育工作的具体目标、内容、实施途径,建立岗位负责制,使学校的德育工作从组织系统方面做到了上下左右联系密切、指挥灵活、步调一致、信息畅通,充分发挥德育管理的效能,从组织上形成所有部门的合力,齐抓共管,保证学校德育工作的实施。

"三线"则从学生生长线、家长成长线、教师发展线三方面入手,打造育人、育心、育福的幸福德育三育,最大限度彰显德育的人文情怀。学生德育品质的健康生长是引导学生找到自我生命的原动力,以积极心理应对各种人生困难,以积极态度塑造积极人生。

我们始终牢记:幸福教育的对象是人,幸福教育就是要把教育目的回归到人,定位在人的情感上,体现出教育对人的关照,其目的是培养人的幸福情感和幸福能力。我们充分认识到,要在传承基础上创新学校德育体系,以评价考核激发教师德育工作热情,以生为本,着眼于人的发展,保持德育创新动力,引导、培养学生,使其从内心感到愉悦、幸福与满足,成为"身心健康、性格阳光、积极向上、德行尚美、学力强盛"的幸福学生,从而实现幸福教育的终极目标。

二、为人师表,幸福德育途径的推进保障

(一)强化师德建设,提升教师幸福指数

有人说幸福是一种感受,是建立在物质基础之上的。也有人说幸福需

有物质的保障、有环境的孕育、有成功的体验、有平等的享受。幸福指数是和谐社会的重要指标，幸福生活是教师们努力工作的动力源泉，也是一辈子追求的目标。人归根结底是以精神站立的，教师只有在思想领域获得独立、自主的人格体验，只有在宽松愉悦的氛围中工作，在自己的岗位上发光、发热，把学生的工作做好，才能真正体会到幸福。一个教师只有在自己的专业领域得到发展，得到他人的认可，他在事业上才会觉得幸福。

教师这项职业被公认为是太阳底下最光辉的职业，教师的职业道德水平和学识水平直接影响着学生一生的发展。一个好老师会用自己的爱心、细心、耐心，去浇灌祖国的花朵们。开展师德师风教育是一项长期的工作，是一条提高教师自我认识，提升自我幸福指数的重要途径。每个教师都必须持之以恒，对自身的思想道德素质常抓不懈，更重要的是要身体力行去贯彻党和国家颁布的教育方针，脚踏实地地遵守《中小学教师职业道德规范》，丰富自己的内涵和品质，用自己的言行去感染学生，用美好的心灵去感化学生，才能培养出一批又一批有理想、有道德、爱祖国、爱人民的社会主义建设者和接班人。

心理学上有这样一个故事：一个父亲在公司受到了老板的批评，回到家就把沙发上跳来跳去的孩子臭骂了一顿。孩子心里窝火，狠狠去踹身边打滚的猫。猫逃到街上，正好一辆卡车开过来，司机赶紧避让，却把路边的孩子撞伤了。这就是心理学上著名的"踢猫效应"，描绘的是一种典型的坏情绪的传染所导致的恶性循环。所以，要想让学生幸福，老师首先得感觉幸福。毕竟，只有幸福的教师才能带出幸福的学生。

拥有一支素质过硬、品德率先垂范的德育骨干是成功开展所有幸福德育的前提。学校应重视德育骨干队伍的选拔，实施班主任、少先队辅导员的选聘机制，选择政治坚定、品德高尚、精于教书、勤于育人的优秀教师担任班主任和少先队辅导员。

幸福德育是加强师德师风教育。学校建立和完善教师职业道德教育培训机制，落实新教师岗前师德教育制度，把师德教育作为学校教师全员培训的首要任务和重点内容。学校还积极为教师们创造参加专业德育能力培训和学习提高的机会，通过"请进来，走出去"以及开展有关教师的法律法规和教师职业道德规范学习、学校规章制度解读培训、师德经验交流会、班主任工作经验交流、德育研讨课、德育课题研究等多种形式的校本培训，不断提高德育队伍素质。

广泛开展主题活动。开展向霍懋征、孟二冬、方永刚等模范教师学习活动、师德师风评议活动；组织开展"人人参与家访、生生都要访到"活动，举办"爱岗敬业，教书育人"师德论坛。每学期均组织的德育论坛是学校常规的德育活动，每个年段会选派德育骨干开设讲座，分享经验，以新闻会客厅的形式，提出相关德育问题，大家集体探讨。帮助教师树立良好的职业道德规范意识，从思想上明确自己该做什么、不该做什么，依法遵循职业道德规范，履行教师职责和义务。

学校注重培育先进典型。挖掘师德文化，打造榜样文化，在全校范围内树立师德先进典型，利用周一下午教师大会上的由各年段主持的《校园观察》，推选身边的"教师之星"，宣传其爱岗敬业、辛勤耕耘、无私奉献的先进事迹，引导教师向榜样学习，不断将师德建设引向深入。每年教师节期间集中表彰师德建设先进教师，积极营造学先进、赶先进的浓厚氛围。

（二）完善各项机制，勇挑幸福德育担当

教师队伍建设是发展教育事业的关键。"百年大计，教育为本；教育大计，教师为本；教师修养，立德为本。"一所学校只有在教师队伍建设方面取得成效，造就和形成一支叫得响、过得硬的教职工队伍，学校学生才能在教师的引导下感受到成功，师生的幸福感才能得到落实。

落实岗位责任机制。学校的工作岗位制度健全、职责分明，并有着相应的奖惩制度。特别是值日行政、带班行政和护导教师明确自己的职责范围，坚守岗位，做好每天晨检、午检、早读、午读等工作的检查力度，使得所有工作在校领导的指导下，步调一致，相互协调，政令通畅。每天的检查结果做好记录，通过五星评比栏进行公示，结果和五星班级评比直接挂钩，并在每月月初的国旗下讲话中进行点评、奖励。教师工作热情得到激发，工作幸福感油然而生。

强化科研机制，引导鼓励班主任、辅导员参与各级课题研究，先后开展"生命教育活动主题队活动的开发与研究""实现品德教学由文本走向生活之探究""社会主义荣辱观教育与品德教学有机融合之探究""提高品德与生活（社会）教学有效性的研究""青少年耐挫力之培养探究""以校为本积极心理健康教育的探索与实践""依托德育实践发展学生积极心理品质的研究""利用箱庭游戏提高学生积极心理品质的实践研究"等课题研究，既提升了教师的德育科研能力，同时也通过课题提高了德育工作的时代性、针对性和有效性，学校涌现了一批优秀班主任和德育先进工作者。

构建评价机制，建立了"班主任岗位评价""五星班级评比""特色中队

评比""班级德育环境评比"等学校德育工作自评考核机制，定期检查落实，以评价促进班主任、辅导员教师的专业发展。

对教师工作效能的判定标准，最有效的是每学期末的教师绩效评价。这是学校人力资源管理的重要职能，是教师奖惩、晋升、培训与解雇等其他人力资源管理活动的一个重要依据。一个科学、合理的绩效评价结果可以起到沟通、协调以及控制的作用。作为对教师整体工作能力的综合评价，绩效考核能从教育质量、科研成果、工作业绩等方面，对教师进行较为全面的评价，充分调动教师的工作积极性，引导教师勇敢承担学校德育工作的重担。

完善激励机制，通过实施《教师分层岗位目标管理》，以目标引领、同层研修、异层带导的途径构建学习团体。多年来，鲤城实小根据实际情况，通过教代会，集体讨论、制定师德考核管理标准和具体内容，每学期均对教师工作进行科学的考核，充分运用考核结果，实行师德考核负面清单制度，建立师德考核档案和教师个人信用记录。我们还建立健全教师职业道德考核和监督制度，建立师德建设长效机制。特别是推进在职教师拒绝有偿补课承诺制度、义务补课登记备案和月报等制度方面，学校加大对教师职业行为的监管力度，在教师资格认定和定期注册、职务聘任和晋升、表彰、评优奖励等工作中实行师德"一票否决"。通过具体的绩效考核，激发教师从遵章守纪、爱岗敬业、热爱学生、廉洁从教、为人师表等方面进行自省，不断鞭策自己向前，激励自我，勇挑幸福德育担当。

三、一渗二融，幸福德育力量的整合与汇聚

（一）学科渗透，创新德育文化

"百育德为先。"德育培养的失败，会导致危害社会的人如危险品一般，造成巨大伤害。如陶行知先生所说："没有道德的人，学问和本领愈大，就能为非作恶愈大。"所以要特别重视学生的德育。德育课程和德育活动是我校"幸福德育"的两大抓手。我们认为，只有在课程和活动中渗透幸福德育，才能使德育文化扎扎实实地落地生根，凸显实效。学校着眼于学生核心素养的培养，从学科内容出发，围绕"幸福德育"目标设计各学科的德育教育。

语文学科——根据文本内容和文道统一原则，选择文质兼美的文章，

使学生在学习语言和文章的过程中增强对祖国文字的热爱,受到伟人良好品德的熏陶,感受中华民族劳动人民的勤劳与智慧,感受祖国大好河山的秀丽风景,潜移默化中影响学生的价值观。

数学学科——从实际问题引出数学问题,进行实践探索,在逻辑推理中学习祖国数学学科的悠久历史和灿烂成就,弘扬历代著名数学家的优秀品格,进行爱国主义、社会主义、道德品质等教育。

英语学科——结合英语教材内容开展语言训练,渗透良好道德品质和文明行为规范教育,拓展学生的大视野观,学会比较不同国家文化、历史,从而树立"此生不悔华夏人"的意识。

科学学科——渗透科学的严谨性,对我国从古至今在科学领域所取得的成就而自豪,从小树立献身社会主义祖国建设的伟大志向。

音乐学科——强调思想和艺术的统一,紧密联系音乐与良好思想品德的关系,从认知、操作、情意三方面进行美的教育,培养学生音乐素养的同时注重良好道德情操的熏陶。

美术学科——在欣赏、创作、绘画中培养学生爱美、寻美、追美的思想感情,具有一定的审美能力,从爱自然到爱家乡、爱祖国,为祖国悠久灿烂的绘画文化而自豪,在创作中养成严谨认真、辛勤劳动的精神。

体育学科——在体育运动和训练中就培养学生的集体主义精神、爱护公共财物的意识,锻造学生自我管理、勇于创新、积极向上、不怕困难的品质。[12]

(二)家校融合,汇聚德育力量

教育家苏霍姆林斯基说过:"若只有学校而没有家庭,若只有家庭而没有学校,都不能单独承担起塑造人的细微、复杂的任务。"可见,孩子成长的每个阶段都离不开家庭和学校的关注和配合。我们学校一直重视家校融合工作,采取多种措施促进家校融合,构建合育网络,提高家庭教育水平,提升孩子的幸福指数。学校采取"双走"模式,即家长走进校园、走近教育;教师走进家庭,走近学生。每学期定期举行德育专题讲座,邀请家长听取专家讲座,如提高孩子专注力、青春期的心理教育等,提高家长的德育素养,也增强他们作为孩子第一任老师的德育意识。同时,学校分级建立学校和班级家委会,在各班采取自愿和推荐的形式选拔家委,让家长走进校园,参与班级、学校的管理,积极为班级和学校的工作献言献策,协调学校、老师、家长之间的关系,促进家校合力,携手共创德育新局面。教师双走模式,深入开展"走进家庭、走近学生"家访系列活动,学校全体教师怀揣着一份爱心、一份责任,踏上了家访活动的征程,深化家校互动的育人功能。家校融合,凝心聚力,全力营造和谐、优质、高效的育人环境,让德育之花不断在爱中绽放,不断提升教育的温度,为幸福教育汇聚更大的力量。

四、三聚助力,幸福德育根基的孕育润泽

(一)聚心立德树人,弘道养正孕幸福

"求木之长者,必固其根本;欲流之远者,必浚其泉源。"童蒙养正,小学正是孩子的启蒙阶段,品德、性情都处在可教化培养的关键时期,为此弘道养正,固本培元,这对于开启孩子的幸福人生尤为重要。学校以德为首,"三丰"课程,构建多元化、品质化的德育课程体系。

丰润德育环境课程,呵护幸福的童真。精心规划校园环境建设,学校小操场拱手而立且面容慈祥的孔子全身铜像、泉州学者李贽,以及周恩来、朱德等老一辈革命家的石膏头像屹立校园,沉静肃穆,彰显校园德育文化;教室墙壁上历史伟人、民族英雄、科学家、文学家等杰出人物的画像,以及一些名言警句,使得教室文化气氛浓厚,为学生创造良好的学习环境,潜移默化,对学生进行文化情趣的熏陶,使得学生的思想底蕴得到改变,有利于班级建设和内涵建设的发展。着力加强少先队文化建设、班级建设,优化班队干部的管理,创建具有爱心文化、和谐结构、积极心理的幸福集体,营造少先队、班级的幸福文化,使得学生获得安全感和幸福感。

丰满德育文化课程,拓展幸福的品质。课堂是"立德育人"主渠道和主阵地,学校全面贯彻党的教育方针,将教书育人落实到每一堂课,凸显德育文化,突出育人价值,实现春风化雨、润物无声。加强德育课程教材的研究,积极发挥德育教材的育人功能,落实常态课的研究和教学,让学生浸润其中,受到熏陶。

丰富德育活动课程,守护幸福的童年。以"体验式德育活动"为基点,加强"拓展阳光课堂"建设,将学生课外研学、创新实践、志愿服务等活动加以系统完善,打造提升学生思想水平、促进学生全面成长成才的第二课堂。开展安全教育、社会实践、心理健康教育等专题活动,分层推进各阶段校内、校外社区工作,引导学生快乐体验、实践分享,形成第一课堂与第二课堂互动互补互融的育人模式,为学生人生打上幸福的底色。[13]

（二）聚力社团创建，发展特长沐幸福

在人们印象中，"说教、无趣"一向是德育的代名词，它缺乏动人心弦的呈现方式，而动人心弦恰恰是艺术的动人之处。借助艺术手段，使德育内容具有美感，让品德教育自然而然，水到渠成，这就是学校为实现幸福教育而打造的幸福社团。

人本是幸福的灵魂，以人为本是幸福的真谛，尊重人、依靠人、解放人、发展人、成就人是幸福学校的根本。学校以提升学生核心素养为理念，采取兴趣先行、注重体验及适宜性原则，立足本土文化，积极开设各种幸福社团，分为艺术、体育、学科、综合、家乡特色等，有小刺桐合唱团、南音社团、足球社团、墨韵书法社团、木偶小剧团、南拳队、阳光伙伴队、卓吾文学社团、讲解团、研学社团、小记者团、经典诵读小组、航模小组、机器人兴趣班、快乐英语兴趣班、剪纸班、架子鼓兴趣小组、鼓号队等。

学校社团打破原班建制，实现了全校学生共同参与，学生自主选择的学习方式，三十多个社团犹如缤纷花朵，点缀校园，丰富校园文化，为每个学生幸福成长营造环境、奠下基础。学校小刺桐合唱团是学校一张特色名片，它的德育体现在对学生进行团结奋进的德育培养中；机器人兴趣班以浓厚的科学氛围在学生心中播下严谨治学的科学种子；阳光伙伴队、南拳团体则将学校"顽强拼搏、奋勇争先"的体育精神渗透日常训练……

"现在的孩子从小面对竞争，感受各种压力，没有童年、童真、童趣，十分堪忧。教育必须以培养人们感受幸福、追求幸福、创造幸福的能力为宗旨和最终归属。"让师生幸福成长，这是学校的德育理想，也是幸福教育的最终目标。丰富多彩的社团活动让校园充满活力与生机，极大地调动了学生参与的积极性。将各种品德教育渗透在社团活动中，不仅满足学生各种艺术需求，更丰富学生道德品质的精神生活。学校通过幸福社团，培养发展新基因；通过社团德育，形成良好的社团文化；通过构建充满活力的社团文化，促进师生幸福成长。学生在参与社团中开发自己的潜能，发展自己的兴趣特长和爱好，获得愉悦的学习体验。学生在选择和学习中找到了归属与自信，体验更多的进步和幸福。

（三）聚焦品德文化，润泽童心获幸福

培根说过："习惯真是一种顽强而巨大的力量，它可以主宰人生。习惯的养成并不是一朝一夕的事，一旦养成了坏习惯，就会使你受害终生；相

反,养成了一个良好的习惯也会使你受益终生。"宋代理学大师朱熹曰:"论先后,知为先,论轻重,行为重。"由此可见,品德养成教尤为重要。学校认为品德养成教育要从娃娃抓起,在学生认知水平还未成型时就引导什么是正确的、应该说,什么是不正确的、什么不应该做。我们开展学会吃饭、学会睡觉、学会说话、学会学习、学会爱护环境、学会爱护公共财产、学会节俭的习惯养成教育,目的就是引导学生养成良好的道德行为习惯。正如印度谚语说的:栽种行为,成就习惯;栽种习惯,成就性格;栽种思想,成就行为;栽种性格,成就命运!

中国作为一个有着五千多年文化历史的文明古国,传统文化博大精深,它是中华民族的血脉,是我们的精神家园。传承优秀传统文化是我们每个人的使命。中国文联副主席冯骥才提出:"文化不仅仅是知识。文化特别是优秀的传统文化是可以用来享受的,让孩子们亲近传统文化应该让他们感受到传统文化,在传统文化的学习中感受到热爱、喜欢、幸福。"学校从学生的角度出发,把传统文化传承和品德养成相结合,有利于学生在传统文化的滋养中树立科学的世界观、人生观和价值观,有利于提高学生的思想道德水平和文明修养。

1. 传统节日承美德

传统节日凝结着中华民族的民族精神和民族情感,承载着中华民族的文化血脉和思想精华,它是传统文化的载体。学校充分发挥传统节日的优势,举办了一系列的主题活动:清明节祭祀祖先、缅怀先烈,进行革命英雄主义教育;端午节赛龙舟、包粽子、纪念屈原,开展爱国主义教育;中秋节赏月咏怀、思亲团圆,组织感恩、孝道教育;重阳节登高望远、孝敬长辈,进行尊敬师长教育……通过各具特色的德育文化活动,引领学生走进节日背后的故事,了解感受节日蕴含的思想文化,进一步传承节日所传递的民族精神和传统美德,陶冶情操,不断完善自己的人格。

2. 经典文化润心灵

中国的国学经典文化底蕴丰厚,蕴藏着丰富的为人处事经验和做人的道理。组织经典诵读活动,从唐诗到宋词,从诗经到论语,从《百家姓》到《增广贤文》,学生沉浸在浓厚的经典美文之中,再一次诠释经典诗文在朗诵上平仄、押韵的美感,同时也展示孩子们追求美、欣赏美、展示美、歌颂美的情操。结合读书节,学校举办"鲤城实小诗词大会",开展"校园诗歌创作比赛"、"中华诗词大会"以及"班级赛诗会"等系列活动。诗词大会的开展,不仅仅是通过让学生读背古诗词,提高学习古诗词的兴趣,让学生感受及领悟优秀传统文化的魅力，更是提升学生文化品位，提高眼界格局，培养学生的家国情怀和世界眼光。我校校本教材《经典诵读》长期坚持举行"课前三分钟诵读"活动，一至三年级基础蒙学，如《弟子规》《笠翁对韵》《增广贤文》等；四至六年级读儒家经典《论语》《孟子》等，由浅入深、由易到难。每天每节课的课前诵读三分钟，反复诵读，其义自见，经典文化根植于心。学校开展的书法比赛，更是在学生书写经典美文时，把书法的魅力和传统品德教育有机结合，发扬经典文化的育人功能，让学生在端正书写的基础上感悟诗词古文的荡气回肠、顿挫抑扬，感受祖先在遗留的文化中饱含的人文价值、品德修养，体会中华文化的独特魅力，更是营造诗意的成长环境，使书香与墨香飘满校园。

传统文化入脑入心，润泽孩子稚嫩的童心，美化孩子的幸福人生。校园因为经典文化的传诵而富有诗意，学生心灵因为传统文化的传承而更显丰润，幸福德育的力量在多方聚焦下彰显着动感魅力与力量。

第三节　幸福德育的实践行动

"少年智则国智，少年富则国富，少年强则国强。"作为学校教育的主体——少年儿童，他们的健康成长不仅关系个人，更是关系学校，乃至祖国未来的大事。如何引导学生们胸怀理想，健康成长，在生活与学习中体验幸福呢？马克思早就告诉过我们：实践活动才是人类认识的基础、前提、来源和动力。美国著名实用主义哲学家、教育家和评论家杜威认为，"从做中学"是儿童的天然欲望的表现。杜威认为，"从做中学"也就是从活动中学、从经验中学，它使得学校里知识的获得与生活过程中的活动联系起来，儿童能在那些真正有教育意义和有兴趣的活动中学习，从而有助于儿童的成长和发展。"从经验中学"就是在我们对事物有所作为和我们所想的快乐或所受的痛苦这一结果之间，建立前前后后的联结。"从做中学"实际上就是注重学生的实践体验。

幸福德育是一种自我激励型的内省式教育。它首先唤醒学生内心深处自我意识的觉醒和自我动力的催生。它的实现必须符合学生的认知特点和年龄特征，必须贴近学生的实际生活和学习经验，通过大量实践活动，将外在要求与内在需求结合，从而达到从"知"到"行"的转化，真正实现"知行合一"。

幸福德育更是一种体验式的教育。它为学生创设各种道德体验的情境，搭建品德素养发展的平台，引导学生在体验中感悟，从感悟中促使行动转变，从而学会立志、学会做人、学会创造。

一、自主德育活动，遵循实践特性

幸福教育的一个重要目标就是培养学生指向未来幸福生活的必备素质，帮助学生用正确的价值观更好地在社会上立足，适应未来生活。这也意味着，构建幸福教育的幸福德育目标体系要有前瞻性和超前性，不能只看当下，更要着眼于未来，我们要培养有着正确世界观和价值观取向，有着独立思维精神和自主意识的创造者。

（一）自主彰显个性

应如何提升学校的德育水平，提高学生的德育品质呢？鲤城实小德育处依托学校少先队，从每一个少先队员入手，充分调动他们的自觉自愿性和自主参与性，给予他们选择的权利和参与的程度。要知道，任何活动如果只有少数几个队员参加，多数队员只是听客、看客，这样的活动是无法达到人人接受教育的理想效果的。所以，应该给每一个队员机会，在活动中大胆尝试，体现队员的自主性，鼓励他们自我体验、评价、教育、管理、服务和成长发展。

（二）实践锻炼魄力

德育是以道德为基础的道德实践作为其终极目的，并付诸实践。实践是德育活动的根本特性。德育育人的实践过程是内含于生活之中的过程，不可能脱离生活而凌驾于生活之上。学生需要在生活实践和社会实践中获得新的感知和体验，从而引导自己达到自我激励、自我完善的幸福境界。

通过实践活动，学生可以认识人生，明确追求生活的意义，进而实现自己的人生价值和人生理想。因此，德育实践活动课应把学生引向社会，引入生活，走近大自然，去和周围的世界积极对话，广泛交流和沟通。这种以社会为大课堂的教育方式，不仅突出了学生的主体地位，而且有利于激发学生积极主动参与的热情，锻炼自身胆魄和能力，有效地提高学校德育实效。

二、主题实践活动，辐射宽广高效

鲤城区实验小学的幸福德育内容，确定以培养积极心理健康品质和发展多元智能为核心，自行开发校本课程，合理规划学生生涯。学校德育依托少先队活动，挖掘学校、家庭、社区的潜在资源，开创了八大德育主题活动，引领学生们在各类教育实践活动中体会快乐，品味艰辛，学会感恩，孕育梦想，真正使德育实践活动点燃学生成长的火把。

（一）线上加强网络德育，推进幸福德育信息化建设

我校是泉州市级教育现代化试点学校。学校与时俱进，加强学校德育手段现代化建设，把思想道德教育融入网络。每学年定期组织开展网上祭扫先烈活动，开展小学生安全知识、法制知识网络竞赛，开展"百名美德少年展示"网上签名寄语，开展网上读书夏令营，以及组织观看学习"青少年水上安全和救生知识"讲座视频等活动，同时通过主题班队会加强网络道德教育，引导学生正确对待网络虚拟世界，合理使用互联网、手机以及微博、微信等新媒体；对学生加强网络道德教育，引导文明上网，树立网络责任意识，增强对不良信息的辨别能力，防止网络沉迷或受到不良影响；同时加强网络法制教育，培养学生依法使用网络的意识，自觉抵制网络不法行为。其中，我校组织参加福建省网络安全知识竞赛及泉州市交通安全网络知识竞赛均荣获第一名。

（二）线下组织实践德育，开创幸福德育实践活动进程

1. 政治立场教育，坚定党团队路线

世界上最大的一个儿童组织就是中国少年先锋队，它的成员统一称为"少先队员"，他们将是祖国未来的合格建设者，是中国社会主义事业的可靠接班人，因此他们的思想道德建设关系国家未来和民族希望。西方学术界曾有研究表明，小学四年级学生的政治属性受家庭影响，其父母是民主党派或者共和党派，那么孩子长大后的政治立场和派别会跟随其父母。因此，学校特别关注少先队员的思想属性和政治立场，从小渗透爱党、爱国、爱民的思想意识，引导他们集结到有中国特色的社会主义道路上，让核心价值观的种子从小在少先队员心中生根发芽。学校每学期会利用寒暑假，设计"红色基因代代传""寻访红色足迹""民族英雄我学习"等红色之旅实

践活动,引领少先队员们在学习红色革命浪潮中坚定政治立场,从小接受党的教育,学习、传承革命精神。每逢七一、八一、一二·九、国家公祭日等重要节日,学校必定举行规范的升旗仪式,出党、团、队旗,让学生通过庄严的仪式受到党团队一体化教育。

2. 爱国主义教育,孕育民族精神

24字核心价值观中,对公民个人层面的具体要求,第一个就是"爱国"。2017年10月18日,习近平同志在十九大报告中也明确指出:"要加强思想道德建设。人民有信仰,国家有力量,民族有希望。"同时,针对西方世界一直想用颜色革命颠覆中国国家主权和政权的阴谋,我们更要广泛开展爱国主义教育,着力提高学生的思想觉悟、道德水准和文明素养,树立正确的历史观、民族观、国家观和价值观等。每年学校都会把实践活动从课堂延伸课外,广泛开展爱国主义教育。如三次签名寄语活动:3月5日开展"学习雷锋,争做美德少年";清明节举行"网上祭英烈";国庆节组织"向国旗敬礼"签名寄语活动,引导队员小手拉大手,和父母一起为身边的雷锋榜样讴歌、为革命烈士敬献鲜花、为祖国母亲点赞。这些活动充分引导学生认识和牢记过去的历史,学会珍惜眼前的幸福生活,把爱国行为落实到实际行动中,将中华民族五千年的历史文明深深地篆刻在脊梁里,勤奋学习、增长知识、学好本领,为实现中华民族的伟大复兴梦贡献自己的全部力量。

3. 集体主义教育,培养合作意识

现在的孩子大多生活幸福,家里往往只有一个或者两个孩子,真真是"捧在手里怕摔了,含在口里怕化了",孩子们以自我为中心的例子比比皆是。中国正处于社会主义初级阶段,以经济建设为中心的实际情况使得当前社会价值观出现多元格局。以集体主义作为主流德育思想的原则正受到冲击,因此学校德育的一个重要方面,就是培养学生的集体主义观念,学会与他人合作,团结互助。

马克思指出:"只有在集体中,个人才能获得全面发展其才能的手段。"学校把集体主义思想的培养自上而下,贯穿全校。从大队干部的选举到各中队干部、小队干部的选拔,集体主义观念是考察、检验队干和班干的一条不可逾越的准则。学校大队辅导员要求大队干部要有集体主义观念,要树立"我为人人,人人为我"的服务意识,开展大队活动时要时刻考虑所有队干是一个集体,当个人与集体发生冲突时,要以集体为重。同时激发队干们对大队集体强烈的向心力,大大增强了队干的集体主义观念。

班主任管理班级工作时,渗透集体主义观念,充分发挥每个学生的积极性,让大家施展才华,经受锻炼,增长才干。这样,我们学校的队干和班干才会逐渐增强主人翁责任感,懂得珍惜集体的荣誉,在平时的言行举止中就会更主动、更自觉地关心集体的工作,维护集体的利益。

4. 读书积善教育,内化道德修养

"人之初,性本善"是中华传统文化的根,"善"更是中国传统文化"儒、释、道"共同推崇的核心内容。"读书积善"四个金色大字在鲤城区实验小学的校史外闪闪发光、熠熠生辉,它是我校(原振兴小学)创始人蔡鼎常先生百年前创办学校时提出的校训。读书能让人明史、明智,行善是中华民族倡导的传统美德。善不仅仅是扶危济困、雪中送炭,也不只是拾金不昧、见义勇为,善是用我们的热情、关心,去温暖他人的心房,去理解和宽容他人。

一百多年来,读书积善成了学校一张亮丽的名片。校园内良好的读书氛围促进学生健康成长。学生们在读书中变得聪颖,在读书中懂得做人的道理,在读书中积下了善念。

幸福教育的实质是通过读书积善教育,将善的言行内化为学生的道德修养,引导他们做一个爱读书、乐行善的人,做一个坚持阅读、从书中汲取营养指导言行的人,做一个"日行一善"的传递者,让美好善念充满整个校园。学校的读书氛围浓厚,每天中午的午间阅读时间,走过任何一间教室都可以看到学生安静阅读的画面。学校图书馆还定期展出板报推荐最佳阅读书目。学校少先队大队部每学期固定开展"全是爱"公益超市义卖活动,引领队员将对读书的理解,对善的感悟化为实际行动。"读书与积善"活动成为学校公益行动的一个品牌。

5. 安全法治教育,增强保护意识

"少年智则国智,少年强则国强。"青少年是中国未来的建设者和可靠的接班人。法治社会中,法律素质是青少年学生综合素质的重要组成部分。作为学校德育教育的重要组成内容之一,安全法治教育一定要按照科教兴国、依法治国和社会主义现代化建设的要求,坚持法制教育与思想政治教育相结合,坚持课堂教育与课外教育相结合,坚持近期目标与长远目标相结合,不断提高广大青少年学生的法律素质,努力把青少年学生培养成为有理想、有道德、有文化、有纪律的社会主义建设事业的合格人才。

学校应构建学校、家庭、社会"三结合"的青少年学生法制教育网络,形成全社会齐抓共管的教育格局,切实维护在校学生的合法权益,预防和减少青少年违法犯罪,努力使青少年学生法制教育在工作理念上与时俱进,在工作方式手段上实现创新，在规范化、制度化方面有新进展。学校法治教育能根据不同学龄阶段学生的生理、心理特点和接受能力，有针对性地开展法制启蒙教育，运用生动、形象的教学方式，向学生普及有关法律的基本常识，提高他们的法律意识、自我保护意识，以及明辨是非的能力，从小养成遵纪守法的好品德。如开展宪法学习活动时，一二年级以童谣传唱的方式方法；三四年级以"红领巾小创客"方式，进行创意宪法书签的大比拼；五六年级则围绕宪法举行演讲比赛、知识竞赛。

6. 感恩环保教育，实践回馈社会

学校少先队始终坚信："人，往往只有在恶劣的环境中，才有能力依靠双手和大脑维持自己的生存。只有通过亲身体验社会现实，才能进一步了解社会，在实践中增长见识，锻炼才干，培养韧性。"学校领导组织德育处立足实践，开展体验教育活动，引导学生去品味人生的酸甜苦辣，去感悟生活的美好、上一辈的辛劳，在实践中学会感恩。

一是在"红领巾上讲坛"活动中，用故事浸润学生的内心。低年级的孩子教他们什么是"乌鸦反哺""小羊跪乳"；中年级的孩子倾听"知恩图报"的成语故事，引领他们认识"受人滴水之恩当涌泉相报"；高年级的学生则收集有关毛主席、朱德、岳飞等名人孝敬父母的资料，让他们受到潜移默化的影响。二是在节庆日中，用亲身实践培养感恩意识。三八妇女节组织学生观看妈妈怀孕的视频，重阳节带领学生到社区、福利院慰问孤寡老人，母亲节、父亲节、教师节，教育孩子亲手制作贺卡，写下祝福送给父母、师长，学会感恩长辈……

7. 榜样引领教育，实现复兴梦想

泉州地处闽南，素有"海滨邹鲁""光明之城"的美誉，从古至今，人文荟萃，名人辈出，"名人文化"为学生们提供了丰富的精神食粮。作为一所具有百年历史的名校，鲤城实小重视对文化的传承，在德育实践活动中，开拓创新校园德育活动形式，以泉州名人为榜样，学校德育处引导学生立足这些本土文化资源，了解家乡、热爱家乡，组织古城不同路线的研学旅行，通过参观、采访、讲故事等形式，将灿烂的"名人文化"整合为鲜活的教育素材，让学生们走近家乡名人、感受名人的品质，学习名人的精神。学生们在名人的感召下，孕育着自己的梦想。研学中，学生们走进李贽故居，了解李贽生平，理解他的"天之立君，本以为民"的主张；走进蔡襄，知晓在他主持下兴建洛阳桥避免了"沉舟被溺，死者无算"的状况，减轻民众负担；爬大坪山，瞻仰郑成功雕像，感受这位民族英雄的雄韬伟略，收复台湾的丰功伟绩……

鲜活、可感的典型榜样形象,引导学生从自我做起,学习美德、弘扬美德、践行美德,用实际行动了解家乡、关心家乡、爱护家乡,努力成长为担当民族复兴大任的时代新人。

8.工匠精神教育,夯实劳动素养

社会即学校,生活即教育。劳动教育的有效实施自然离不开家庭、社会的配合。相反,如果单靠学校,五天的正功很容易就被两天的负功所抵消。因此,学校注重联合家庭、社会共同搭建劳动实践平台,开展工匠精神教育。学校从劳动课程上落实学生的劳动思想教育,侧重引导学生每日做好值日工作,打扫班级的卫生区。家庭劳动则由家长充当教育主力军,带领孩子从扶到放,每天整理自己的学习用品,做力所能及的家务活。家校双方合力,鼓励学生崇尚劳动人民,尊重劳动果实,争取做一个辛勤劳动、诚实劳动的人。

学校在校门口建了垃圾分类处理点,在后花园建设种植基地,创建综合实践活动室和功能多样的劳技教室,为学生劳动实践提供场所。我们还联系非物质文化遗产传承人曹淑珍老师,学校所在的伍堡社区,开设花灯制作、美术手工、绿地种植等各具特色的劳动实践活动。众多的劳动实践平台为劳动教育提供强有力的保障,丰富学生劳动实践活动,夯实学生劳动素养。

三、三大活动策略,唱响幸福乐章

德育活动注重实践教育、体验教育,强调要在活动中引导学生自主向上、积极参与,实现自我成长。活动强调要充分发挥学生的组织教育、自主教育、实践活动的特点和优势,开展全员参加、主题鲜明、生动活泼、丰富多彩的德育活动,共同创建自主、平等、友爱、向上的班集体。结合文件与学校办学理念,我校德育处提出三大活动策略,引导学生体验幸福,引导学生在活动中出真知、练胆量、懂创新、明事理、共成长。

(一)创新活动,追求幸福境界

学校德育涉及方方面面,既有常规的课程的设置,也有丰富的课外实践,如何在活动中引导学生,从小埋下幸福的种子,追求不一样的幸福生活,提升自我认识的境界,这是摆在所有老师面前的一项难题。结合学校

"和谐育人、幸福有成"办学理念,德育处提出"立足课堂,拓展课外"的德育实践活动工作思路。落实每周一课时的少先队活动课时间,创新活动形式和内容,挖掘学校、家庭、社区的潜在资源,引领学生在德育教育实践活动中体会幸福,品味艰辛,孕育梦想,真正使德育活动点燃学生们成长的火把。

鲤城实小创新传统节日的活动形式,激起学生们参与热情:植树节,在校园公众号设置"我为实小添一抹绿"红领巾小创客活动栏目,把植树活动开展到网上,让队员们每天给小树浇浇水、施施肥,在点滴"劳动"中体会收获的喜悦,明白幸福的来之不易;建队节,举行年段之间的"红领巾小百灵"拉歌大赛,先重温《英雄小八路》《英雄儿女》《洪湖赤卫队》等电影,再学歌、赛歌,队员们细细品味了解战火纷飞的年代里,少先队员们的英勇机智、不怕牺牲的精神,唱响新时代的革命旋律、战斗号角,促使队员们珍惜今天的幸福生活,明白要实现祖国复兴大业,作为其中一分子的"我"给自己定的目标要更高、更远,才能为祖国而战,为理想而奋斗,为实现自己的中国梦而努力拼搏,这样的追求才是幸福的。

创新的活动形式,激发学生参与热情,调动学生积极性;创新的活动内容,给予学生不一样的体验,经历过才能真正内化于心,外化于行。

(二)问需于童,培养幸福能力

如今的孩子,每个都是家里的宝,冷了有人帮忙添加衣服,渴了有人帮忙添茶倒水,饿了有人煮饭端来,你问他们想要什么? 他们似乎也说不上。这直接的后果就是"我不知道我要做什么",因为家里的事爸爸妈妈替我想好了,学校的事老师替我考虑了。这恰恰是我们德育活动要杜绝的。因为只有自己去经历和体会,自己去思考面对,才能真正拥有。学校德育依托少先队开展活动,把少先队员摆放在第一位,问问他们,你们需要什么,即"问需于童"。

2017年十九大召开前,为了进一步引导广大少年学生走近十九大、了解十九大,学校少先队组织了一场《喜迎十九大·我是光荣的少先队员》的少先队活动课观摩。刚接到任务时,辅导员老师觉得自己无从下手,到底要怎么引导队员了解十九大呢? 最后的落脚点还是孩子。辅导员老师和孩子们一起讨论,你们想了解哪些有关十九大知识? 队员们集思广益,有的说十九大和我们每个人的生活都有关,我可以找爷爷奶奶问一问,他们对十九大的看法;有的说我听妈妈讲过学校也发生了变化,这应该也和十九大有关,我们去调查一下吧! 还有的学生认为自己长大了,家乡古城泉州也长大了，是不是家乡的十九大也可以探讨……队员们的发言让辅导员茅塞顿开：为什么不让队员们从身边找找十九大的足迹呢？于是，整节课的思路清晰了，最终这节课从小家、学校、家乡、祖国这四个角度切入，由小及大，层层递进，让队员们充分感受小家、学校、家乡的变化，进而感受祖国的腾飞，从而激发队员们爱家、爱校、爱乡、爱国的情感和一名少先学生的光荣感、自豪感。最后，队员们在"我向习爷爷说句心里话"环节，用自己纯真的情感，向习爷爷吐露心声。课后，队员们的热情不减，做手抄报、学唱《歌唱祖国》、写心愿卡，活动持续了很久很久。

这就是"问需于童"的魅力，不用辅导员的"承包"顶替，不用老师的出谋划策，队员们自己就能搞定，而且活动环节符合他们的认知水平，讨论活动的过程更是培养他们能力的过程，队员们体会到了成功的喜悦，幸福的快乐。

（三）问计于童，成就幸福人格

当下社会，家庭结构发生变化，导致家庭成员地位也发生相应的改变。无论是独生子女的家庭，或者是两个孩子的家庭，大家的生活重心似乎都围绕着孩子转，使得孩子们的依赖性变得很强，缺乏面对困难的勇气，缺少解决困难的方法，健康的人格形成是有所欠缺的。作为学校德育工作的重要组成部分，少先队是培养学生健康人格的主阵地，如何引导队员在活动中形成健康、幸福的人格，我校少先队提出了"问计于童"的工作理念。

什么是问计于童？以"自豪吧！红领巾！"为例，刚开始确定活动主题的时候还发生了这样的小插曲。团市委让辅导员老师上报少先队活动课的题目，上午通知主题下午就得确定并上报。少辅组的老师们集思广益，想了好几个题目，有"我爱红领巾，争当新时代好学生""红领巾在集结，唱响先锋之歌""学习先锋好榜样，奏响红领巾之歌"等。可是大家又都觉得不是很理想，怎么办呢？这时候，福建省少总陈晓华老师的一句话点醒了梦中人："你们为什么不听听队员的意见呢？"对啊，问计于童，这不是最好的方法吗？他们和辅导员老师一样，都是少先队活动课的主人，他们的意见也很重要，何况他们的脑瓜子说不定比辅导员们更灵活。因此，我们把这个问题抛给学生们，让他们以小队为单位，进行投票表决，最后以少数服从多数的原则，确定了活动主题为"自豪吧！红领巾！"

看着队员们为自己确定的主题而欢呼的场面，我们不由自主地发出感慨："一定要倾听学生们的声音啊！"是的，活动课上，辅导员和队员们是双主体，都要参与活动的设计。同时，作为辅导员的我们不能包办代替，要给予队员们自主的空间和时间,尊重他们,相信他们,让他们自己参与研究、讨论、表决,这样的活动课才能真正让每个队员体会当小主人的幸福,成就每个学生的幸福人格。

【案例分析】

《自豪吧！红领巾!》少先队活动课案例(节选)

一、预备部分

略。

二、活动部分

(一)图片重温入队画画,激发队员的光荣感

(播放课件)队员们分享入队心情

(二)了解红领巾

(1)宣布活动规则。

(2)请听故事:《红领巾的由来》。

(3)抢答环节。

(三)尊重红领巾

(1)火眼金睛辨是非。

(2)讨论平日应该如何对待红领巾。

(3)发出倡议,展示小队风采。

(4)观看视频,说说如何爱护红领巾。

(四)佩戴红领巾

(1)观看视频讲解——如何正确佩戴红领巾。

(2)和辅导员比赛佩戴红领巾。

(3)全体一起佩戴红领巾。

(4)点评,辅导员讲述心声。

(五)为红领巾增光彩。

总结生活中为红领巾增光的行为。

(六)歌颂红领巾

(1)颁发奖章。

(2)请队员们随着音乐一起歌颂红领巾。

(七)辅导员总结、呼号

略。

（八）退旗，敬礼。

略。

（教师反思）我是鲤城区实验小学的一名中队辅导员，从教已有二十年，在这二十年里，我与少先队结下了不解之缘。我从一名普通教师到少先队辅导员，虽然品尝了酸甜苦辣，但我深爱这一行。每天都以真挚汽车美容精神和热情投入到工作中去，与少先队员们同喜、同真、同乐，虽忙虽苦虽累，我却乐在其中。

红领巾是少先队员的标志，身为一名少先队员，胸前佩戴着鲜艳的红领巾，是多么光荣啊！从今年香港反华暴乱事件和扔国旗事件中，我们知道，作为一名中国公民，维护祖国的尊严是每一位公民应尽的责任和义务。在祖国七十华诞来临之际，我们少先队员更应该清楚，作为一名少先队员，从小树立爱国志向是多么重要的一件事。基于这样的情况，我在三年级的少先队员通过队员们的讨论，决定上一堂"自豪吧！红领巾！"的主题队课。

全课以棋盘游戏贯穿全课。各小队分工合作进行了资料的收集和图片的整理，全体队员共同回顾了一年级入队时的情景，引导队员们重温入队时的那份荣誉和自豪。在队员们讲述刚入队时的心情后，课件呈现本节课独特的活动方式——棋盘，并介绍游戏规则。其中，第一轮以闽南童玩踩高跷的方式来确定开启百宝箱的小队，每位队长绕泉州名胜古迹一周，率先回到起点的为获胜小队。活动正式开始。由获胜小队开启百宝箱，百宝箱中的题目是：故事《红领巾的由来》。请学校大队委员来为小队员们讲述故事。除了分享这些故事以外，各小队还一同分享他们收集到的关于红领巾的资料。当队员们分享完后，激烈的抢答环节拉开序幕，队员们积极地投入到活动中。在了解了红领巾的故事后，队员们热情高涨，他们深刻地体会到，作为一名少先队员，应热爱胸前飘扬的红领巾，好好锻炼，练就本领，做担当民族复兴大任的时代新人，做中国特色社会主义祖国的合格建设者和接班人。

然而，在我们的生活中时常能看到一些不尊重红领巾的行为，请队员们举例说一说，并分析造成这种现象的原因，以及全体队员针对如何尊重爱护红领巾这一问题展开讨论，并向全体队员提出倡议。此时，队员们对红领巾的热爱已经升华到了高潮处，一则万达商家为了谋取利益，借助少先队员帮他们免费做广告的视频将队员们保护红领巾的激情点燃，队员们看完视频后，纷纷表达自己的不满，并谴责无良商家不尊重红领巾的行为。红领巾是队旗的一角，是革命先烈的鲜血染成的，容不得亵渎，由不得胡来，尊重红领巾既是尊重革命先烈，也是尊重少先队员，少先队员有责任也有义务保护好红领巾。主持人在队员们表示强烈不满的同时，以课件的形式呈现了相关部门对万达商家这一行为的处罚决定书，更增强了队员们保护红领巾的信心和意念。同时，通过视频播放原北京市少先队总辅导员王延风老师的一段正确佩戴红领巾的视频，让全体队员重新正确佩戴红领巾，并开展正确佩戴红领巾比赛，还请中队辅导员纪老师与队员们分享自己的红领巾情怀。队员们的红领巾是国旗的一角，是用无数革命先烈的鲜血染红的，应该继承和发扬革命先烈的优良传统，为红领巾增添光彩。队员们纷纷介绍自己为红领巾增添光彩的故事，使队员们感受到胸前的红领巾更鲜艳、更火红。全体队员齐唱《红领巾之歌》，中队辅导员向获胜小队颁发接力章。

通过本次活动，队员们意识到作为中国少年先锋队的队员，不仅要爱护红领巾，为它添荣誉，还要严肃规范队旗、队徽、队干部标志等少先队标志，维护队集体，珍惜无数革命先烈用鲜血和生命换来的幸福生活，努力成长对祖国有用的栋梁。

第四章

幸福课程:幸福教育的学科融通

　　《中共中央国务院关于深化教育改革全面推进素质教育的决定》指出:"调整和改革课程体系、结构、内容,建立新的基础教育课程体系,实行国家课程、地方课程。"《国务院关于基础教育改革与发展的决定》进一步明确了"加快构建符合素质教育要求的基础教育课程体系"的任务。《国家中长期教育改革和发展规划纲要》指出要"提供适合学生的教育"。在这样的前提下,学校课程建设成为基础教育改革的关注点。

　　课程是指学校学生所应学习的学科总和及其进程与安排。课程有狭义和广义之分。狭义的课程是指某一门学科。广义的课程是指学校为实现培养目标而选择的教育内容及其进程的总和,它包括学校老师所教授的各门学科和有目的、有计划的教育活动。[14]

　　课程是塑造学生的载体,在人才培养中发挥着核心作用,学校课程建设的问题在现代学校越来越受到重视。《中国学生发展核心素养》的公布,引领着教育改革的方向,掌握课程内容的同时培养学生适应终身发展的素养,引导学生关注生活,关注社会发展和科技进步,能够积极开展探究活动,能够主动地参与社会生活,实现学生素质的全面均衡发展。同时,它也引领着课程建设与实施的基础教育改革。从课程上、活动上都形成序列,与学校整体发展有机整合,彰显学校课程的特色。突出育人和发展导向,是课程建设中的重点。

第一节　幸福课程建设

学校课程建设是学校提升综合办学能力的一项重要工作。特别需要强调的是，课程建设必须立足实际，充分利用学校的资源优势，理性分析学生发展需求，注重学生的全面参与，整体规划校本课程的发展框架，努力形成学校课程的可持续开发和使用，切忌受功利主义的影响而在学校课程建设中出现异化。

一、课程建设的困惑与思考

学校课程是一所学校有质量、有境界发展的核心要素，学校课程体系精致化建设和精细化实施是促进学校内涵发展的重要抓手。看一所学校的教育质量关键看其课程是否促进了育人目标的实现，是否促进了学生健康自主发展，是否促进了教师的专业化发展。

学校课程建设是一项十分复杂的综合性工程，只有正确处理局部与整体之间的关系，才能展现课程目标系统的关联性和一致性；只有正确处理传承与创新之间的关系，才能显现课程内容的丰富性和选择性；只有正确处理认识与实践之间的关系，才能凸显课程实施正确的目标性和方向性；只有正确处理理想与现实之间的关系，才能真正体现课程评价的全面性和客观性；只有正确处理共性与个性之间的关系，才能呈现课程品质的基本属性和鲜明个性。概言之，只有把握课程架构中各种事物或事物内部各种元素之间的内在联系和区别，周密权衡各种课程元素和课程因子之间的轻重关系，才能真正提高课程建设的质量和效益，构建回归儿童"人性"、遵循教育"本性"和发展学校"个性"的适性课程。[15] 从课程建设的角度来说，学校管理者很有必要思考：是不是学校课程的数量多了，学校的课程意识就变强了？答案当然是未必。随着各类课程的增多，作为学校管理者应该及时考虑：这些课程是否真的是学校、教师、学生需要的？如何保护师生们参与学校课程建设的积极性？怎样规范和有质量地实施这些课程，主动避免课程实施的随意性和盲目性？近些年来，各地学校的课程开发如火如荼，但出现的一些现象值得我们引起警惕。比如,有的偏离学校实际,一味追求学校课程的开课数量;有的急功近利,未充分考虑课程开发的可持续性,走一步算一步;有的只注重开设科目,不重视课程内容和教学过程的准备与整理,随意性较大;有的参加社团活动的机会更多的是面向优等生和特长生,对普通的学生缺少关注和保障;有的不顾及"特色"的实践性和积淀性,特色的内涵浅层单薄,如此等等。[16]

诸如此类的问题,既是我们的困扰,也促使我们在课程建设中进一步思考。我们从学校、教育、文化、教师、学生以下五个维度进行了思考:

(一)学校教育的核心任务

课程建设是一所学校的灵魂,是学校可持续发展的"发动机"。从课程育人的观念看:学校有怎样的课程,就会有怎样的师生生活方式;有怎样的师生生活,就会有怎样的生命成长方式。

在课程的构建中,学校将教育视为"成全生命"的过程,以提升学生核心素养为首要任务,以课程统领,促进学生全面而个性化成长的活动,引导学校的可持续发展。

(二)教育的规律和个性化

教育发展到今天,大家越来越明白,只有合乎教育本身的规律,遵循教育应该遵循的规则,才能让教育真正焕发别样的色彩,而教育必须通过课程这一有效的载体,才能实践教育的理念,达成教育的目的。无论哪所学校,课程具有的共性特征以及个性特点,都必须指向教育和服务教育,这样的课程也是回归教育本源的,有其生命力和价值意义的。为了儿童的幸福成长,这是我们教育的出发点和归宿,也是建设学校课程的依据和动力。

(三)文化的传承和创新

一所学校的课程改革需要不断地深化,其实就是处理好继承与创新的问题。"百年的历史沉淀了很多独特、沉实、深刻的东西。但对于一所现代学校来说,历史的意义远非仅仅在于可供观看和叙述,更多的在于对今天,甚至未来的作用。"①我们认为,学校的精彩也正在于对历史的挖掘与当下

---

① 陈卫东,潘含笑.学校课程建设要处理好四个辩证关系[J].教书育人·校长参考,2020(6):45.

的思考中,完成现代精神与传统文化的交汇、融合与共生!

我们要注重课程文化基因的传承和创新利用,严格遵循适度原则,在坚守与创新、变与不变、破与立之间做出最正确的抉择。我校在百余年的办学历程中逐渐沉淀出"和谐育人、幸福有成"的办学理念,这种沉淀既有校园文化的历史传承,也有适应社会发展和教育发展的时代烙印。新课程改革,尤其是"核心素养"的提出,为"和谐育人、幸福有成"办学理念不断注入新的内容,使其内涵愈加丰富、饱满和清晰。为更好贯彻办学理念,彰显"幸福教育"的办学主张,学校多次组织相关职能部门就构建与"幸福教育"相适应的课程体系进行深入研讨,从顶层设计、课程开发、课程实施、课程评价等几方面做了大量的摸索和实践。

在"和谐育人、幸福有成"办学理念的指引下,我们把教育当作一件幸福的事情来做,坚持全面发展的质量观,以人为本的学生观,着眼于人的整体发展、和谐发展,通过开发与实施幸福的课程,建构幸福的课堂,营造幸福的校园,让教师、学生在日常的校园生活中获得幸福的体验,快乐地成长。

(四)教师的专业、特长和价值观

教师是学校课程的实践者,教师的专业、特长和价值观决定着课程实施的效果,课程建设呼唤高素质的教师队伍,因为教师具备良好的综合素养才能发挥其无限的价值和魅力。我们以"珍爱心灵、自主发展、享受幸福"激活教师群体的共同愿景,用高尚师德和教育文化构建学习型发展型组织,实现教师自我、学校大局的共同发展。通过项目组、教研组、年级组研修,引导教师将专业发展变为自我需要,倡导智慧地教,在教中成就;虚心地学,在学中知不足;敬业地做,在做中寻快乐,将建设具有"高尚的师德修养,刻苦的敬业精神,扎实的专业知识,娴熟的教育技艺,理性的思辨能力"的教师队伍作为根本任务,作为全校教师的共同追求,作为推进学校课程的有力抓手。

(五)学生的发展诉求

"幸福教育"的目标指向是师生的"幸福成长",落脚点是幸福课程的建构。我们站在"立德树人"的高度,以教育部颁布的《中国学生发展核心素养》总体框架来检视我国传统文化中的"六艺"(即礼、乐、御、射、书、数)育人思想,结合学校文化特色,赋予其时代新意,发展出"新六艺"(如图4-1)。

```
礼→德→做一个有道德的人
乐→美→做一个会审美的人
射→体→做一个体魄健的人
御→能→做一个有能力的人
书→知→做一个乐求知的人
数→智→做一个善思考的人
```

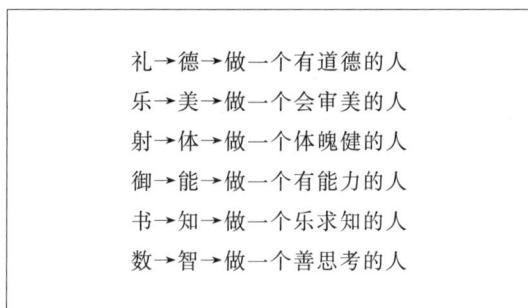

图 4-1　鲤城区实验小学"新六艺"框架图

素质教育是一个永恒的主题。"六艺"是一个学生全面发展综合素质的要求,使每一位独具个性的学生在道德、身体、智力、情感等方面得到充分发展,为在多样化社会中做一个终身发展和有能力获取幸福的公民做好准备。

"一切为了孩子,在学校里就是要实实在在地打造出一个个坚实的素质教育平台,让每一个孩子都能找到自己的兴趣所在,感受到幸福和成功。"我校围绕着"和谐育人、幸福有成"的办学理念,在积极全面的课程改革中,以"幸福有成"为学校使命,以课程重建为核心,将学校教学活动主旋律与积极心理健康教育的理论相结合,关注学生发展核心素养,积极探索有益学生终身发展、人格完善的教育教学新文化、新思维,塑造学生积极向上心态,促进学生自主发展,让师生共同追求幸福有成人生。学校通过多形式、多方位、多维度的课程教育教学和课程实践活动平台,突出学生的参与、愉悦和融合原则,让学生在幸福中学习成长。

从课程建设的领域看,为更好地推进"幸福教育"理念的传承发展,促进"新六艺"素质教育培养目标的有效落实,我们以课程教学为抓手,在课程体系建设的不断完善中,学校特色课程的传承、精品课程的创建以及课程的个性化建构上还需继续努力,进一步发现和解决问题,不断地积累和总结经验。

二、课程体系的科学建构

在一定的教育价值理念指导下,将课程的各个构成要素加以排列组合,使各个课程要素在动态过程中统一指向总体教育目标实现的系统,即课程体系。符合素质教育要求的课程体系指向的是每个学生全面而有个性的发展,这种注重能力培养而非应试的导向给学生创造了很大的发展空间。课程体系建设的逻辑起点是育人目标,而育人目标的上位是教育理念和办学理念。课程体系的建设不仅包括课程设置,还涉及课程管理和课程资源等内容。因此,课程体系的建设成为学校育人体系建设的一个杠杆,整体撬动了学校育人模式的变革,形成学校办学特色。所以,学校课程改革追求的应该是学校课程体系的建设,倘若我们能够认真做、坚持做和创新做,就一定能够走出符合时代要求、学生需求、学校追求的理想之路。

(一)加强研究,提高课程的科学性

学校课程体系的建设是学校课程改革的应然追求。学校必须根据自身的培养目标,精心设置课程,一所名校、一所示范校,必须要有自己具有特色的丰富的课程体系。在进一步落实"立德树人"的根本任务中,结合学校课程育人的要求,从加强教育内容的研究与实践上提出课程体系建设的新工作。课程在学生成长中处于核心地位,课程的影响力决定学校的影响力。通过构建开放多元、充满活力、富有特色的课程体系,为学生提供更加自主、更具个性、更多选择的成长环境、教育资源和专业服务,让学生的潜能得到全面充分而又自由地发展,尽最大可能实现学校的培养目标。

课程体系的建设需要学校积极主动地参与到当中,以校长为第一责任人,全员参与。学校课程体系的建设需要建立在科学原理与方法的基础上。一是发展性原理,这是深化改革的要求,同样是发展的要求,发展才是学校办学最为重要的要求;二是结构性原理,课程体系是有结构的,课程体系建设是课程育人的科学建构,是立德树人根本任务的细化;三是资源整合原理,优化系统与整体推进是深化课程改革,加快学校课程体系建设的重要途径。

(二)统筹规划,确保课程的系统性

循此路径,我校把传统儒家"六艺"的育人思想具体化为解决学生、教师和学校发展问题的方法,继承文化精华,凝练成学校课程文化和教育哲学。立足学校已有的课程改革基础,在继承中创新,在创新中发展,构建了基于优秀传统文化又彰显时代特色的"新六艺"课程体系。在原教育教学改革成果的基础上,根据人的素质教育的核心素质、综合素质、学科素质、基础素质、特长素质等方面要求而划分为不同的课程,从而形成包括课程指导意见、课程定位、课程理念、课程目标、课程评价、课程实施策略等在内的完整课程理论,努力实现学校课程育人的科学性、系统性、个性化与校本化。我们将国家课程规定开设的基础性课程进行符合学校自身特点的校本化实施,对拓展性课程、探究性课程进行自主开发,并对这几类课程进行整合,形成了我校独特的"新六艺"课程体系框架(参见图4-2)。

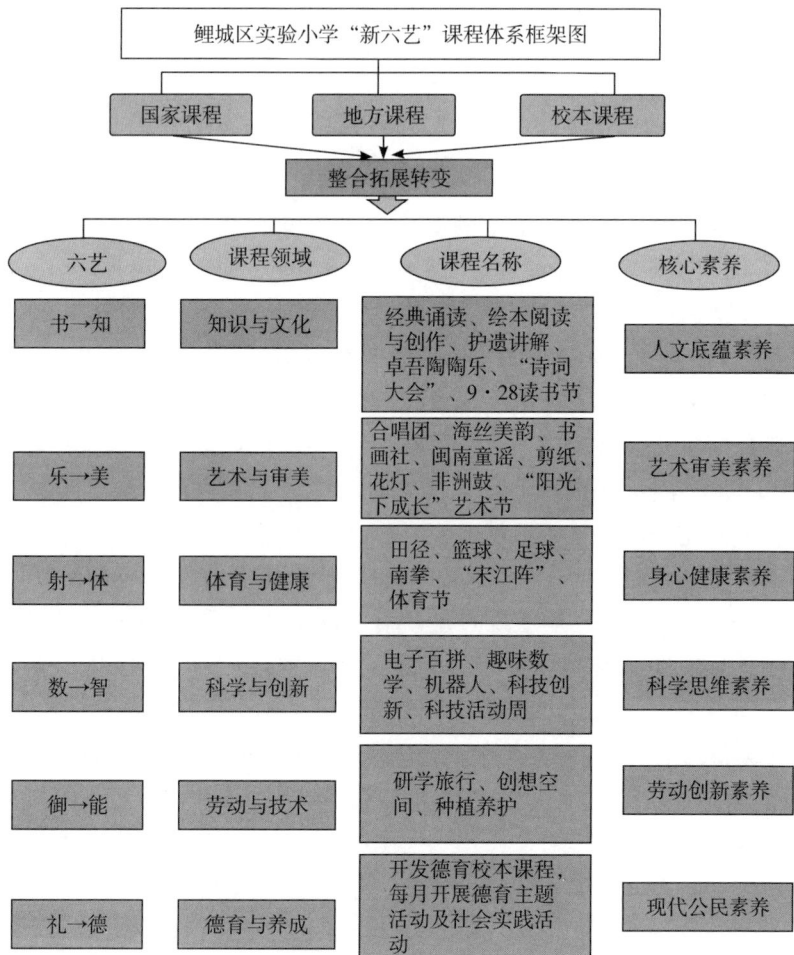

图4-2　鲤城区实验小学"新六艺"课程体系框架图

(三)四合原则,激发课程的内驱力

课程对学校的重要性是不言而喻的。改革中,学校依据"契合学生立场,融合学校文化,整合课程资源,符合教育规律"的"四合"原则,从学校定位、师资实况和学生特点出发构建自己的课程体系。"四合"原则遵循"一

切为了儿童发展"的课程开发理念。只有审视社会发展对人才素养的需求，深刻理解并顺应教育发展诉求，以科学把握儿童发展规律与特征为基础，结合自身的教育资源优势来建设课程，才能具有丰富学生知识体系，拓宽学生视野的特质。所以说，基于生本教育和生命教育的课程再造，关键不在教材，而在于所设置的内容与程序要切合学生的成长规律，在于让学生主动发展、激扬生命、发掘潜能，在于突出学生、突出学习、突出合作。

基于"四合"原则的课程建设，才能让学生获得更多的学习选择权，教师获得更多的授课权，学校获得更多的教育权，并共同服务于学生核心素养的提升和创新人才的培养。在学校发展进程中，我们成功地实现两个转向：以教学建设为中心逐步转向以课程建设为中心，以课程建设为中心逐步转向以课程体系建设为中心。

（四）关注个性，创设课程的多样化

在课程体系建设上，高度重视体系建设中的系统性问题，也就是课程目标、课程内容、课程实施、课程评价的各方面问题，要有系统思考、系统组织，系统解决课程建设问题的总体构想与总体的操作管理意见。学校的课程建设以"多元发展，个性培养"为指导，着力体现两大特点：一是丰富性，二是发展性。国家课程和校本课程并举、校内引导和校外活动结合、课内和课外联系共同构建了丰富多彩的课程。这些课程与社团活动、大讲堂等相结合，共同为学生创设了一个多样化的课程体系。

（1）特色课程为支撑：合唱、南拳、空中英语；

（2）社团课程为辐射：卓吾文学社、书画社、梨园社、泉州木偶社、足球社、篮球社等；

（3）兴趣课程为拓展：剪纸等手工制作、游戏设计、绘本、趣味数学、快乐文学、机器人、趣味英语等。

一个社团，一系列活动，形成别样的"新六艺"课程，学校将艺术的传承、兴趣的培养与提高人的素养有机结合起来。以"课程建构"为抓手，通过兴趣课程普及化、国家课程综合化、社团课程常态化来逐步完成建构体系。

学校以科学发展观指导学校课程建设。面向全体师生，以师生的可持续发展与幸福成长为课程建设之宗旨。"新六艺"课程的建构与实施，创新立德树人在学校的实践，推动了系列活动的开展，通过统整德育、学科和艺体三个育人模块，形成模块内部综合的广域课程，使课程不仅发挥育人载

体作用,更传承和创新文化内涵与外延,促进课程文化生态的发展,促进了学生素质的全面提高,凸显了鲜明的办学特色,成就了学校办学品质,学校的素质教育走上内涵化、优质化、品牌化的发展之路。

第二节　幸福课程开发

学校课程建设的问题越来越受到重视,其实这不是一个新问题。21世纪初启动课程改革,所引导的教育关注就转移到了课程建设与实施上来。新课程在结构上所倡导和实现的均衡性试图改变以往学生动手实践能力低下、知识体系相互隔离、所学知识远离现实生活的状况,引导学生在掌握课程内容的同时,关注生活、关注社会发展和科技进步,能够积极开展探究活动,能够主动地参与社会生活,实现学生素质的全面均衡发展。

校本课程体现的是学校意志,彰显的是学校办学特色,其教育价值与国家课程和地方课程具有较强的互补性,在育人方面三者共同构成一个有机的统一体。

我们要实现的目标是,学生面对的课程体系要具有两个特点:一是丰富性,满足学生多样化发展的需要,以及与未来学生的持续学习和参与社会相关;二是发展性,学生面对丰富的课程,在统一完成共同基础学习之后,还要自主发展出各自的优势,这就是说要满足学生发展性学习的选择性。我们可以把课程改革归结到一点,那就是课程建设与课程实施。

开发学校课程,主要是为突破学校同质化的办学倾向和弊端。课程不是生成的而是预设的;课程不是一个方案而是一个体系;课程的品质不在于数量而在于质量。所以,课程的研发就显得相当重要。按照课程规划、课程方案推进课程实施、课程改造的过程就是一种实践、认识,再实践、再认识,螺旋式上升、递进式发展的过程,是一种认知不断发展、实践不断成熟、知行不断统一的过程。促进学校课程理念不断重构、课程认识不断上升、课程实践不断深入的关键在于搭建课程文化"支架"或"脚手架",它能够让学校教师在课程实践中既有理论的支撑,又有创新的动力,逐步走向课程发展的"最近区"和"最优区",从而少走弯路,提高课改效率。课程文化定位要处理好共性与个性之间的关系,每一事物既有共性又有个性,共性决定事物的基本性质，个性揭示事物之间的差异性。共性和个性在一定条件下会相互转化。学校课程文化普遍存在着基本的属性，即共性，但又必须体现其独特的个性，这样才能杜绝课程文化千校一面，实现各美其美、百花齐放的局面。

我校在落实国家三级课程管理中，以发展为要义，以学校作为教育的细胞，以课程文化为营养液，开发海丝美韵、南拳、宋江阵、泉州花灯、护遗讲解、空中英语、经典诵读等校本课程。其中，海丝美韵、空中英语、南拳、经典诵读编写了校本教材。这些基于地方资源及民族优秀文化开发的校本课程，激活学生的活力、发展的动力和能力，并将传承民族优秀传统，弘扬民族精神的教育渗透其中。

历经十余年的探索，形成了如下校本课程开发与实践的格局。

一、开发主体与实施相统一，建设有力制度保障

校本课程的建设质量，离不开顺畅的运行机制和有效的制度保障，同时也直接依赖于开发主体的能力和水平，所以，一定要调动所有科目的教师，在课程建设中发挥重要作用。

鲤城实小在校本课程建设过程中，注重课程的适应性，实行的是以自上而下为主、自下而上为辅，两者有机结合的课程建设机制。所谓自上而下，即学校综合办学理念、办学传统、校园文化等各种因素主张设立的课程；所谓自下而上，即一线教师根据学生兴趣、教师特点等因素申请开设的课程。在课程开发与实施过程中，起主导作用的是以校长为中心的学校管理者。学校成立以校长为组长、分管教学和德育的两位副校长为副组长、以教导处、教科室、总辅导员为主要成员的领导小组（如图4-3），统筹推进校本课程开发实施工作，为校本课程开发实施提供了有效的组织保障。

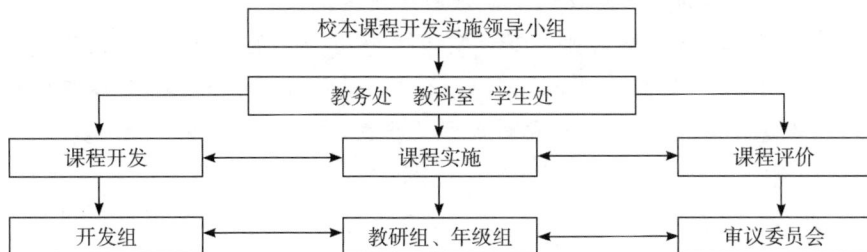

图4-3　校本课程开发实施领导小组

要进一步加强课程的实施管理,首先要构建起学校科学的管理机制,以师生的发展为本,完善学校的课程管理制度,构建科学的课程建设评价机制。在总结多年课程改革与建设经验的基础上,制定了《鲤城区实验小学校本课程管理制度》《鲤城区实验小学教学常规管理细则》《鲤城区实验小学德育考核细则》《教育教学奖励管理办法》等,并在建设进程中不断完善。《鲤城区实验小学校本课程管理制度》共有七章,第一章"指导思想"、第二章"管理原则"、第三章"课程开发"、第四章"校本课程审议制度"、第五章"校本课程培训制度"、第六章"课程实施与管理"、第七章"校本课程评价制度"。课程管理制度的要义为:全面贯彻党的教育方针,认真落实《基础教育课程改革纲要(试行)》精神,坚持以学生的发展为本,深入实施素质教育,优化课程结构,充分利用学校和社区的课程资源,进一步调动学校自主开发课程和自主管理课程的积极性,逐步形成适应地方、学校和学生需要的,体现学校办学特色的学校课程体系。

《鲤城区实验小学校本课程管理制度》章节示意:

第三章　课程开发

校本课程开发涉及课程目标的制订、课程内容的选择、课程实施、课程评价等课程开发的基本要素。与国家课程、地方课程相比,校本课程开发属于儿童中心、兴趣中心、问题中心的课程,属于"教师本位"的课程开发。

(1)在校本课程开发中,教师要确立"以校为本,面向课程,凸显个性,动态发展"的原则。

以校为本:校本课程开发是基于学校、为了学校、属于学校的课程开发活动,即以学校为基地、以学校为基础、以学校为主体的课程开发。校本课程开发重视学校及社区资源的开发与利用,强调学校办学特色与理念的凸显,关注教师作为课程开发的主体作用的发挥。

面向课程:就是要认真做好涉及校本课程开发的环境分析、课程目标设置、课程组织、课程实验和课程评价五个部分工作;加强三个环节的研究,即确定开设的科目,形成校本课程的指向,制定校本课程开发、实施、评价的计划。

凸显个性:校本课程开发是学校以其特色需求为目标的自发性课程发展过程,在一定程度上能够兼顾地区性或校际的个别差异,把张扬学生个性、体现老师个性和强化课程个性有机地结合起来。

动态发展：校本课程开发能依照社会变迁与学生需求随时作出调整与改变，课程更富机动性、多样性与弹性，强调活动、过程，以保持较大的开放性、灵活性与适应性。

（2）教师提出课程开发构想与意向，并以教研组为单位在学期第三周向教导处递交课程纲要。课程纲要包括：课程目标、内容简介、课程进度计划、课程评价方案、选报（人数）要求等。

第四章　校本课程审议制度

校本课程开发是一个民主开放的课程决策过程，校本课程审议委员会参与决策的全过程，肩负着审议开发过程中重大决策的任务。

（1）鉴于审议委员会成员的特殊构成，因此，要求所有成员，特别是教师代表、家长、社区人士，必须认真自学校本课程开发理论和《基础教育课程改革纲要（试行）》中的相关论述等，掌握校本课程开发的相关技术。

（2）校本课程开发起始阶段，审议委员会成员应该进行自我技术培训，如审议《课程纲要》、评价《校本课程开发方案》的培训等。

（3）审议委员会的成员应该参与确立学校教育哲学的研讨，组织对各方人士的调查，分析、研讨调查信息，与大家一起共同确立学校教育哲学。

（4）分析评估学生、学校、社区的不同需要，掌握校本课程开发的一手资料，便于指导工作，解决开发过程中出现的各种问题。

（5）审议委员会必须本着以学生发展为目的的基本原则，客观、公正、科学、民主地参与校本课程的审议活动，确保校本课程开足课时，开好并满足学生多样化发展的需要。

（6）认真负责地审议教师撰写的《课程纲要》，一要审《纲要》内的项目是否齐全；二要审授课时间是否确定；三要看课程目标的确立是否恰当、合理，是否符合新课程理念，是否与学校校本课程总体目标紧密联系；四要看课程内容是否适合授课对象；五要看课程实施建议的可行性；六要看课程评价是否关注学生情感态度价值观、过程与方法、知识与技能。对审议内容要做好详细记载，经过大家讨论、分析、归纳后，确立所开课程，并公告审议结果。

（7）审议委员会两月召开一次全体人员例会。每次会议，每个成员必须先汇报自学校本课程开发理论的情况，提出疑难问题，大家研讨解决；必须对学校课程实施现状进行分析、评价与反馈，提出促改意见，还应及时向社会、家长报告相关信息。

（8）检查与督促《校本课程开发方案》的执行情况，对工作完成好的人员给予奖励。

（9）及时地将各学年的《校本课程开发方案》报送区教育行政主管部门审批。

课程管理制度有效规范了包括校本课程开发在内的相关工作，为校本课程开发、建设提供了有力的制度保障。

课程的建设与实施要统筹考虑，在建设一门课程时，就要考虑谁来教。建设课程的主体参与者与实施者要统一起来，这样有利于课程的实施。在课程建设过程中，学校多次邀请本地域课程专家就课程理念、课程开发、课程组织与实施、课程评价等理论知识进行专业引领，积极调动与课程开发相关的具体行业的专家学者、学术团体成员、学生家长等社会资源及学校教师的力量，引导各方协同合作，共同致力于校本课程的开发，大力提高课程开发小组的开发能力和开发水平，确保课程开发质量。教师成为课程的主体，在课程的开发过程中开阔了眼界，提升了求异、创新和思辨能力。

二、植根本土精心整合，校园即课程

学校教育教学中应有校本化的国家课程、校本化的地方课程、体现学校独特育人价值的学校课程。学校课程有三块：国家课程的校本化实施、地方课程的校本化实施和校本课程的建设。国家课程的校本化实施就是说面对相同的国家课程，不同的学生接受起来的难度不一样，我们要结合学生需求，配置不同的课程；学校课程建设作为学校主要特色，教育的根本目的和内在价值是促进每一个人的个性发展。一所学校的主体性集中体现在通过选择并设置能够创造和形成本校文化特色的课程上。学校必须根据自身培养目标，精心设置课程。

生活即教育，是杜威的教育观点。美国教育家毕特说："生活的世界就是教育的世界，生活的范围就是课程的范围。"课程是学生学校生活全部内容的总和。我们目前开发校本课程，要有一个全局化的统筹，用课程育人的观念看：学校生活里，一切都是教育。一是生活是课程的源泉，现在学生的生活发生了变化，生活目标也有了很大的不同，所以课程建设要有生活的变化呈现，要从学生的生活上去建构课程。二是社会实践，生产力的发展，人类社会劳动方式的改变，都可以说是课程育人内容的新挑战。课程随时代而变，就是要有新的社会实践能力提高的教育，所以课程要从社会实践需要上去建构。三是学校教育改革的着力点与改革发展的关键点是学校课程建设的创新点，学校课程更要从创新点上去建构。

树立以上课程观，校长组织人员研究基于本校的办学目标，即支撑课程体系是什么，体现出一定的课程理念和课程设置的价值取向。校本课程是基础教育课程体系的重要组成部分，它与国家课程、地方课程一起，共同促进学生的全面发展，需科学而慎重地进行研究。校本课程的设置既要满足学生当下发展的需要，也要满足其未来发展的需要；既要关注学生生命发展的结果，也要关注其成长过程的体验。这和鲤城实小的办学理念"和谐育人、幸福有成"是高度契合的。基于幸福哲学的课程设计理念，通过将外在"给定的课程"改造为"内生的课程"的深度变革；通过整合重建课程结构，聚焦幸福的生命成长；通过联动重建课程教学，提升一个个生命的内在价值。

国家《基础教育课程改革纲要（试行）》指出，基础教育课程应"改变课程结构过于强调学科本位、科目过多和缺乏整合的现状，整体设置九年一贯的课程门类和课时比例，并设置综合课程，以适应不同地区和学生发展的需求，体现课程结构的均衡性综合性和选择性"。即课程结构均衡可并行、课程科目综合可操作、课程内容统整可贯通、课程门类多元可选择、课时比例恰当可调适。课程结构指的是按一定标准选择和组织起来的课程内容所具有的各种内部关系，主要包括各类课程的比重，各门课程之间的联系、配合和相互渗透，以及课程内容的排列顺序等。为使各类课程有合理的比重，就必须端正教育思想，明确基础教育的性质和任务，使各类课程的设置符合培养目标的要求。关于课程中各类知识互相联系和配合问题，过去做得不够，这主要与课程的综合化尚未得到妥善解决有关。课程的综合化即把整个学校课程看成一个有机整体，使之通过互相影响、互相渗透和互相联系趋向统一，共同产生最优的教育效果。为了更好地解决这个问题，应该考虑采取学科课程、综合课程和活动课程相结合的形式，使课程中各类知识互相联系和渗透，以适应社会发展的客观需要。

在课程开发方面，学校主要从以下几个角度进行思考和挖掘：

（一）国家课程校本化

课程改革的主要任务就是推进国家课程的最优化实施。国家课程最优化实施的途径就是国家课程的校本化实施。推进国家课程的校本化实施,是因为课程标准是统一的、教材是统一的,但各个地方的校情、学情和教情却是千差万别的,教师素养、学生经验、学校资源等方面的差异,必然会使学校和教师对国家课程进行不同的推进实施。当然,无论对国家课程怎样实施,其逻辑框架和育人目标必须回到国家课程的标准和底线上。

国家课程校本化建设的具体做法,是对国家课程进行分层设计和综合编排,在遵守课程标准的前提下,将其分解成不同层次的课程,然后又将一些同质课程综合化,让不同的学生能够依据自己的实际情况选择不同的学习内容,不断实现自我提升。这一方面需要教师付出更多努力去开发适应不同学生需求的课程。我校课程开发小组通过改编、整合、补充、拓展等方式,对国家和地方课程的有关内容进行校本化改造,使之更有利于学生核心素养的形成。比如,通过对语文、数学、英语等学科课程中的综合性学习内容进行改造和创编,构建校本化的学科综合与实践课程体系,以促进学生学科素养的建构;又如,对中国优秀传统文化和本地历史名人名著、家乡本土文化等进行整合开设"经典诵读""海丝美韵""南拳"课程,进行补充和拓展,增强学生文化底蕴。学校鼓励优秀校本课程教师在教学中不断丰富和完善讲义,在专家指导下形成校本教材。

我校积极探索的"空中英语"着眼于——通过国家课程校本化、教学内容和模式策略的创新,推进积极心理健康教育与学科教学有机融合,这是以知识结构统整和愉悦的心理体验提高学习效能的过程性探索。我校因为在英语教学上的独特探索被确立为"福建省首批基础教育英语学科教学研究基地学校",成了福建省英语教学示范辐射的重要基地。在实践中不断反思总结,形成了"'三位一体'语用型英语课程构建"的成果,获得2018年福建省基础教育课程改革成果奖二等奖。

"空中英语"学习课堂安排在每天第一节课结束后的10分钟。"全员参与、师生同堂;一人授课,千人共享;立足生本、立体构建;关注生活,形式活泼"是"空中英语"学习课堂的独特之处。每天10分钟的"空中英语"营造了"短时间、勤刺激、常积累"的习得、浸润的英语学习环境。我们以学生真实的学习生活场景为背景,以实用互动的话题为内容,引导学生进入快乐学习的情状,在这强劲的学习磁场中,师生激情勃发,一起大胆、大声地和主持人进行空中英语对话,尽享情绪高涨的快乐学习体验,形成敢说乐说的英语学习风貌。"空中英语"教学时,全校各学科教师都参与其中,组织所在班级的学生。老师们共同探索和实践快乐有效学习的策略和成果,激发起老师们将积极心理健康教育运用于学科教学的心向。"空中英语"

教学模式的创新激活了教师的教学智慧。

（二）校本活动课程化

"学校课程"不能简单等同于"校本课程"。目前，很多学校提到的"校本课程"更多是指学校利用课程计划中预留的完全自主的"学校课程"进行的开发，主要是以学生的需求、兴趣为导向开发出的特色课程为呈现方式，如社团活动、兴趣小组、节日课程、活动课程、专题讲座等。那么，应怎样理解"校本课程"呢？校本课程开发不仅包括学校对三级课程管理中的学校课程中完全自主的开发，也应包括学校对国家课程、地方课程的因地（校）制宜、因人（教师、学生）制宜的创造性改编和再开发。

《人民教育》杂志总编傅国亮指出："体现教育的选择性是实现学生自主发展的基础，必须让学生学会选择，才能实现学生的自主发展。"校园里有很多教学活动，但不是所有的教学活动都是课程。只有当教学活动具备了"有目标、有计划、有方案、可评价"等要素，才可称之为"课程"。

学校围绕办学思想，以促进学生全面发展和幸福成长为出发点和旨归。通过对学校一系列教育教学活动进行整合、提炼，依据学生认知发展规律建构课程，先后分别开发出主题德育类、社区活动类、兴趣活动类、社团活动类、实践体验类等五大类共 48 项选修课程，形成学校自主设置、教师自主开设、学生自主选择的校本化课程体系，采用长短课、集中实施或分段实施的方法，实现了"教师教其所长，学生学其所乐"，师生一起幸福成长的课程目标。

我校校本课程成果"效能型合唱团建设"获 2017 年福建省基础教育课程改革成果奖二等奖。社团建设是实施素质教育重要而有效的途径。学校合唱团是学生提升音乐素养的重要园地，是学校艺术教育成果的重要体现形式，合唱团的建设在学校工作和音乐教育教学工作中有着积极而又重要的意义。我校于 1998 年创建了第一个社团——小刺桐合唱团，长期以来，学习坚持把小刺桐合唱团作为重点建设的艺术特色项目。在合唱团的建设中，以儿童为本，以效能为核心，全方位、全过程渗透积极心理健康教育，注重儿童心理品质的培养和潜能的开发，以点带面，真正地做成精品和强项。我们把增强效能这一现代理念拓展与辐射到学生社团建设的实践中去，主要体现为"效能四育"，即"增强学习效能，培育合唱素养""增强自我效能感，培育人格""增强组织效能，培育社团文化""增强发展效能，培育品牌"这四个方面，具体如下：（1）以兴趣特长的培植为重点，构建"沉浸体验"指导模式,增强学习效能,有效提升合唱团成员的合唱素养;(2)以学习力的改善为抓手,提炼"增进幸福感"的三策略,增强自我效能感,完善合唱团成员的积极人格;(3)以自主发展为基础,增强社团组织效能,有效构建合唱团新型文化;(4)以"活动中成长"为理念,梯队组团的发展模式,打造品牌。"效能四育"的课程建设,使之沉淀生成为学校的教育理念、教育方式和教育特色,全面改观学生的精神面貌,让学生充分享受到生命成长的快乐,使合唱团建设成为我校发展的一个"亮点",走出学校的特色发展之路。

(三)课程资源多样化

校本课程规划与设计中的一项重要任务就是课程资源的梳理、整合与有效应用。我们在课程开发方面主动发掘校内外各种课程资源,充分发挥其应有的教育功能。

1. 校内课程资源的发掘

结合学校荣誉、晨曦书吧、走廊文化墙、园林景观等设施,在一年段开设"新生入学"系列课程;结合学校创办先贤蔡鼎常先生倡导的"读书积善",在各年段开设"好书推介""善言善行"等系列活动并使之课程化。在这里,经过发掘与利用,学校真正做到让每棵花草、每堵墙壁都可以开口说话,让学校发展的每一段历史、每一个人物故事都成为教书育人的好教材,让每一位教师都充分发挥个人的兴趣特长,进行校本课程开发的实践与探索。

2. 校外课程资源的发掘

每一所学校都拥有独特而丰富的地域性课程资源。从校本课程开发的视角进行细心的梳理与发掘,都可以建立起各种校外课程基地,开发出各具特色的校本课程。泉州素有"海滨邹鲁"之称,又是联合国认定的唯一的海上丝绸之路起点,列入国家"一带一路"的 21 世纪海上丝绸之路先行区。这里有悠久的历史和深厚的文化底蕴。鲤城实小地处泉州南门(泉州老城区),周边遍布历史文化古迹,这些为学校开发课程提供了丰富而宝贵的课程资源。比如,学校整合周边旅游资源,配合当地旅游部门开设"非遗小导游"课程,有效拓展学生的课外知识,提高学生热爱家乡的情怀,同时又发展了学生交流沟通能力,丰富学生的社会实践活动经验。通过培训和实际上岗,小导游们精彩的解说俨然成为一道靓丽的风景线,也进一步吸引外来游客,促进了当地旅游业的发展。

我校"南拳"校本课程于 2018 年获得福建省首批中小学精品校本课程。"南拳"校本课程的创想来源于文化传承的现实隐忧和学生身心健康的隐忧。福建泉州少林寺是南派少林武功的发源地,有着千年的悠久历史:少林拳和僧兵的传说,俞家棍和俞大猷的《剑经》,郑成功、施琅在泉州教兵勇习南拳,收复台湾……南少林武术在泉州生生不息、发扬光大。但是,近现代由于生活观念和方式的演变,本地有关人士未能充分利用、挖掘武术文化资源,同时,武术家保守的传授方式使人们对习武望而生畏等,造成地方拳种逐渐淡出。而我校长期以来都在寻求一种适应少年儿童的健身方式,地方武术精粹南拳便成了我们的首选。文化要传承,必须要尊重文化传统,弘扬文化精粹,因此在南拳校本课程实施过程中,我们寻求专业扶持,开发课程资源,始终与泉州武协的武术家保持密切的联系,合作开发南拳校本课程。我校以课题研究为途径,在泉州市武术协会的帮助下,汲取泉州南少林五祖拳为课程资源,精心研创南拳作为学生健身技能,并将其纳入课程,创编适宜小学生的"三战八法操",编写《南拳》校本教材,作为师生锻炼的主要项目与内容,人人普及,个个掌握。我们还邀请中国音乐协会会员、泉州市原音乐协会主席、著名民乐作曲家王鼎南先生为"三战八法"武术操创编音乐,让每日一次的南拳操浸染浓浓的闽南乡土气息。邀请泉州"五祖拳"协会主席蔡金星为同学开设武德教育讲座,组织实施南拳校本课程。最终,鲤城实小的学校氛围与地方文化环境达到了完美的融合,使得闽南文化能够在新一辈中得到传承和发展。应该说它的结果已经超出了校本开发的预期目标而达到了一个更高的层面。

三、课程内容多元化呈现,打通快车道

新课程标准主张在知识传授的过程中,课程内容的呈现方式要多元化,要与学生的发展水平、认知规律相适应,引发学生进行头脑风暴,以此让学生积极主动地建构知识,切实提高教学的有效性。鲤城实小改变一讲到底的传统教学模式,采取多样化的方式呈现课程内容。通过多种多样的活动课程,调动学生参与课堂的积极性与主动性,合理、有效地引导学生进行主动探究。心理健康教育采取团体辅导活动、沙盘游戏等方式呈现;创意思维训练采取创意搭建、创意美术、创意魔方、围棋、创造性思维课等方式呈现;生活技能培养采取烹饪课、整理清扫课等方式呈现;海丝文化采取研学旅行的方式呈现;团队合作能力培养采取团体实践活动、戏剧课团队

趣味运动等方式呈现。

我校"泉南海丝文化"研学旅行活动课程的开发与实施研究,也是福建省"十三五"立项课题。2016 年 11 月,教育部等 11 部门联合发布《关于推进中小学研学旅行的意见》,各地纷纷开展研学活动。2017 年 9 月,《中小学综合实践活动指导纲要》出台,把研学旅行列为考察探究的一种活动方式。泉州是海上丝绸之路的起点,多元文化遗产众多。我校紧扣文件精神,充分利用地域特色,进行"泉南海丝文化"研学旅行活动课程的开发与实施的研究。本课程针对小学生年龄特点,充分利用泉州丰富的历史文化资源,设计"文化之旅"路线,精心设计活动方式,带领学生感受泉州的海丝韵味,培养学生爱国爱乡情怀,具有浓厚的地域特色。致力研学旅行活动课程的开发与研究,通过活动课程的开发,进一步完善学校课程结构和教育功能。同时,进一步增强了学生对家乡深厚历史文化的了解,培养了学生对家乡的热爱之情,激发了学生保护海丝遗迹,建设美好家园的责任感,也进一步提升了教师的专业素养、科研能力。

【案例分析】

探寻泉南古街小巷
——聚宝街、青龙巷研学之旅

【课程纲要】

"泉南海丝文化"研学旅行活动课程纲要

本课程的开发目标:(1)丰富研学旅行的内容层次,提炼研学旅行的教学策略;(2)在实践中探索"泉南海丝文化"研学旅行的活动课程目标、选择课程内容、设计课程实施方案、构建课程评价体系,开发出完善的小学研学旅行活动课程;(3)通过研学旅行,促进非遗开拓其传习人群规模,将其文化内涵传承给学生。

开发的内容:(1)对泉州市区小学研学旅行活动课程实施现状进行调查;(2)确定"泉南海丝文化"研学旅行活动的课程目标、选择课程内容、设计课程实施方案、构建课程评价体系;(3)研学活动策略研究,深化研学活动;(4)开发较完善的小学"泉南海丝文化"研学旅行活动课程资源,形成研学活动校本教材。

【研学特点】

本次研学旅行以学生兴趣为先,学生根据聚宝街、青龙巷中感兴趣的历史景点分组,制定研学路线。在实地考察中,学生应用现代多媒体技术通过查阅资料、采访、实地考察等实践方式,学会科学验证,了解聚宝街、青龙巷的历史人文之美,在浸润传统文化的过程中培植人文情怀。

【活动背景】

学校坐落于泉南之滨,青龙巷和聚宝街是古泉州的金融街,而如今像珍珠一样沉入海底,它们的过往是孩子们所不熟知的。开展《走进泉南古街小巷——聚宝街、青龙巷》研学旅行活动,能让孩子们在研学中忆古追今,增长见识,激起对家乡的热爱。

【活动目标】

(1)价值体认:了解聚宝街、青龙巷的历史人文之美,获得愉悦的考察体验,产生对家乡的自豪感。

(2)问题解决:在实践活动中发现并提出新问题,运用查阅资料、采访、实地考察的方式,多渠道地获取资料,分析并尝试解决问题,增强团结协作的精神。

(3)责任担当:通过主动分享探究成果,产生传承和保护家乡文化的意愿,增强责任意识和使命感。

(4)创意物化:通过本次活动积累研学旅行经验,并从中提炼出研学攻略,为他人或自己在今后的研学实践过程中提供借鉴。

【活动对象】

四年级学生。

【活动课时】

4～5课时十课外。

【活动准备】

聚宝街、青龙巷资料、课件、各类表格。

【教学设计】

行前准备——《泉南古巷知多少》

教学目标:

(1)根据所研究的景点细化分工及研究方法,在活动中提升学生的合作探究、质疑能力。

(2)针对资料进行有效筛选,形成简短的小组景点导游词。

教学准备:

(1)学生初步查找青龙巷、聚宝街的资料。

(2)聚宝街、青龙巷地图。

(3)小组研学方案、红笔。

教学课时:2课时。

附件：表 4-1。

教学过程：

一、创设导入，激发研学兴趣

(1)揭题，了解研学旅行。

(2)结合课前资料，丰富认知。

播放青龙巷视频：https://tv.sohu.com/v/dXMvMzMyNzI1OTcxLzEwMjY0ODI3NS5zaHRtbA==.html。

播放聚宝街视频：https://mp.weixin.qq.com/s/0iAkC5ZqUj_JE2FYXCOXBg。

思考：你们对哪个景点最感兴趣，想对它做进一步的研究？（教师相机板书）

二、确定景点，规划路线

(1)分组研究。

(2)确定景点。

景点有代表性，可有美食、建筑、人文等，小组研学景点不重复。

(3)规划路线。

(出示青龙巷、聚宝街缩影地图)确定小组景点所在地图的位置，形成简单的研学路线。

三、填写方案，指导方法

(一)分组制定方案

推选组长，填写小组研学方案。

(二)指导方法

(1)指导个案，提炼方法。

预设：聚宝街道才巷。

①可以从哪些渠道了解道才巷的历史？（网上查阅、查找书籍……）

我们可以将搜集到的资料与研学时搜集的资料进行对比验证，丰富信息。

②资料中有显示，道才巷是泉州最窄的巷子。那我们怎么知道实际上是不是泉州最窄的巷子呢？

方法指导：研学的方法不仅仅有查阅对比资料，还有实地测量、采访等。

(2)尝试运用方法，教师随机指导。

(3)交流汇报，修改问题。

①小组展示，互评互改。

②小组再次修改：教师重点指导缺乏交流的小组。

四、"瘦身"导游词

景点的重要部分，如特有的墙砖等建筑风格、历史进行介绍，语句简短。

五、布置任务

(1)完成小组景点小导游词。

(2)修改、完善小组研学方案。

研学阶段——走进"金青龙""银聚宝"

(课后研学)

【活动目标】

针对研学问题进行实地考察和采访,提高学生与人沟通交流、小组协作的能力。

【活动准备】导游词、采访单、笔、本子等。

【附件】表 4-2。

【注意事项】

(1)研学路上注意安全,不得在路上打闹。

(2)不随意毁坏公物。

(3)实地考察和采访时注意文明礼仪。

行后展示阶段——我是泉南古巷小主人

(研后汇报)

【教学目标】

(1)小组确定展示、交流方式,运用现代信息技术展示研学成果。

(2)提出可行的泉南古街研学攻略。

【教学准备】

各组汇报的文字稿、课件、视频、评价表等。

【教学课时】

2 课时。

【附件】

表 4-3。

【教学过程】

一、确定展示方式

(1)根据研学内容和目的确定展示内容。

(2)小组分工,填写成果展示方案(表 4-3)。

二、小组汇报

汇报形式:PPT、小导游介绍、录制的推广广告、旅游路线图(或册子)。

汇报完交流研学方法:观察法、搜集对比法、实地考察法等。

三、反思总结,畅谈收获

收获可以从增长知识方面、团结协作、针对景点现状产生保护意愿等方面进行引导。

四、互相评价，填写评价表

附件：

表 4-1　小组研学方案

（　　　　　　　　）小组研学方案

班级：　　　　　　　　　　组长：

组员			
研学景点			
研学内容			
研究问题	研究方法	所需工具	负责人
可能遇到问题	解决方法		
注意事项			

表 4-2　小组研学采访单

采访单

研学景点				
研学问题	问题1			
	回答摘要			
	问题2			
	回答摘要			
采访分工	采访		准备物品	
	记录			
	拍照			
	录像			
注意事项				

表 4-3　小组研学成果展示方案

(　　　　)小组研学旅行成果展示方案

班级：　　　　　　　　组长：

组名	
组员	
研究内容	
准备材料	
成果展示形式	
组员分工	
注意事项	

建设课程文化，让学生自由呼吸，这是实现"为了一切学生"的重要途径，也是顺应教育规律的必由之路。多年来，我们依据学生的身心发展规律，以生活和文化为两大视域，以"新六艺"课程为基本起点，进行科学灵活的课程规划、建构、选择、整合与优化，使课程得到了整体性重构。在教学过程中，注重培养学生对自我以及所处环境的认知；强调开拓学生的视界与想象，使其认识到生命与世界的多元化；注重对学生创新探究、团队合作等能力的培养；注重体现时代特点和现代意识，关注人类、关注自然，从而培养学生健全的心理，帮助学生树立正确的人生观、价值观，让他们在"新六艺"课程中成长，在课程学习中丰富精神生活。

幸福课程的开放与建设充分激发了教育的内在发展活力，充分发挥课程在人才培养中的核心作用。有了课程意识、整体育人意识，教师成长，学校也迈上了一个又一个新台阶，幸福已成为我们实现心中教育梦想的共同精神力量。

第三节　幸福课程实施

课程的实施,要一切以素质教育质量提高为着眼点。国家课程的校本化以及校本课程的实施必须在充分考虑学校自身性质和特点的前提下,采取对国家课程的校本化开发、基于学校本位的课程整合、教学方法的综合运用和加工等多样化的行动和策略。学校推进课程实施的原则应该是"合理定位、分层实施、循序渐进、协调发展"。

在课程实施中,以"多元智能"优化学科教学为途径,分为三个层面推进,一是以兴趣组尝试实施,二是以班级层面系统实施,三是以学校特色项目深入实施。在课程实施过程做到:分层设计,分类指导,体验参与;行动研究,整合资源,抓点带面;螺旋提升,全程跟踪。体现四个主要步骤:(1)确定教育目标;(2)选择教育经验;(3)组织教育内容;(4)评价教育效果。(如图 4-4 所示)。教育目标是选择和组织教育内容、评价教育效果的依据,评价又为目标的确定、内容的选择和组织提供了反馈信息,以便进一步调整和改进以后的课程编制。[17]

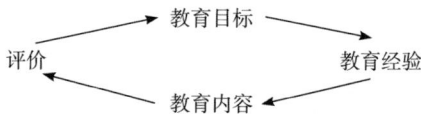

图 4-4　课程实施四个主要步骤

一、不同课程,设置不同的教学单元时间

课程实施离不开时间保障。针对不同的课程,每课时可以设置为 30 分钟、45 分钟或者 60 分钟,集中学习或者分散学习、"长课程"与"短课程"。我们在实施校本课程中根据课程特点采用灵活多样的时间安排方式。

其一,整合课程,不增课时。如在道德与法治与地方课程中整合法治教育、安全教育、心理健康教育、习惯养成教育、团队合作教育等内容。整合后的课程依然以道德与法治的课程实施。体育课与校本课程南拳训练、宋江阵训练、足球训练、田径运动等整合，以体育课的方式实施，原则上不增加课时数。

其二，分散安排，化整为零。如"空中英语"课程，每天第一节课结束后安排 10 分钟进行授课，每周 5 次共 50 分钟。

其三，集中安排，分层教学。每周星期四最后一节安排 1 小时的长课，学校根据社团建设的需要和学生的个性特征及兴趣爱好实行走班分层教学，目的是让学生的个性得到最优化的发展。

其四，统一要求，编入课表。对限制性选修课程如"经典诵读"，每班每周安排一个课时，在各班功课表中体现。

此外，像社会实践活动、研学旅行活动等课程的实施都在学校课程建设中作出制度性安排，规定每学期开展 2 次集体活动（第一学段每次为期半天、第二学段研学旅行为期 1 天）。例如"南拳"校本课程，每学年安排 30 课时（每周一节）的南拳教学时间，其中 24 课时学习武术技能，并渗透南少林文化知识学习和武德教育，6 课时用于开展参观、讲座、社会实践等形式的武德教育与文化体验活动。学校还将它纳入"每日一小时阳光体育运动计划"，规定每周星期一、三、五上午有 15 分钟全校师生一起演练"三战八法"课间操，每天下午放学后 25 分钟内为师生健身式体育运动时间，将南拳作为锻炼的主要内容。

二、关注每一个，提升课程实施的厚度

大量的研究与实践表明，学习活动中，教师的控制作用越强，学生的自主量就越少，学生的能力构成中低阶成分越多；教师的控制作用越弱，学生的自主量就越多。如果缺乏教师必要的组织过程，学生的学习也将无法进行。教师需发挥必要的指导作用即主导性，才能使学生的能力构成中高阶成分增多。

为了更有效地实施这些课程，我们继承学校传统，继续深化教学模式改革。在课程的实施开展中，确定"关注每一个、赏识每一个、发展每一个"的课程理念，尊重每一个学生的选择，肯定每一个学生的选择能力，并重视每一个学生选择能力的发展，充分发挥学生的主体性。教师则发挥主导性，体现在教学活动的良性组织上，即有效激发学生的学习自主性。在实践中探索出了以"问题驱动，自主探究"为核心理念的幸福课堂"1＋5"基本模式、走班教学等课程实施方式。在这样的课程实施中，"关注每一个"是

前提和基础。教师要关注每一个学生的学习兴趣，关注学生的合作伙伴；关注学生选择的用意，关注学生选择的内容；关注学生独特的体验，关注学生主动的反思。每一次关注，都能更好地走近学生、了解学生，以更好地服务于学生的个性发展，成为学校构建以人为本的高效课堂的有效方法。

三、问题引动，深化课程阶段性发展

课程实施推进的前提是学校准确把握自己的实际情况，规划符合自己学校师生水平、地域特点的课程体系和实施路径，绝不能只想着遍地开花、快出成果。为此，通过课程管理，要实现"三推进"：一推进就是行政推动、教研带动、学校行动的整体活动过程，是"教研、科研、培训、信息、评价"五驾马车齐驱动，"课程、课堂、课题"三课统整，课程资源优化的过程。二推进就是深化，要深化"品质课堂"建设，要深化基础教育的质量评价改革，要深化教师的素质教育，要深化学校的管理改革等。三推进就是行动研究、实践研究。推进是一个不断地修改与完善的过程，学科的教研和学校的课程体系建设，都要有在推进中研究与实践的过程。

在课程建设领导小组的统筹协调下，我们校本课程的开发主要由课题组负责，校本课程的常规管理主要由教导处负责。在加强课程实施的过程性管理方面，教导处重点做好以下"三个落实"：一是课时落实到课表；二是教学任务落实到教师；三是检查落实到课堂，保证了校本课程的正常开展。必修校本课程由学校统一纳入课表，每班每周一课时。学校要求教师上课前必须查阅大量资料、精心备课；课后要给学生布置一定量的实践性作业；学校领导不定期听课，提出意见，把实践课和其他课程一样作为教师的一项工作任务。

我校的"空中英语"校本课程以研促教，研发"异段分层"新模式。（1）确立"千人同堂，异段分层"任务型情景教学模式，其模式为：整体感知—分散教学—集中巩固。整体感知，即根据学习内容设置语言运用情境，输出语句，让学生感知所学句型。分散教学，各班老师或是小老师进行自由操练，根据学生的年龄特点和学习基础选择合适学习方式实现"同堂分层"教学。集中巩固，即根据英语学科学习的特点实施系统复习，通过对话创编、年段比赛等学生喜闻乐见的活动进行巩固操练。

在实践中发现问题、解决问题是课程开发必由之路。我校以生为本，走出"空中英语"分层发展路。在课程实施中，由于空中英语教材统一，年段特征不明显的问题逐渐显露。我们发现低年段普遍兴趣盎然，但高年段学生的学习兴趣却逐渐减弱。专家团队针对学校课题实践的瓶颈予以问诊把脉，开出解决良方，指引课题组老师向阳而行。

于是，凭借着众多研究伙伴的帮扶，也为进一步完善我校课程实施和管理机制，提升推广价值，我们根据实践中的问题对教材进行二度开发，即教材修订和教学指导用书的编撰。2012年至2014年，我们实施第一阶段的分层教学研究，修订了第二版空中英语教材，取得了较好的学习效果。实施3年后，于2017年9月，在每日的"空中英语"教学边开发边实践边修订整理，将经历"预设—实践—征集意见—修订"的第二阶段分层教学研发，完成了第三版教材的二度开发，以解决了"千人同堂，异段分层"中"怎么更有效"的问题。课程的开放进一步激活了"空中英语"课堂的活力。

学校将教师课程理念的提升及教师专业成长的规划与引领置于十分重要的位置。一方面，采取一系列富有成效的措施，不断转变观念、提升理念；另一方面，不断探索能够激发教师内驱力的有效措施，给他们搭建成果展示的平台，努力让每一位教师都感受到课程开发与建构带来的成就感和自豪感。努力营造积极向上的教育教学环境，让师生及家长良好而积极的状态成为学校最具特色的文化，也成为课程开发与建构的基础与保证。

四、指向学习价值，建立发展性课程评价

课程评价是未来教学的导向，是课程实现学生学习价值的指向标。完善课程设置、激励学生学习和改进教师教学是课程评价的目的。以多维度的课程评价体系引导课程研发与实施的走向，教、学、评一致，才能更好地保证校本课程研发与实施的有效性，并且借助评价，体现课程建设的成果。

评价课程价值主要看其是否落实国家课程建设标准与要求。课程指向培养学生核心素养，为培养德智体美劳全面发展的社会主义建设者和接班人铺筑好成功的轨道。评价课程实施过程与结果主要看其是否体现多元化参与、人本化发展和精品化呈现，即课程实施与改造，是否促进学校教师、学生、家长，甚至外聘专家共同积极的参与，是否促进学生个性化成长、教师专业化发展以及家长素质同步提升，是否促进课程教材的编写与教法学法的提炼、课程结构的改造和课程体系的完善、课程标准的建立与课程评估的优化等。

课程评价从师生的发展出发，建立评价目标多元化、评价方法多样化

的发展性课程评价体系是学校课程建设中的重要环节。

评价应根据一定的标准对其发展状况进行描述和判断,在一定的目标指导下根据学生的基础和实际情况,基于学生反馈并提出具体的改进建议,而不只是简单地给学生下一个结论。发展性是评价的核心。科学评价教师的课程执行力,促进教师的专业化发展;关注学生的发展,促进学生的发展,实现评价发展性功能的一个重要举措就是突出评价的过程性。通过对学生发展过程的关注和引导,在一定的目标指引下通过评价改进学习,不断促进学生发展。

对校本课程的评价由学校业务主管部门组织进行,请本校教师、上级业务主管部门和有关专家共同参与,主要采用实效评估、理论分析等方式,主要看课程目标是否与本校学生需要相吻合,课程内容能否适应实现目标的要求,实施建议能否保证学生自主、愉快地学习,评价建议是否有利促进师生发展。[18]

对教学过程的评价由课程实施者、学校有关负责人和其他教师与教学实施同步进行,主要采用交流、讨论方式,重点看知识能力、过程方法、情感态度与价值观三结合目标是否能全面实现。在评价目标上,始终坚持学生学得自然、学得轻松、学得乐在其中。教学内容组织是否充分利用学生生活经验,教学中是否充分发挥学生自主、探究、合作精神,学生兴趣是否充分激发并指向学习目标。

对学习(活动)效果的评价,坚持"以人为本,促进发展"的原则,建立了"以学生自主评价为主,家长、学生和教师共同评价为辅"的多元化评价体系。教师在教学中根据学生的表现,给予恰当的鼓励和指导性评价。"赏识每一个"是一种催动力。"你真棒"是对他人的赏识,给他人带去成功的喜悦;"我能行"是对自我的认可,从而自信地面对;"你行我也行"是一种团队的召唤,能更好地促进团队的发展。"发展每一个"是提升选择力的根本,要不断鼓励学生在摸索中前行,做更好的自己。老师通过观察、作业、活动情况记录等评价方式做出单项和综合评价,并将家长评价纳入其中。学生学习评价,主要包括学习过程评价和学习结果评价。学习过程侧重评价学生的参与程度、学习兴趣、学习态度等,学习结果评价侧重于过程记录、作业成果的展示汇报等,分别采用自评和师评相结合的方式。我们提倡真实的评价,构建鲤城实小学生激励评价方案,科学使用学生成长记录册,促进学生不断为获得更大的成功而努力。我们已经在部分先行课程中使用过程性档案袋的方式,并取得了一定的经验,但由于实践时间还不长,目前仍存在材料的后续分析不到位、材料对于真实情况的记录有局限等问题。因此在今后的工作中，我们将考虑如何使用其他的评价手段，如多元智能评价和差异化的评价等方式，客观真实地对过程和结果进行综合评价。学生需要的是能够充分活动、充分体验的课堂，而在这样的课堂中学习过程往往比成果更加重要。以往我们关注成果，是为了让最终的学习评价"有理有据"。而现在我们帮助学生留下学习的轨迹，从而更加全面、客观地评价学生的学习成果。通过评价，有效推进学校的课程建设，推进一批优质课程的发展。

我们在课程评价中，体现多元与多维度、日常与素养发展有机结合的方式：

（一）多元化的日常评价

课程的评价是学生学习的阶段性总结和展示，是学生体验成功、收获快乐的舞台。着眼于评价的教育、激励与改善的功能，多元的评价机制通过不同项目、不同主体、不同方式对学生主题学习的方方面面进行及时的评价。

（二）多维度评价素养发展水平

从参与热情的调动、兴趣的激发和保持、责任感的习得、自由民主与平等自主观念的塑造、合作交往能力的发展等多方面，评价课程的育人成果。

我校校本课程"空中英语"采用分层多元智能英语学习评价方式：我们从校园英语节、英语综合实践活动提炼出"多元智能英语学习评价方式"。多元学习评价创设良好氛围，鼓励学生积极参与、主动思维，激活学生右脑，调动多元智能参与。学习活动过程性评价采用教师即时评价、自评和同伴评价相结合。期中则采用多元选择式评价，学生从英语绕口令、英语漫画、英语故事、英语书写、英语课文朗诵等项目中选择其一参加班级英语沙龙展示，小组同伴描述性评价则记入学习档案。如英语书写分层为：三年级书写 26 个字母、四年级书写简短的句子，五六年段书写简短文。根据成绩评选个人奖和集体奖，人人分享成功体验。

【案例分析】

"南拳"校本课程评价方式

一、评价方式

"南拳"作为地方拳种,具有很强的传统文化内涵,没有考核标准,就会在实施中造成其"原汁原味"的流失,造成拳种的变异,甚至造成严重影响武术文化传承。在课堂中,学生学习南拳时,学生的素质差异影响了学习的效果,学生学起来会造成学习目的混淆,动作缺乏的准确性。同时"南拳"考核标准能将学生的学习兴趣,引导到高层次,在学习活动中,用比赛和考核标准来促进学生的学习,规范学生的动作,促进学生动作水平的巩固与提高。

"南拳"校本课程实施以新课程标准和《体育评价系统》为依据,针对学生年龄特点,采用易操作简单明了的评价方法,将量评价与质评相结合的原则进行设计与制定,编制"小学生南拳学习自评量表"和"南拳技能自评量表"。运用量表对学生实行全面学业评价和过程性评价,构建小学生南拳学习评价的新模式,确立南拳学习各个水平阶段应达到的体能、技能指标,以及学生武德评价内容、形式和方法,检验采用学习评价对学生技能和品德形成和发展的效能。

期末评价采用平时考核与期末考核相结合,平时考核为60%,期末考核为40%。

二、评价表

评价表见表4-4。

表4-4 "南拳"课程学生自我评价表

姓名	内容								武德	总评
	课堂要求	遵守纪律	学习要求	学习状态	技能掌握	知识掌握	互帮互学	与人交流		
王浩										
张清鹏										
吴清河										

表 4-5 "南拳"课程考核记录表

姓名	内容				
	动作状态 (10%)	动作的准确度 (60%)	运动的连贯 (20%)	运作的时间 (10%)	总评
王浩					
张清鹏					
吴清河					

填表方法:

(1)针对 1～2 年段,可采用儿童化,形象化方式来表达:用笑脸等方式表示在课中学习愉快,学到动作技能。

(2)针对中高年级采用文字描写方式,说出课堂中的学习感受或困惑。

(3)以教材单元为一周期,定为一次评价,容易掌控学生学习情况。

(4)表格分个人、他人、小组、教师四份。各份表格内容相同。

(5)期末评价采用平时考核与期末考核结合,期末考核为 40%。

(6)在统计后,将依据分数进行等级评判。

(7)为持续推动学生学习的积极性,巩固学生的动作技能,促进广泛推广,采用武术段位式制度,让学生有明确的学习目标。例:60～70 分定为武术一段,70～80 分定为二段,80～90 分定为三段。

在课程开发和实施过程中,教师们真切地体会到校本课程对学生个性化成长的独特互补作用,实实在在地感受学生综合能力的提高。

在课程建设的实践中,一线教师开通了很多渠道,搭建了许多平台,探索了众多策略,为学生、教师和学校的发展奠定了坚实的基础。如推进"主题学习"课程与"新六艺"课程的基础上,结合自身实际,遵循"让每一位学生感受成功、让每一位教师感到幸福、让每一位家长觉得自豪"的建设思路,秉承"为每一位孩子高尚、健康、幸福的人生奠基"的办学理念,立足核心素养教育,努力构建"对每一位孩子的人生负责"的理想学校和特色化的"新六艺"课程体系。从校本课程的特色化建设到学校活动的系列化设计,都在不断改造并丰富着课堂,提升了教师的研究能力,使教育充满活力。

在课程建设的实践过程中,我们已初步形成了"顺性、和谐、共生"的课程育人生态。这样的课程顺应学生的天性、教师的个性和学科的特性,尊重知识的建构和认知思维的规律,尊重教育规律和社会学规律,激发了学生的创造热情。这使学生在"学习共同体社会"中共生共长,实现了以学生的个性发展、教师的专业发展来推动学校特色发展。只有这样,才能让核心素养真正切入并滋养、丰富、完善素质教育体系,让教育真正走出一条特色化的发展之路,让教育更灵动更丰厚、更有前瞻性,永远充满蓬勃的生机。

第五章

幸福课堂:幸福教育的专业阵地

    课堂,是践行幸福教育的重要载体,是师生幸福的支点,通过课堂教学,教师不仅要向学生系统地传授知识技能,还要全方位地呵护学生的健康、幸福成长。但如今的课堂幸福感缺失现象不容忽视:教师工作繁杂,职业倦怠感严重,没有相对充裕的时间和相对宽松的环境去研究教学,就没有对教学深刻独到的感悟、认识、理解和把握,更无法潜下心来走近学生并倾听其内心的需求。课堂教学的本质依然是以教师、书本和课堂为中心,学生不是自主发展,而是在教师强制下发展,始终处于一种被动的状态,其结果就是学生厌学、教师厌教,教师教得辛苦,学生学得也辛苦,课堂教学死气沉沉,教学效率低下。由此形成恶性循环,教师和家长不得不靠占用学生的课外时间来弥补课堂教学没有完成的任务,加重了学生的学业负担。过重的学习负担使学生整天被焦虑、抑郁、挑剔、批评和埋怨的情绪所包围,成了分数的奴隶,何谈幸福感? 所以幸福教育的当务之急,是先让课堂幸福起来。

    怎样的课堂才是幸福的? 构成幸福课堂的因素有两个,一是幸福的"人",即教师和学生,只有幸福的教师才能教出幸福的学生;二是幸福的"课",幸福课堂是人与课相融合的和谐体现,它的起点不再是知识,最终目标瞄准的也不再是学生的考试成绩,而是学生的健康发展和快乐成长。在幸福课堂上,教学过程不仅仅是一个知识传授和能力训练的过程,还是一个情感交流和生命价值的体现过程。每个学生随时都能感到老师对他们的关爱、尊重与欣赏,即使是批评教育,也能使人心悦诚服。在教学的过程中,学生能切实感受到思考、探究的乐趣,收获的喜悦和人际交往的享受,感受到自己的进步与发展,不断增强自尊、自信、自强的愉悦与激情。教师在课堂教学中全心投入,在与学生的交往与互动中彰显自己的教学智慧和教学个性,实现了预期的教学目标,并得到了学生积极的情感反馈,获得了自我价值的实现。幸福课堂精彩的是学生,同时也是老师,它特别倡导体验幸福,呈现出来的课堂景观是主动的、愉快的、创新的、高效的,它把新课程标准所提倡的"尊重每一位学生,让每一位学生在课堂里,民主、自主、快乐地学习探究,实现学识、情感和人品等综合要素的和谐发展"的理念有机整合为一体。

第一节　幸福课堂的目标构建

如何构建幸福课堂? 基于以上对幸福课堂的理解,我们思考着:幸福课堂需要怎样的教师? 要培养怎样的学生? 又应该以怎样的课堂来承载,来实现幸福的教育? 为进一步了解教师课堂幸福指数,找到具体有效的方法提升幸福感,提高业务能力,促进对学生核心素养的培养,学校特地设计了"构建幸福课堂　培养核心素养"调查问卷,从 3 个校区(总校、金山、笋浯)中抽取 78 名教师进行的问卷调查(问卷见附录 5-1)。问卷分为爱教、会教、教会三个版块:

爱教,包括教师对职业的态度和认识、对自己专业素养的评价、对所教学生的印象、对成绩不好的学生的教育、给学生上课时的心情、在课堂教学过程中自己充满着教学自豪感和幸福感的时刻、对自己来说课堂"幸福感"的来源,这些都是影响教师课堂幸福感的因素。

会教,包括上课时是否明确教学目标并能加以落实,课堂上自己能做到什么,课堂提问时经常采用的方式,当大部分学生回答问题有困难时的应对做法,当学生的回答和预设不同时自己如何做,自己是否经常给学生提供自我评价或同学互相评价的机会,教学是否面向全体学生,在课堂上经常出现的景观是什么,学生作业经常出错或考试成绩不理想时采取的措施。

教会,包括对于每堂课的检测、巩固内容学生能否顺利完成,对自己教学效果的评价如何,对自己课堂上的快乐和幸福指数打几分。

三个部分 20 个题目 77 个选项,从不同侧面全方位地反映幸福课堂的现状以及对培养核心素养的期盼。该调查收回问卷 78 份,皆为有效问卷。对问卷分析之后发现,基本能够达到了解教师课堂幸福指数的目的。

从调查数据中,我们可以看出学校教师对教师这个职业能够准确定位、正确看待、热爱教学。对自己的专业素养追求较高,能不断努力学习专业知识,提升专业技能,正确看待自己的专业成长。能正确对待学生的成长,在见证、影响、推动中促使学生朝着最好的自己的方向不断努力,与学生共同体会成长的快乐与幸福。

在会教这方面,大部分教师课堂上能充分调动学生积极性:运用情境互动和游戏途径,言行幽默;运用启发式教学,鼓励学生思考与参与;灵活运用多媒体,使教学具有艺术性和创新性。但还需进一步明确教学目标并加以落实。在课堂教学中应避免单一问答式的提问方式,注重以任务驱动的小组合作探究,培养学生探究问题、解决问题、自主学习的能力。应处理好课前预设与课中生成,更多地关注师生共同的生命历程,让课堂焕发出生命活力,避免课堂僵化。应给予学生评价的机会,注重多元评价,扭转教师是课堂评价的"主宰"之局面,使课堂成为学生积极参与的场域,发挥学生的主观能动性,打破师生授受的传统课堂程式,促使师生之间、生生之间多向交流,促使学生在共同活动中自主学习、获得知识。同时还应注意改进教学方法,满足不同层次学生的需求,使每个学生都学有所得,各得其所,都能体验成功的喜悦。

在教会这方面,大部分教师都对自己的教学有信心,在检测和巩固教学内容时,学生能够较顺利完成。但部分教师存在一定的懈怠情绪,这将大大影响教师不断追求更好、更高的目标。教师对自己课堂上的快乐和幸福指数打分较高,可见教师们在课堂上能感受到快乐和幸福,这也将大力推动幸福课堂的打造。

结合问卷调查结果,教科室组织骨干教师深入各科课堂,观察分析,进行学生访谈,梳理、提炼课堂的幸福特征。于是,关于幸福课堂的目标构建逐渐明朗起来。一是从"人"的层面构建目标,即培养三观正确、爱教会教、善研敢创的幸福教师;培养正确认知幸福、爱学会学、自主创新的幸福学生。二是从"课"的层面构建目标,打造关注学生感受、强调幸福体验的主体课堂,聚焦核心素养、助推学生成长的品质课堂,教学相长、大胆创新的个性课堂。

一、培养三观正确、爱教会教、善研敢创的幸福教师

美国教育心理学家古诺特博士曾经说:"在经历了若干年的教师工作

后,我得到了一个令人惶恐的结论:教育的成功和失败,'我'是决定性因素。我个人采用的办法和每天的情绪是造成学习气氛和情景的主因。"是的,教师是幸福课堂的发动机,只有教师转变观念,具备较高的驾驭课堂的素养和教学技能,才能使课堂变得丰富多彩而又充满生机活力,让学生感受学习的快乐,才能教学相长,享受教学带来充实感,得到实现生命价值的满足。我们从思想层面、实践层面、发展层面制定了幸福课堂教师培养目标。

(一)思想层面——三观正确

首先,教师要树立正确的教学观。教学不只是课程的传递和执行的过程,更是课程创生与开发的过程,是师生交往、积极互动、共同发展的过程。核心素养引领下的课堂教学强调以人为本,以生为中心,"一切为了每一位学生的发展"。教学要从"教会学生知识"转向"教会学生学习",不仅要重结论,更要重过程,重视让学生经历质疑、比较、判断、构建的学习实践过程,获得情感体验,提升素养和能力。

其次,教师要有正确的学生观。应认识到学生是发展的人,其身心发展是有规律的,教学时应遵循学生的发展规律,去挖掘其巨大的发展潜能,且学生是正处于发展过程中的人,要允许学生有一个掌握知识和形成能力的过程,不要急于求成;学生是独特的人,每个学生都有自身的独特性,学生之间、学生与成人之间存在着巨大的差异,要尊重学生的差异性,有的放矢、因材施教;学生是具有独立意义的人,是不以教师意志为转移的客观存在,不能让教师任意捏塑。

最后,教师要树立正确的教师观。教师是教育教学的研究者,是学生学习的促进者,而不是课堂的主宰者。美国人本主义心理学家卡尔·罗杰斯杰罗姆·弗赖伯格在《自由学习》中指出:"学习不是将无助的个体牢牢绑在凳子上,再往他们脑子里塞满那些没有实际用处的、得不到结果的、愚蠢的、很快就会被忘记的东西。"教师应是学生学习的促进者。促进者的任务是提供各种学习资源;提供一种促进学习的气氛,使学生乐于投入学习;提供充分的学习素材,让学生有学习知识的载体;提供给学生充足的自信,让他们有学习的激情和勇气;提供必要的支持和帮助,让学生品尝成功的喜悦。美国帕尔默在《教学勇气·漫步教师心灵》中说:"真正好的教学不能降低到技术层面,真正好的教学来自教师自身的认同与自身的完整。"只要你拥有"真诚、珍视和同理心",就一定会成为学习的促进者。

（二）实践层面——爱教会教

幸福课堂的教学要从"重视学生学习的成果"转向"注重学生成长过程的幸福体验"，从"教会学生知识"转向"教会学生学习"，必须以教师"爱教会教"为前提。

爱教的教师，具有以生为本的正确课堂观，关爱学生，真诚、公平地对待每一位学生，始终向学生传递积极情绪。以积极的态度对待教学，有不断反思、钻研、改进教学的热情。

会教的老师抓重点、抓关键，教方法、教习惯，关注学生的身心成长；会教的老师尊重并珍惜学生已有的知识水平，敢于让学生质疑问难，关注学生的思维方法；会教的老师上课跟着学生走，善于倾听学生的读书、发言，从中寻找教学的良机；会教的老师自己"悠闲"让学生"忙"，让学生自己读书、实践、发现，期待学生潜心读书后的深度思考；会教的老师给予学生赏识与鼓励、悦纳与尊重，总在恰当的时机点拨促进；会教的老师善于创设情景，利用各种工具和平台撬动学生深度学习；会教的老师以学生的幸福体验为己任，以教会学生学习为幸福。

会教的老师不仅教会学生知识，更教会学生学习，促进学生身心健康成长和素养的发展，使其具有科学的思维、勇于创新的精神、自主学习的能力，能够发现问题、创造性地解决问题，并学以致用，举一反三。

（三）发展层面——善研敢创

新时代下的老师要充分认识到，教材只是一个载体，需要我们每一个教师去挖掘、去创造。教学是一个再创造的过程，是对课程的不断发展、不断丰富的过程，教师不再只是简单地教教材，而是利用教材组织各种各样的活动，根据学生发展的需要对教材进行调试和重组。教师在整个教材的处理中要充分考虑到信息技术与课程的整合，要能利用校内外的一切课程资源，丰富教学内容。这一切都需要与时俱进地学习。在教育界有这样一段话：给学生一杯水，教师有一桶水、一缸水是不够的，而且必须是活水活源。教师的这桶水需要不断更新，因为学生是活泼的生命体，不是简单的容器。课堂里若没有时代活水流淌，又如何能与学生心灵碰撞？[19]

确切地说，教师的学习应该用"研学"二字更为恰当，它不仅仅停留在多读书、多学习这个层面，而是要结合教学实际钻进与之有关的事物中去思考、去研究、去提炼、去创新。做一名善研的教师要研己研生，知己知彼；

研标(课标)研本(教材),建立系统;研教研学,知法得法;研考研评,以评促教;课题科研,扎实深入。在善研的基础上,教师还要敢创——知识创新,博览群书,丰富知识建构;观念创新,允许学生突破常规、大胆尝试,求同存异;教学创新,勤思善行,以学定教。唯有学而不厌的先生才能教出终身学习的学生;唯有敢于创新的教师,才能培养出具有创新精神的学生。而这些,正是创造幸福的源泉。

二、培养正确认知幸福、爱学会学、自主创新的幸福学生

(一)正确认知幸福

让课堂幸福起来,最终的目标就是培养幸福的学生,为他们奠定完整而和谐、可持续发展的人生基础。幸福是一种过程,是一种状态,同时也是一种能力,培养幸福学生首先要培养学生正确理解幸福的思维和积极的心态。我们要让学生认识到,幸福课堂并不意味着无须刻苦钻研、深入思考和反复演练,更不表明无须面临困难的挑战。挫折是走向成功避不开的一道障碍,学习也是一种需要付出很大心智努力的复杂心理活动,因为学习过程始终是困惑与喜悦相伴、成功与遗憾相随。但是,当你以积极的态度参与到学习中,锁定目标,迎接困难和挑战时;当你在学习实践的过程中与同伴碰撞出灵感的火花,对老师的点拨产生顿悟的智慧时;当你靠自己的努力解决疑难,收获知识,实现自我超越,得到别人肯定时;当你最终领悟要领,掌握方法,获得本领,提升能力时,"有成"的幸福便会悄然而至。幸福就是寻找真正能让自己快乐而有意义的目标,并通过努力把目标达成的成功感和满足感!

(二)爱学会学、自主创新

幸福的学生除了要具备感知幸福的能力外,还应该具备创造幸福的能力和分享幸福的情怀。作为教师,我们要培养学生爱学会学、自主创新的品质,让其依靠自身内在的这种积极品质,体会到积极情感,通过积极的实践获得创造幸福的能力和习惯,最终实现终身学习、适应环境、自主发展。具体表现为:

爱学——对学习有浓厚的兴趣,有持久、稳定的学习表现,能主动、积极地参与学习活动,学得轻松、愉快。

会学——有良好的学习习惯,掌握基本的学习方法,能综合运用各种学习方法进行阅读、分析、理解和实践,能广泛收集各种资料,从各种信息源中获取知识信息。

自主——中低年级的学生对学科知识有浓厚兴趣,课堂上认真学习,课后主动探索;中高年级的学生能制订符合自己实际的学习计划,能根据学科特点及自己的实际情况选择合理的学习方法,并善于自我检查评价。

创新——善于结合自己所学的知识和能力举一反三,实现知识和能力的迁移,能独立地、有创造性地解决一些实际问题。

三、打造幸福课堂的三大景观

经过深入的课堂观察、反思、研究、总结,我们发现优秀教师的课堂教学从备课预设、活动组织、课堂结构、师生互动、评价反馈到知识生成、能力发展具有许多共性特征,突出的表现是学生主动尝试、大胆探索,主体性得到充分的发挥,课堂氛围活跃,师生心情愉悦;教师的教指向核心素养的培育,学生学习真实发生,能力发展较快;师生互动生成多,常常有令人耳目一新的教学创新,幸福的味道芳香四溢。由此,我们提出了打造幸福课堂三大景观的构建目标:

(一)关注学生感受、强调幸福体验的主体课堂

"关注学生感受、强调幸福体验"的主体课堂以学生为中心,尊重学生的独特感受,激发学生的个性和参与意识,让学生真正成为课堂的主人。教师从充分培养学生的能力和兴趣出发设计教学活动,通过征求学生的意见共同调整和确定学习目标,使其对这节课有明确的期望和主动参与的欲望。尽量采用活动式、情景式、学习共同体式的教学方式,以赏识、激励营造积极的情绪,合理运用直观的教学工具撬动学生的深度参与,让学生在活动中直接接触情景,通过动手、动眼、动嘴、动脑,主动地去学习,亲身体验获得直接感知来增加对事物的认识,获得知识结论。教师在给学生建议或告诉他们什么可能对他们有益之前,先给他们一个机会去努力,并表达对学生的鼓励和信任,这种努力使得学生有机会去思索、推理和理解自己的信念和选择,在观察、思考、探索中使自身的思维和能力得到培养和发展,在参与生动的学习实践中体验学习的乐趣和成功的喜悦。

（二）聚焦核心素养、助推学生成长的品质课堂

核心素养指导、引领、辐射学科课程教学，彰显学科教学的育人价值，使之自觉为人的终身发展服务，使"教学"升华为"教育"。聚焦核心素养、助推学生成长的品质课堂首先是观念转型——从"学科教学"转向"学科教育"，要清楚作为"人"的"核心素养"有哪些、学科本质是什么，才会明白教学究竟要把学生带向何方。其次是目标转向——从传统的关注知识点的落实转向关注核心素养的养成。再次是方式转变——从教师一言堂、二言堂转变成"学生为主体，教师为促进"的学本型课堂，善用启发式、思辨式、探究式的学习方式。最后是策略提升——采取阶梯式教学策略，在教学起点和教学终点之间划分出不同梯度的"最近发展区"，根据不同梯度的"最近发展区"设计教学，依托"学习共同体"，提供适当的支架，引导学生逐步完成学习任务，达成教学目标，实现快乐高效的课堂。

在课堂中，真实的思考、交流、碰撞在不断发生，学习在不断深入，儿童的生命得到成长，素养得到提升。教师把时间和空间充分让给学生，使其自主经历"我学会了什么""我不懂什么""我还要进一步学会什么"的学习过程。接着，利用学习共同体，促进学生互教互学，在"最近发展区"内，再次经历"我听到（读到）什么""我想了什么""我要表达什么"的思辨过程，获得沉浸式体验。所有的环节都以学生为中心，教师不再是课堂提问的垄断者，而是核心问题的梳理者，是学生提问和交流的倾听者、引导者、促进者。

（三）教学相长、大胆创新的个性课堂

在幸福课堂上，教学不是教师教、学生学的机械相加，传统意义上的教师教和学生学，将不断让位于师生互教互学，彼此将形成一个真正的"学习共同体"。这样的教学相长，即教会学会，它将以学生课堂上参与学习活动的全面性、深入性、主动性和创造性，以教师课堂教学的阶梯式提升与创新得以呈现；以学生课堂学习后当堂检测的形式得以证明。

综上所述，幸福课堂两个层面的目标构建是相辅相成、互相促进的。通过培养三观正确、爱教会教、善研敢创的幸福教师，去打造关注感受、强调体验的主体课堂，聚焦核心、助推成长的高效课堂，教学相长、大胆创新的个性课堂，在这一过程中培养正确认知幸福、爱学会学、自主创新的幸福学生。以学生的幸福促进教师对自身价值的认同和激起创造性教学的激情，如此循环往复，最终实现师生在课堂中共同理解幸福、追求幸福、享受

幸福的美好愿景。

附录 5-1

"构建幸福课堂、培养核心素养"课题调查问卷
(教师卷)

尊敬的老师:

您好!"和谐育人、幸福有成"是我校的办学理念,长期以来学校致力于涵养幸福教师、打造幸福课堂、培养幸福学生,为了解教师课堂幸福指数,请您抽出宝贵时间真实地回答下列问题。

说明:

1. 本问卷采用不记名的形式,其中涉及的问题无关个人名誉和其他评价,也不会对您的回答情况进行公开。

2. 其中带"＊"号的可多选,其余单选;最后一题自己写出分数。

一、爱教

1. 您对教师这个职业的态度和认识是(　　　)。

　　A.十分热爱,作为一种事业来追求

　　B.比较喜欢,是适合自己的职业

　　C.不太喜欢,只不过是谋生的一种方式,很无奈

　　D.不喜欢,如果可能,一定改行

2. 您对自己的专业素养(包括专业知识、专业技能)的评价是(　　　)。

　　A.优秀,有自信心　　　　　　　B.还好,基本称职

　　C.有些欠缺,信心不足　　　　　D.较差,需要提高

3. 您对所教学生的印象是(　　　)。

　　A.可爱,只要努力都能取得进步,个别学生的顽皮也是可以理解的

　　B.大部分学生都是好的,只是对个别调皮捣蛋的学生感到头疼

　　C.现在学生的素质越来越差,不好教

　　D.师生关系很紧张,看到学生就心烦

4. 您对成绩不好的学生的教育经常的是(　　　)。

　　A.辅导与批评相结合　　　　　　B.给予惩罚

　　C.鼓励与辅导相结合　　　　　　D.想辅导却不知道方法

5. 您给学生上课时的心情通常是(　　　)。

　　A.轻松、愉快,有成就感　　　　B.心情平静,感觉完成本职工作

C.感觉无奈,不得不做　　　　　　D.很不情愿,感到厌倦

6. 在课堂教学过程中,自己充满着教学自豪感和幸福感的时刻(　　)。

    A.经常有　　　　B.有时有　　　　C.很少有　　　　D.完全没有

*7. 对你来说,课堂的"幸福感"来源于什么?(　　)

    A.教学按自己预设目标顺利完成

    B.学生认真听课、积极发言

    C.自己的教学使学生真实习得了某种知识或能力

    D.和谐、互动的课堂气氛

    E.课堂上出现精彩的闪光点

    F.学生的喜爱和家长的认可

*8. 您认为影响教师课堂幸福感的因素有哪些?(　　)

    A.公正的外部评价　　　　　　　B.正确的自我定位

    C.学生能考出好成绩　　　　　　D.自我能力得到提升

二、会教

9. 上课时,你明确这堂课的教学目标并能加以落实吗?(　　)

    A.明确,但在教学中经常无法落实

    B.参照教参或他人的教学目标,不确定有没有落实

    C.没制定目标,凭着自己的感觉教

    D.很明确,在教学中能有效落实

*10. 课堂上,我能(　　)。

    A.充分调动学生积极性

    B.运用情境互动和游戏途径,言行幽默

    C.运用启发式教学,鼓励学生思考与参与

    D.灵活运用多媒体,使教学具有艺术性和创新性

11. 您在课堂提问时经常采用哪种方式?(　　)

    A.先让学生起立,再提问题让他回答

    B.先提出问题,留一定时间让学生思考后回答

    C.提出问题后立即点名让学生回答

    D.提出问题后让学生小组讨论后再让学生回答

12. 当大部分学生回答问题有困难,你的做法是(　　)。

    A.分解问题,点拨引导　　　　　B.生气发火,责怪学生不动脑

    C.让优生回答　　　　　　　　　D.给学生一定的思考时间

13. 当学生的回答和预设不同时,你会(　　)。

　　A.否定,强化预设的观点

　　B.倾听,引导学生同意预设的观点

　　C.不赞同也不反对,直接让学生坐下

　　D.倾听,尊重学生的观点,并指出需要改进的地方

14. 您经常给学生提供自我评价或同学互相评价的机会吗?(　　)

　　A.经常　　　　　　B.偶尔　　　　　C.从不

15. 您的教学是否面向全体学生?(　　)

　　A.力求每位学生都听懂,速度较慢。

　　B.只要有70%的同学听懂,就讲下一个内容

　　C.只要有学生能回答出问题,就进入下一个教学环节

　　D.注意分层教学,对基础差的同学课后辅导;对学有余力的同学布置新的任务

16. 在您的课堂上经常出现的景观是(　　)。

　　A.学生静思默想,积极动脑发言

　　B.激情、讨论、挑战的气氛

　　C.回答问题的学生固定是几个优生,其他学生都不爱动脑发言

　　D.老师讲老师的,学生窃窃私语,心不在焉,经常要停下来组织纪律

17. 学生作业经常出错或考试成绩不理想时,您会采取什么措施?(　　)

　　A.加班加点,补缺补漏

　　B.把学生批评一顿,要求他们要认真学习

　　C.寻找原因,改进教学方法

　　D.与学生共商对策

三、教会

18. 对于每堂课的检测、巩固内容,学生都能顺利完成吗?(　　)

　　A.能,学生对通过自己主动探究的东西印象深刻些,完成很顺利

　　B.还可以,大部分学生能顺利完成,但有些内容还是搞不太懂

　　C.很少能,课堂上大部分内容是老师讲的,有时学生不专心听或听不明白

　　D.不能,课堂上学生跟不上,根本没弄懂

19. 您对自己教学效果的评价是(　　)。

　　A.效果很好,经常受表扬,很满意

　　B.效果还可以,比上不足,比下有余

　　C.效果一般,很无奈

　　D.效果不好,很沮丧

　　20.如果将您在课堂上的快乐和幸福指数设定为满分10分,那么,您给自己所打的分数是(　　)分。(可以保留一位小数)

第二节　幸福课堂的基本模式

一、构建幸福课堂基本模式

　　教学模式可以定义为是在一定教学思想或教学理论指导下建立起来的较为稳定的教学活动结构框架和活动程序。作为结构框架,突出了教学模式从宏观上把握教学活动整体及各要素之间内部关系的功能;作为活动程序,则突出了教学模式的有序性和可操作性。

　　为了把幸福课堂的基本理念转换为可以操作的教学流程,构建出能体现幸福理念的课堂教学模式,学校教科室立足于常态课堂,分学科、分年级进行探究,通过大量的听课,分析论证、筛选提纯,邀请教育专家、市区教研室、教科所以及兄弟学校的领导、教师参与我们的教学研讨,对本校优秀教师的高效课堂教学的方法、模式、组织形式进行理念提升和经验总结,从中梳理、建构出具有普适意义的教学模式与课堂实践经典范例,在全校进一步推广。经过反复的探索实践,形成了以"问题驱动、自主探究、学以致用"为核心理念的幸福课堂"疑—学—用—测"基本模式。"疑"指的是学生的疑问、教师的设疑;"学"指自学、互学、导学、拓学;"用"指学以致用,原理、方法的应用及解决问题能力的提升;"测"指学后测试,作为教学成效的有力保障。即以学定教,以核心问题驱动学生的学习,以赏识、激励传递积极的情绪,引导学生进行自主探究、积极思辨、多元互动,合理运用教学策略撬动学生的深度学习,在活动式、情景式、学习共同体式的教学中,使学生主动地收获知识、运用知识,享受学习的幸福,在教学相长的过程中实现"爱教爱学、会教会学、教会学会"的幸福课堂。具体模式见图5-1:

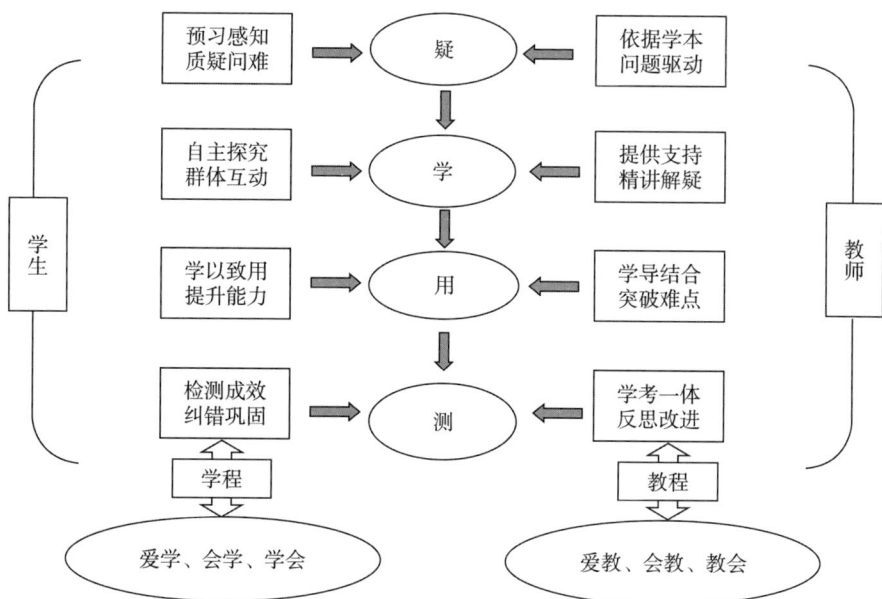

图 5-1　幸福课堂"疑—学—用—测"基本模式

幸福课堂"疑—学—用—测"基本模式详解如下。

1.疑

学习动机是直接推动学生学习的内在力量，它源于个体的内在需求、内部唤醒状态。学生内在需求的激发与其对行为目标的认识有关，当学生的内在需要与学习目标相联系的情况下，就会由一种基本需要状态转化为唤醒状态，形成一种具有一定能量和方向性的驱力，而驱力是学习行为的直接动因。因此我们应该让学生对自己的学习目标有明确的认识，通过与学生一起制定并分享学习目标，来加强学生的内部唤醒状态，提高其学习的内在驱力水平。幸福课堂基本模式的第一步"疑"正是基于这样的认识设计的，包括学生的质疑和教师的设疑两个部分。

学生的质疑：疑问是学习的开端，是学生思维品质的核心。课前让学生通过预学自主建构知识、质疑问难，带着准备和问题走进课堂，每节课的开始先进行预学汇报，把学习建立在学生已有知识的基础上。教师面对学生的疑问，不打断、不指责、不呵斥、不敷衍，而是与学生一起梳理问题，制定并分享本节课的学习目标，以激发引导每一个学生参与到探究中来，让学生心灵自由，为其创设宽松愉悦的学习情境，寻求解决问题的方法和策略，体验解决问题的成就感和幸福感。

教师的设疑：教师的课堂提问是师生互动的主要路径，有效的课堂提问，对学生而言，能让学习理解迈进一步，渐入佳境；对教师而言，可让教学效果因势利导，突破重点；对课堂本身而言，可以通过由点及面、螺旋上升式的推进，最终达成课堂目标。教师要熟练运用问题驱动这一教学策略，结合梳理出的学生预习时产生的疑问，设置学科核心问题及其支架问题系统，使学生参与到分析问题、解决问题的过程中，培养学生的思维能力和创新能力等核心素养。

2.学

新课程"自主、合作、探究"新理念追求以学生为中心，以学为本的课堂。这种课堂由学生主宰，依据学习任务，以自学、对学、群学、展示等自主合作探究活动为主，进行立体化多元互动，通过学生的自主构建掌握所学知识。

首先，在疑问的驱动下，学生以自学、对学、群学为主要学习方式进行自主探究，师生、生生多元互动，学生在质疑、探讨的过程中获得思维的碰撞和能力的提升。

自学指学生根据自己的疑问或教师提出的问题进行自主学习，互学指的是同桌或学习小组成员之间的学习交流，群学指的是整个学习共同体成员之间的对话与交流。互学和群学可根据教学的需要选择，要注意的是对学和群学必须建立在学生经历"独立自学"后的"已知"上，这可能就是学生的"最近发展区"。这时，形式多样的合作交流会让学生取长补短、思维碰撞、互惠共享。

其次，是进行自学成果的展示。小展示在小组内完成，主要展示自己在自学过程的收获与疑难，并为之后进行的大展示做准备。大展示以小组为单位，面向全班学生展示。学生以各种形式，大方、自信地表达自己的想法和组内未解决的疑难。大展示结束后，各个小组之间还将进行质疑、对抗、辩论、解答、交流、补充等。

学生自主探究的同时，教师应该作为组织者、引导者、合作者、评价者、促进者参与其中，不能放任学生随意讨论。当学生间的交流无法解决他们的疑问时，就需要教师的指导，为学生设置解决问题的支架，让学生体验成功的自信。这就是导学。

最后，要实现知识与能力的协调发展，必须把课内与课外统一起来，在学习本课资源的基础上进行拓学，使学生的整个生活时空成为学习化时空。要注意遵循几个原则：第一，拓展必须针对教学目标的达成。第二，拓展要注意呈现的恰当时机。第三，把握好课堂拓展内容的数量和难度。

3.用

学以致用是学习的重要目的。"用"指的是在学习新授内容后，根据学习主题，适度拓展课外资源，运用灵活多样的手段，组织学生对新授的内容进行巩固性的训练或是学法的迁移运用，在实践中深化体验、夯实能力、深化认识，达到学以致用的目的。同时，教师进一步对重难点进行突破，引导学生总结规律，举一反三，实现量到质的提高。

4.测

"测"是对教学目标落实情况的考察，教师根据教学目标，遵循"尊重差异，分层达标"的原则，设计达标题和提高题，当堂检测教学效果。肯定高分高能的学生，让其体验学有所成的喜悦；有的放矢地指导有缺漏的学生，促使进步。同时，学后测试也能促使教师反思改进教学。

二、基本模式下的学科变式研究

在普适性基本教学模式的基础上，各学科教研组还加强教学变式研究，使各学科课堂教学在此模式下呈现出多样化和系列化的样态，引领幸福课堂建设。各学科的老师在运用模式的过程中又根据各班学生的学情、教材的特点以及自身的风格和智慧，不断生成属于自己的独特的教学设计。

（一）语文学科中高年级幸福课堂"六环"阅读教学模式

语文学科中高年级"预—问—探—展—拓—测"阅读教学模式（图5-2）操作流程说明如下。

1.预

教师根据单元要素、教材特点、教学目标和学情，精心设计预学单，预学单大致包括以下几个方面内容：学习目标、预学自测（包括重点字词句和对文章主要内容的感知）、质疑问难、课外拓展（中年级起步阶段可由教师提供）、课堂探究重点预热等。带星号的题目是选做题，照顾到学生的差异性，提供一种可被征服的挑战。学生通过预学单的引导，自主阅读课文，记录收获，同时带着自己的疑问进课堂。每个同学的预习成果将会在小组里展示交流，再由小组长梳理重点问题进行全班反馈，成为本节课的学习目标之一，使得课堂学习与学生密切相关，有效激发学生的学习动力和兴趣。

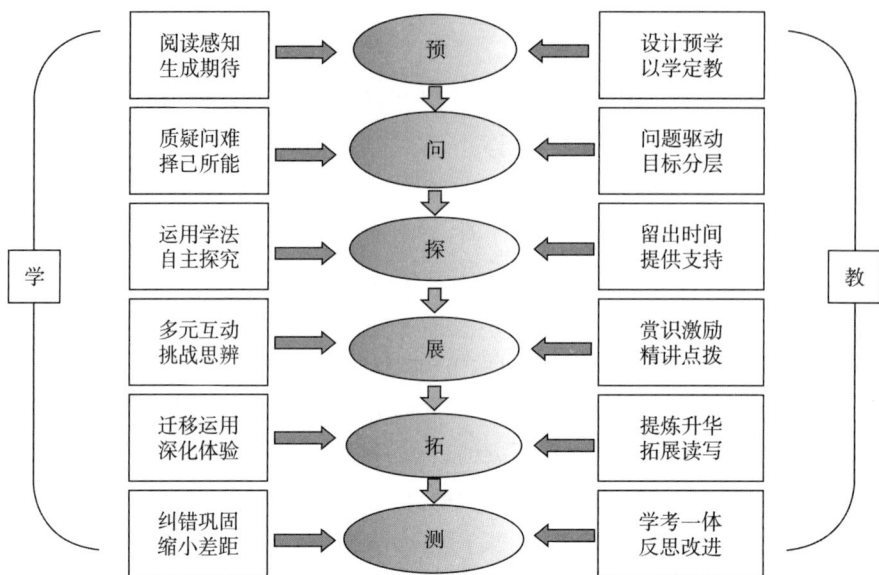

图 5-2 语文学科中高年级幸福课堂"六环"阅读教学模式

2.问

教师梳理学生预习时的疑问和自己的预设问题,设计一系列学科核心问题与子问题,以学定教,以问题驱动学习。根据"最近发展区"理论,分层设计学习目标,引导学生根据自己的能力自主选择适合他们的能力目标,选择相应的任务进行自主探究,使得每一个学生都能树立学习的自信心。

3.探

围绕学习任务,学生运用学法自学探究,学习共同体成员间互动交流,如以同桌对学、小组讨论等形式,实现解决问题的过程。教师给予的充足的时间、无条件地倾听和及时的支持,使每个学生都能"浸泡"在阅读实践中,愉悦地成长,主动地收获知识和能力。

4.展

探究过后,学生自荐展示自己的观点,同时也接受他人的提问、反驳和补充,多元互动,经历表达、挑战思辨,最终达成共识,也可求同存异。教师多给予赏识和鼓励,并在重难点处以深度引导的问题为支架,或创设情境,或利用多媒体等工具撬动学生的深度学习,精讲点拨。这一环节中,学生体验思维碰撞的乐趣,感受阅读生成的魅力,获得他人的肯定和赞赏,滋生了参与表达的欲望,这些都为幸福学习打下了可持续性发展的基础。

"问、探、展"这三个环节可以根据教学的需要,多次循环。

5.拓

教师在课文学习的基础上,可以拓展练笔,实现写法的迁移运用;也可以拓展与单元主题相关的课外阅读资源或相关的资料、人物事迹等,使学生的阅读更具宽度和深度,帮助学生深化感悟,深入理解文章主旨,丰富学生的积累,语文学习不再局限于课内和课本。

6.测

教师根据本节课的学习目标,结合学业测评的趋势,设计少而精的测试题,在当堂课末进行达标测试,及时表扬,总结本课成果,使学生体验满意的效果、学会的喜悦。同时,未达标的同学可以有针对性地进行课后补缺、补漏;与教师来说更是对课堂教学的检测,有利于反思及改进。

[案例分析]

五年级上册略读课文《绿色千岛湖》

课前预学单交流(略)

一、课题寻疑,纲举目张

(一)从题目获取了什么信息?

小结:这是一篇说明文。从题目我们明确了课文说明的对象是千岛湖,要着重说明它绿色的特点。

(二)质疑

看着课题你会提什么问题?继续学习用"是什么、为什么、怎么样"来提问。预习中有提问的同学交流一下。

(真的有千个岛吗?为什么说是绿色的?)

【解读:"绿色"是题眼,教师结合预学单引导学生根据题目质疑,纲举目张。整堂课以"为什么说千岛湖是绿色的"这一主探究问题为抓手,驱动学习,设计了对"绿色"四个层次的品读。】

二、解决第一个问题(略)

三、四读"绿色"

(一)一读"绿色",把握文脉

浏览全文,课文从哪几方面来说明千岛湖的绿?练习列提纲。

第 1 段:优美

第 2～7 段:富庶

第 8 段：开发
第 9 段：利用 ⎱ 人工奇迹
第 10 段：保护

（二）二读"绿色"，自读批注

（1）课文介绍了四个小岛，其中因动物知名的是——猴岛、蛇岛、清心岛，指名读。用直线画出写人与动物相处的句子。

出示相关句子，对照自我订正。

（2）读句子，哪些词语让你特别有感触的，用三角号标注，然后在旁边写上批注。

（三）三读"绿色"，交流品味

1. 学习"猴岛"一段

（1）金钥匙：动作是情感的外在表现，抓住动词，由外及内体会情感，让我们读书的感悟更丰富、更深刻。

交流动词的表情达意——跑到岸边，等待（把游人看作可以与他们友好相处的朋友，看作照顾疼爱他们的亲人）。

有感情朗读。

（2）指导朗读"猴群中有一只身材魁梧、尾巴高翘的猴子，是这里的'齐天大圣'。在争夺王位的时候，它把另一只公猴打得落荒而逃。"读出顽皮率性，读出喜爱之情。

（3）小结：这意趣盎然的画面不就是猴岛上的绿色吗？人与动物和谐相处就如阳光下的镜子折射出最绚丽的光芒！

2. 学习"蛇岛"一段

导问：人们能看到什么？指名说、读。

指导理解"自由"（最美的生存状态。五龙岛就是这上千条蛇幸福的家、生活的乐园）。指名读、齐读，来赞叹"自由多好啊"。

小结：是的，这自由就是蛇岛上的绿色，自由演奏着生活美好的乐章。

3. 学习"清心岛"一段

导问：梅花鹿怎样与游人相处的？

重点感悟"合影留念""津津有味"，指导带着这份兴致读。

补充：梅花鹿是（ ）地围在游人身边。

小结：和游人在一起就是这么轻松这么自在。和谐相处，给生命带来温暖。读着这样的文字，我们心里流淌着的是一股暖暖的热流。

4. 学习"桂花岛"一段

(1)轻声朗读并思考:最有感触的是哪个词?(弥漫)你是怎么理解"弥漫"?

(2)创设情境,感情朗读:漫步桂花林中,阳光斑驳,微风徐来,桂树摇曳,桂香飘溢。

这芳香,饱含清新、甜美,在空气中弥漫,令人舒畅惬意、心旷神怡——愉快地读。

微风吹过,阵阵清香扑鼻而来。嗅一嗅,什么感觉?(神清气爽)深吸一口气,顿时眼亮了胸挺起来了——精神抖擞地读。

闻到了闻到了,香气已弥漫在我们周围,这香气在扩散,充斥我们的鼻翼,充斥我们的心房,我们沉醉了——用柔柔的声音读。

(3)小结:你们的朗读让我感觉整座桂花岛好像什么都没有了,仿佛只这桂花的香甜。

一个"弥漫",让我们感到桂花岛是这样的恬静美好,绿意宜人。

(四)四读"绿色",拓展内涵

(1)在这富庶的小岛上,绿意盎然。对这千岛湖上的绿色有什么新的认识?绿色指的是什么?(和谐)和谐是一个永恒的话题。正是我们人类和动物、和自然互相依存,互相映衬,共同发展,才呈现出这五彩斑斓的和谐。和谐需要我们去创造、去维护……

(2)请同学在课题"绿色"的上方,工工整整地写下"和谐",把这份和谐的绿意定格在心中。指导书写。

(案例提供:鲤城区实验小学　傅宝青)

【解读:在预学单"课堂探究预热"的基础上,教师以"课文从哪几方面来说明千岛湖的绿?""用直线画出写人与动物相处的句子,哪些词语让你特别有感触的,用三角号标注,然后在旁边写上批注。""抓住动词,由外及内体会情感""现在你对这千岛湖上的绿色有什么新的认识? 绿色指的是什么?"四个阶段关键问题为支架,层层深入地引导学生到文本的字里行间去感悟千岛湖"绿色"的内涵——"和谐",很好地降低了课后思考题1:"课文题目为什么叫'绿色千岛湖'? 你对'绿色'有哪些新的认识?"的难度,使学生在"最近发展区"内能自信地去探索知识。学生在自主探究、交流展示的语文实践活动中不断加深对文本的感悟,对"绿"的理解,教师适时地传授学习方法,创设情境激发情感,以醉人的朗读将学生带入绿色、和谐的境界,感受语文学习带来的幸福与喜悦。】

（二）英语学科"以问题为导向"的幸福课堂教学模式

"以问题为导向"的小学英语幸福课堂模式（图5-3）详解如下。

| 学生 | | 教师 |

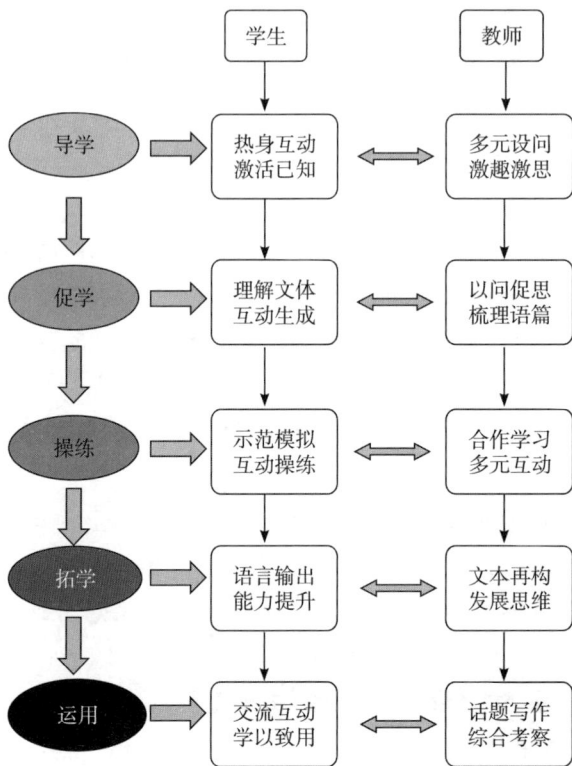

图5-3　英语学科"以问题为导向"的幸福课堂教学模式

1.导学——多元设问，激趣激思

教师根据不同的教材和文本内容创设多元化的教学策略，例如唱歌谣、观看短视频、猜图、猜谜、头脑风暴等有趣的多元化复习活动，帮助学生进一步加强理性认识，并能在大脑中将零碎的知识进行系统性整理，形成知识框架。激发学生的兴趣和思考，形成积极的学习期待。

2.促学——以问促思，梳理语篇

英语的学习是学生将信息通过视觉和听觉输入大脑中，再经过自身的思考，输出语言知识。英语教学立足文本，巧设听前问题，教师通过预设听前问题，让学生明确听的目标，引导学生根据问题有效地捕捉文本的核心要素，以提升学生对所听材料中信息的整体捕捉和感知能力。教师还可以重点关注如何通过问题设计，引导学生观察图片、预测情节。

3.操练——合作学习,多元互动

新课程改革要求"把学习时间和学习过程还给学生",让学生在探索和合作中获得知识。教师在多元智能的英语课堂教学中探讨了这两种教学方式,尝试构建相应的教学策略,即多元互动的合作学习。合作学习(Co-operative Learning)是在由异智的学生所组成的小组(合作的群体形式)中,按照一定的学习目标,通过共同的学习活动,使小组的每个成员都达到目标。合作学习的方式有:问题讨论式、操作活动式、角色表演式等。

4.拓学——文本再构,发展思维

利用思维导图设置文本再构,设置复习巩固任务,为学生语言输出和运用搭建了语言支架。教师让学生根据课件上的思维导图复述课文,引导学生理解文本内容,厘清文章脉络,巩固语言知识,以培养学生的口头表达能力。在复述内化的同时,注意引导学生在表述过程中关注语言的逻辑性和连贯性,为后面的语言输出作示范。这一环节为后面建立写作架构作初步铺垫。

5.运用——话题写作,综合运用

学生理解文章大意并内化所学语言后,教师引导学生回顾篇章脉络,归纳小结,并设计任务引导学生进行语言输出,为学生提供展示的平台。归纳写作时,教师再次利用思维导图,引导学生思考介绍话题写作从"Who、Where、What、When、How"等角度去描述,利用思维导图完整呈现话题写作框架。学生在课堂活动中展示、分享自己的学习成果,才能真正地产生学习语言的成就感,从而提升学生的学习幸福感。

[案例分析]

外研版新标准《英语》(三年级起点)六年级上册
Module7 Unit1 I don't believe it

【教学过程】

Step 1 Warm-up

(1)Greetings.

(2)Free talk.

Talk about your favourite animals.

【设计意图】谈论学生最喜欢的动物,在复习旧知识的同时也为学习新知识做好了铺垫,锻炼了学生的思维和语言表达的能力。

(3)Watch and say.

T:Look,it's a DVD about ...Let's watch.

【设计意图】通过视频了解一些动物不可思议的能力,从而激发学生的学习兴趣,引入本课的主题"I don't believe it"。

Step 2 Presentation and learning

(1)View and ask.

T:Look at these pictures,what do you want to know?

【设计意图】引导学生观图,提出任务,进行辨析性思考,激发学生对文本学习的期待性。

(2)Talk about the known information of pandas.

【设计意图】通过思维导图,先构建学生对熊猫已知的信息,进而探索更多关于熊猫未知的信息。

(3)Watch and find.

T:Let's watch the video and find some unknown information about pandas.

【设计意图】课文整体呈现,为学生提供使用语言的环境。让学生带着求知的欲望初读课文,在培养他们阅读能力的同时,也培养了思维能力和理解能力。

(4)Check and learn.

①Learn more about pandas from the text.

Learn:Pandas eat for twelve hours a day.

Ⅰ.Discuss in groups of four.

Q:Why do pandas eat for twelve hours a day?

Ⅱ.Discover the fact.

Show the video and discover the real reason.

②Learn more about snakes.

Ⅰ.Talk about some known information about snakes.

Ⅱ.Find some unknown information about snakes from the text.

Q1:Do snakes dance with music?

Q2:Why does the snake come out of the box?

【设计意图】利用思维导图理清思维脉络,引导学生探索更多关于熊猫和蛇的未知信息,多维度探索熊猫是"吃货",蛇是"聋子"却能扭动身体起舞等不可思议的习性背后的科学原因。

(5)Read the text.

①Listen and imitate.

②Read by yourselves.

③Missing reading.

【设计意图】通过听音模仿、自读训练、补白复述等多维层次,提高学生对文本的认读解读能力。

Step 3 Practice and Production

(1)Think and judge-"Is it true?"

T：There are many amazing things in the world. Let's watch and guess"Is it true".

(2)Think and say-"Talk about amazing things of animals".

T：So many amazing things. May be you know more than me. Who wants to share with us?

【设计意图】仿照中央二套节目"是真的吗?",让学生先判断真假,然后科学探究真相,与学生共同探讨自然界中不可思议的现象,保持学生的学习好奇心和探索精神,激发学生为下一步的学习产出做准备。接而让学生根据自己已知或是多种途径搜索到的自然界中不可思议的动物信息,进行交流分享,充分挖掘学生的生活常识,拓宽学生自然科学的知识面。

Step 4 Production

Make a mini book.

【设计意图】让学生可以通过自己已知或是搜索到的自然界中不可思议的动物信息,进行书写分享,通过合作,全班制作一本 mini 百科全书,这是学生集体智慧的凝结,也是调动学生的语言储备进行归纳、整合,实现用英语做事情的目的,体现英语课程的工具性和人文性的统一。

Step 5 Homework

(1)Listen and read the text. ★

(2)Find more information about animals and share with others.★★

(3)Write about your favourite animals.★★★

【设计意图】延伸课堂,通过听读课文,巩固听、说、读练习;让学生通过多种途径搜索,了解动物的生活习性,拓展学生的知识面;让学生描写自己喜欢的动物,落实写的训练,使学生的综合语言能力得到进一步的提升。作业的设置以星级目标的形式呈现。

(案例提供:鲤城区实验小学　曾华彬)

(本案例入选 2019 年福建省小学英语优质课)

【解读:本课通过设计不同层次的问题链,使学生带着开放性的问题逐步理解、深入学习文章段落,培养学生的精读能力;利用思维导图,将已知信息、文本信息以及学生在此基础上生成的拓展性知识进行构建,为学生运用目标语言进行表达与写作提供思维框架;循序渐进地引导与激发学生

从表象下的动物习性科学探究,揭秘不可思议的动物习性的内因,使学生知其然更知其所以然,渗透共情式阅读者教育理念。】

(三)科学学科"聚焦—探索—研讨—拓展"教学模式

小学科学学科"聚焦—探索—研讨—拓展"教学模式(图 5-4)操作流程说明如下。

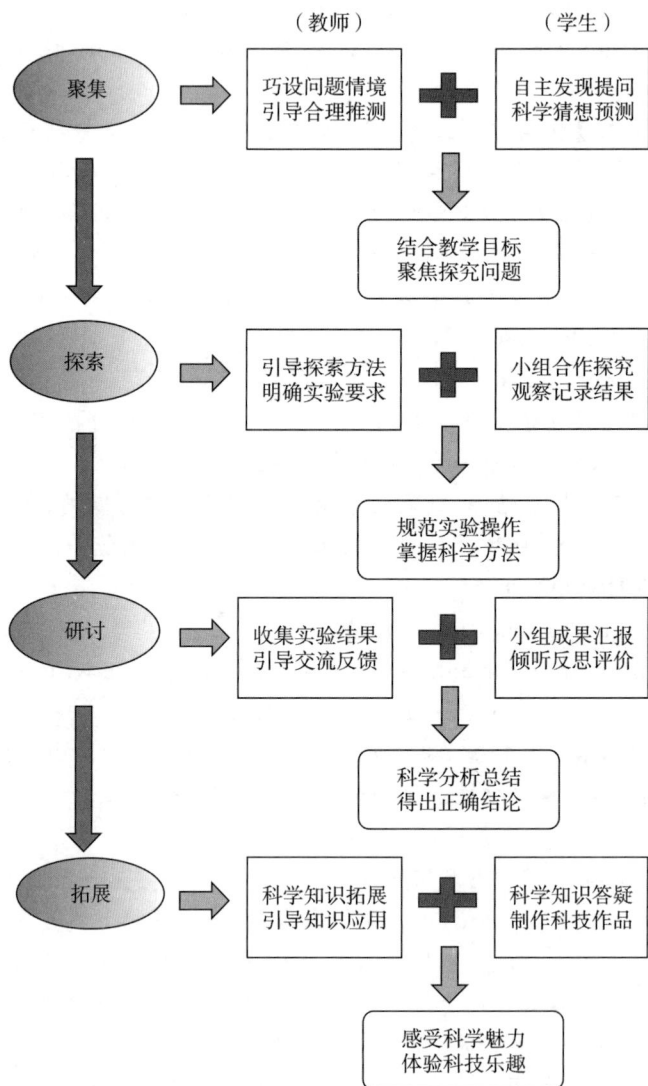

图 5-4　科学学科"聚焦—探索—研讨—拓展"教学模式

1.聚焦

上课伊始,教师巧妙创设情境,应用多媒体组合教学,借助音像、故事、实验演示等手段,让学生通过视听感官接受信息,以趣引疑,启发学生自己发现问题、提出问题,唤起学生强烈的求知欲望,并根据课程内容确定聚焦问题,从而促使学生的求知欲转入活跃状态。

猜想和预测是培养学生科学想象力的基本形式和主要途径,也是学生进行科学探究活动的一个重要环节。教师引导学生针对聚焦的问题,提出合理的猜想和预测是十分必要的。因此,教学时尽可能让学生根据所提供的科学探究内容、结构探究材料进行合理的猜想和预测结果。学生进行猜想和预测的过程,就是展开想象的过程,而且是一种处在积极的起始萌发状态的思维过程。运用好教材中的教学资源让学生提出猜想和预测,不但能较好地调动学生学习科学的兴趣,激发探究欲望,使探究活动目标更加明确,学生在经历想象之后的探究活动可以事半功倍地收到较好的效果。

2.探索

教学中,倡导让学生自己发现问题,但并非放任自流,学生在探究的过程中,仍然离不开教师必要的、有效的指导。对于不同的科学知识,所采用的探索方式方法是不同的,要引导学生根据知识特点,合理采用不同的探索方法。可以直接按教材介绍的各种方法去探索,也可以根据客观条件加以改进,还可以直接查阅有关资料,如果能使用与众不同的方法就更棒了。

其中,实验作为学生进行科学探索,实现自主学习的重要基础,是人类认识自然的基本途径,也是学生参与科学探究活动的重要手段。在小学科学课中,很多知识可以通过实验让学生获得。学生对科学实验兴趣浓厚,但由于小学生的实验经验有限,很难做好实验,教师要对学生的实验进行精心策划,在实验前做好指导,让实验有序有效进行;有些问题教师难以在课前预测到的,教师要深入学生的探究过程之中,巡视指导,及时发现问题并解决问题。对于科学探究中不同的问题要采用不同的策略来"导":对于探究操作上个别的问题,给予个别指导;对于普遍性的问题,则集中点评,指出错误的原因,并且演示规范操作,提示操作要领;实验后进行合理小结,帮助学生及时积累实验经验。适当的点拨、指导,为学生的积极思维"铺路架桥",使学生掌握了科学探究方法,有利于提高学生的科学实验能力,享受解决问题的乐趣,有利于培养学生的科学精神。

3.研讨

学生在科学探究的过程中,常常得不到预期的结论,有时得到的结论常是离谱的。对此,教师不要急于否定和纠错,这样使学生失去进一步探究的兴趣和信心,学生在探究中经历失败不一定是坏事,老师应多用赏识的眼光积极评价学生的探究精神。这时,提供学生展示各自探究成果的机会,并耐心引导学生对自己的探究过程进行自主反思,与其他小组的实验成果进行比较,认真分析失败的原因,并提议进行反复实验,重新获得成功。在经过展示后有效反思的过程,可以进一步激发学生求知的欲望,让学生充分体验到科学实验的严谨。

4.拓展

学生在学习新知后,对知识的掌握需要进一步的拓展与练习,学会学以致用,因此,在共同探究并确定结果之后,教师可以引用一些有关所学知识点的生活中的事例或问题引发学生思考并解释,甚至可以让学生利用材料自制有关的科技小制作,如利用光的反射原理制作潜望镜等,将所学应用于生活,从而体会学科学、爱科学、用科学的乐趣。

【案例分析】

五年级下册《浮力》

一、从生活经验出发,激趣导入

(1)设疑激趣:你们有办法在不碰量筒的情况下,把底部的塑料瓶拿出来吗?是什么力量让塑料瓶浮起来了?

(2)邀请学生上台试验,成功激起学生学习的兴趣。

二、合作探究:认识浮力并学会测量浮力

(一)小组活动一:感受浮力,初步感知浮力的方向及大小变化

(1)小组同学将桌上塑料瓶慢慢压入水中,感受浮力,并观察水面变化,同时发表自己的感受和观察结果。

①感受到一个阻碍的力,方向向上——浮力方向向上。

(电子白板设计:利用绘图工具,用带线箭头表示浮力方向)

②看到水面上升,因为塑料瓶排开的水的体积——称为排开的水量。

③感觉阻碍的力越来越大——浮力可能在不断变大。

(电子白板设计:利用图片移动方式,改变塑料瓶在水中的不同位置)

【设计意图:通过创设体验活动,学生自主感受浮力,以发挥学生的主体作用,聚焦核心问题"浮力大小是否有变化",以电子白板绘图、图片移动和教师多媒体展示的方式,进行视觉上形象总结,让学生对浮力的方向和

大小有进一步了解。同时促进学生合理推测:塑料瓶浸入水中的体积变大,可能导致浮力在慢慢地增大。】

(二)小组活动二:判断浮力与重力的关系,分析得出浮力测量方法

(1)教师利用演示用测力计与塑料瓶,分析塑料瓶在空中静止时受力情况,重力＝拉力,从而引导学生分析塑料瓶在水面静止时的受力情况。

静止在水面上时,浮力＝重力。

(电子白板设计:利用手写工具画出塑料瓶在水中静止时的受力情况)

(2)每位学生分析塑料瓶被压入水中的受力情况,并填写记录单1,同时邀请学生上台分析作答。

(电子白板设计:学生利用手写工具画出塑料瓶被压入水中的受力情况)

塑料瓶被压入水中且静止时,浮力＝重力＋压力

【设计意图:充分发挥学生的动手能力、思考能力、想象能力。通过演示实验及电子白板,手写画出塑料瓶受到的各种力,清晰地展现塑料瓶的受力情况,科学地分析浮力的测量方法。经过师生分析,再到学生自主画图分析,达到知识迁移应用的目的,激发了学生的思维,让学生充分认识到分析力的乐趣。】

(三)小组活动三:实验测量塑料瓶被压入水中不同位置受到的浮力

(1)教师介绍拉压两用测力计,学生小组讨论后,设计实验步骤。

(2)师生共同提出实验注意事项。

(3)出示实验方法及记录单。

(4)小组进行实验,完成记录单2,教师巡视指导。

(5)小组汇报实验结果,师生共同总结浮力大小的变化——塑料瓶浸入水中的体积越大,排开的水量越多,受到的浮力就越大,浮力大小与物体浸入水中的体积有关。

(多媒体应用:实物展示台展示学生的实验记录表,进行数据分析和对比)

【设计意图:利用新的工具——拉压两用测力计,让学生自主设计探究实验,充分发挥学生学习的能动性,学生动手进行操作,小组成员分工明确,发挥了小组合作探究精神,再经过实物展示台的数据分析和对比,能较好地展示实验结果。学生科学具体地了解到浸入水中的体积越多,受到的浮力越大。】

三、拓展应用

(1)解释:为什么塑料瓶把它压入水中后,塑料瓶会上升?但到达水面后,它又静止了?

(2)通过学习这节课,你有什么收获?

（案例提供：鲤城区实验小学　庄珊雅）

（本案例荣获福建省"一师一优课、一课一名师"活动省级优课）

【解读：本案例教学内容为测试浮力大小，教师巧妙运用信息技术和数字资源，形象、直观地体现物体浸入水中不同位置的状态，聚焦物体在水中的受力问题，并且充分发挥学生的动手能力、思考能力、想象能力。其中的主要环节：利用演示实验及电子白板手写画出塑料瓶受到的各种力，清晰地展现塑料瓶的受力情况，科学地分析出浮力的测量方法。经过师生分析，再到学生自主画图分析，达到知识迁移应用的目的，激发学生的思维，让学生充分认识到分析力的乐趣。同时，实验设计环节面向全体学生，立足学生发展，突出科学探究等基本理念。实际授课中营造了浓厚的探究氛围，设计多样化的教学情境。通过多次的小组合作，发挥学生的主体能动性及小组合作探究精神，让学生自己上台展示小组实验的成果，激发学生思维，让他们在自主探究过程中快乐学习，收获知识，享受探究的乐趣。】

（四）音乐学科幸福课堂"体验式"教学模式

音乐学科幸福课堂"体验式"教学模式（图5-5）详解如下。

1.精心预学

预设是教师对自己课堂教学可能出现的问题的预见与对策的准备。教师在课前预设好教学过程，包括教学内容的实施。在课堂预设中，教师不仅要熟悉教学内容、了解教学要点，还要熟悉学生，根据学生的实际情况制定目标，也是我们常说的不仅备教材，还要备学生。尤其是音乐课，不能一篇教案走遍全年段，因为每个班级孩子的特点是不一样的，我们的课堂预设必须根据学生的情况。比如有的班级学生思维活跃，在创新方面的预设可以多一些；有的班级中等水平学生多一些，可以在达到预定目标的情况下，预设能力达成的活动多一些，让学生在活动中提升音乐素养；有的班级却要放慢脚步，多一些基础的训练。

2.感知体验

教育心理学表明：当需要指向某一具体对象，产生达到目标的欲望时就形成了探索的动机。一个人如果对自己从事的探索活动具有强烈的欲望和追求，那么他参与探索活动的动机就愈明确，他在探索活动中能表现出比别人更高的积极性和主动性。音乐教学开始，我们要为学生创设一个置身于一种探索问题的情境之中，激起探索兴趣，形成探索的动机，感知体

学生		教师
预习感知 提出疑问	预学	依据生本 布置任务
律动感知 初步体验	感知	情景设置 示范引领
探索体验 碰撞生成	探究	任务驱动 提供支持
汇报展示 共享快乐	体验	积极回应 给予鼓励
迁移运用 深化体验	展示	提炼总结 拓展资源
同伴互促 促进学习	拓学	诊断反馈 提供帮助
同伴互促 促进学习	评价	诊断反馈 提供帮助

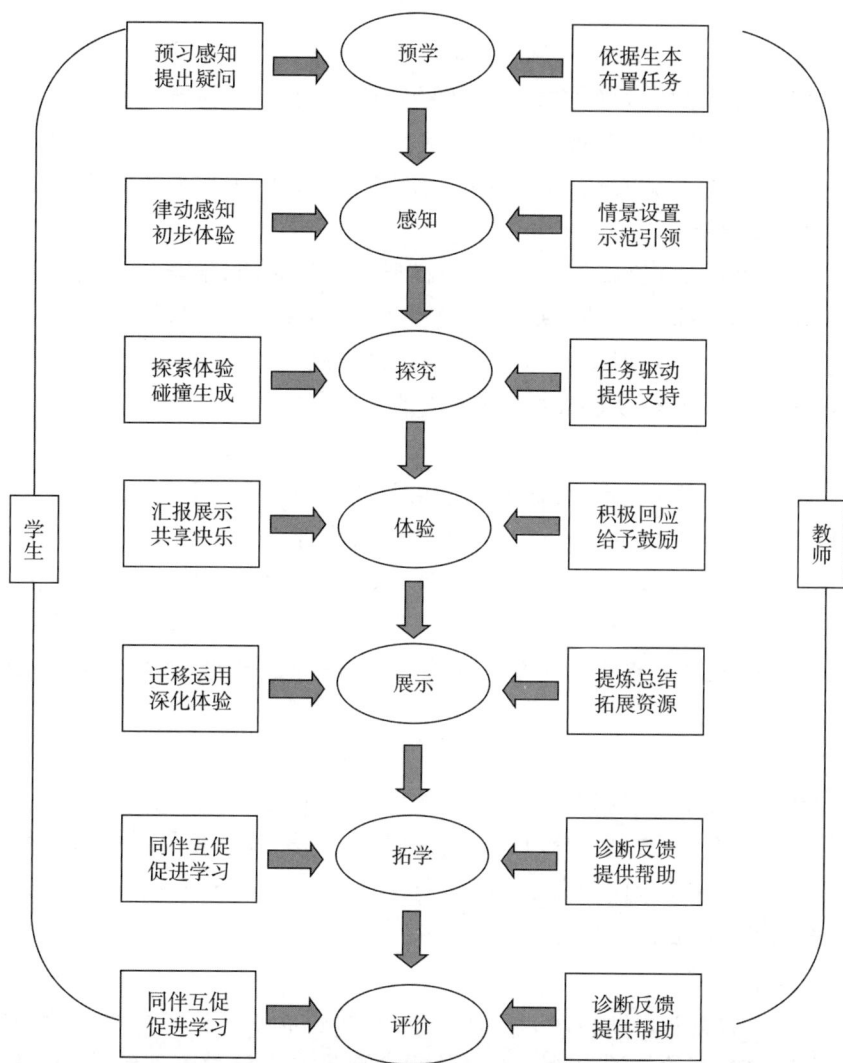

图 5-5　音乐学科幸福课堂"体验式"教学模式

验音乐要素。体验的方法可以是律动体验、借助教具实践体验、图表体验等。给学生一个兴奋点，在听听、玩玩、动动的过程中体验音乐要素，使学生在新课伊始就能触及、感知探索目标，萌生实现目标的心理倾向，为后续的探索活动培养兴趣。

3.探究猜想

素质教育要着力于学生的主动发展，教师要积极思考、组织创造性的活动，细心诱导学生自己来解决学习中遇到的问题，提高学生探索能力，为学生的潜能和个性提供发挥与发展的舞台。在课堂上建立一种突出学生发展,以主体性、创造性为特征的,培养学生创新精神和实践能力为重点的开放、互动、共享的教学方式,帮助学生创造一个自主创新的教与学的氛围。比如可以设计以问题为导向或者任务为导向的活动,给学生留出时间,让学生通过个体实践、观察或者小组探究的方式,完成任务猜想。

4.实践体验

在学生完成探究猜想后,教师一样要给学生时间,给学生以实践验证的机会,让学生通过实践体验,验证猜想。教师在学生实践体验中要关注学生的实践情况,适时提供帮助,给予积极鼓励,引导学生通过实践体验,深度感知音乐要素,从而掌握并发展各自的音乐能力。

5.展示分享

音乐是表现的艺术,我们要注重培养学生的自我意识,满足其音乐的表现欲;培养学生的分享意识,发展学生音乐的成就感。因此,在音乐课堂上,展示分享很重要,可以是分小组展示、个别展示、组合展示、擂台展示等。在展示分享中,教师要积极回应,鼓励调动,让汇报展示者体验成就感、荣誉感,也让同伴通过观看学习,学会欣赏、学会尊重,共享艺术活动的快乐。

6.拓学应用

在深度感知、学生掌握学习音乐要素后,教师还要善于引导和放手,为学生提供一个应用、巩固学习成果的时间。可以给学生提供一些相关相近音乐资源,要求学生应用所学要素进行迁移运用,以达到提炼总结,加深体验,发展思维的目的。

7.多元评价

《义务教育音乐课程标准(2011年版)》的颁布与实施,对教学评价提出的新的要求,新的教学评价应充分体现全面推进素质教育的精神,着眼于评价的教育激励与改善的功能,体现出多元的评价方式的重要性。音乐课堂教学评价要注意多元化和整体性,不仅关注学生的知识和技能,更关注每个学生的态度、情感、意志、想象思维和审美的情趣等非智力因素。每个学生都有其自身的优势和弱势、智力和品质,教学就是要扬长避短。过程性评价贯穿于教学活动的始终,教师在教学活动中要自觉地开展评价,发挥评价的作用。在课堂结束前,可以根据学生课堂活动表现,通过自评、同桌评、小组评、师评几个维度,评出"最佳小组""最佳个人""进步之星""加油小伙伴"等称号达到同伴相互督促、相互学习、相互促进的作用,教师也能及时诊断反馈,给困难学生提供及时帮助。

第三节　幸福课堂的教学策略

有效的教学策略是指由教师引起、维持或促进学生学习的所有行为,它是提高教学效率、打造幸福课堂的保障。科学有效的教学策略能激发学生的求知欲,使学生爱学、会学,提高课堂效率,为学生终生发展奠定良好的基础。这里我们将着重讨论激发与维持学生的学习动机,撬动学生的深度学习的教学策略。

美国教育心理学家凯勒提出了阿克斯动机模式,告诉我们这样一个过程:为了激发一个人的学习和工作动机,首先要引起他对一项学习或工作任务的注意和兴趣;再使他理解完成这项任务与自己密切相关;接着要使他觉得自己有能力做好此事,从而产生信心;最后让他体验完成学习或工作任务后的成就感,即感到满意。"注意、相关性、自信心、满足感"是阿克斯动机模式的四大要素。[20]

学习动机源自个体内心的需求。马斯洛的需要层次理论把人类复杂多样的需要从低到高区分为七大类,并将其分为基本需要和成长需要两个层次(见图5-6)。按照马斯洛的观点,基本需要在满足之后便不再感到需要,而生长需要的特点是越满足越产生更强的需要,并激发个体强烈的成长欲望,满足个体的基本需要,有助于激发更高层次的需要。[20]

据此,我们可以梳理出激发学生学习动机的一系列策略,如将学习建立在学生已有的知识技能基础上,找到学生兴趣所在;把学习目标与他们的内在需求联系起来,给学生提供选择那些能满足其好奇心和探索需要的问题及任务的机会;提供问题解决的情境,设计能让学生参与的游戏、角色扮演及模拟活动,使其加深体验;提供一种可被征服的挑战,建立赏识与支持的关系、合作学习的氛围,使学生在安心学习的基础上,激发生长需要的欲望,促进学生的深度学习与发展……

以上述理论为指导,根据我校的课堂教学实际,我们尝试为课堂教学安装上以下"四轮驱动"系统,通过问题驱动、情景调动、群体互动、工具撬动这四个驱动轮,促使"以学生为主体"的学习实践真正发生,让学生在积

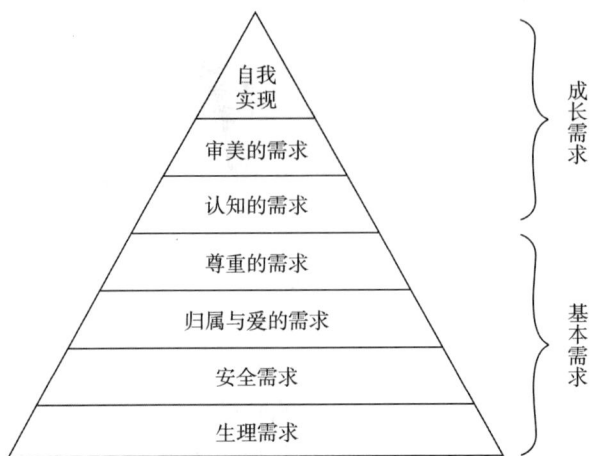

图 5-6　马斯洛的需要层次理论

极思维、沉浸体验中快乐高效地学习、深度地学习,形成感受幸福的能力进而创造幸福。

一、问题驱动

通过深入课堂,我们发现,有的教师在课堂上的提问较为琐碎,没有一条能够提纲挈领的主线;有的教师触及深度思维的问题较少,无法激发学生的思维;还有的教师提的问题太大,学生一时无法解答,教师又没有抓住问题解决的关键,试图讲解问题解决的每一个细节,导致课堂中教师与学生之间缺乏互动,即使是偶然互动,也只是群体学生的简单应答等被动回应。长此以来,学生的思维停留于浅表化,无法深入,学习的主动性和积极性也渐渐减退,课堂变得毫无生气。作为教师,培养和激发学生的学习动机是一个相当重要而困难的任务。

"问题驱动"策略正是针对这一现象提出的。它从学生已有的知识出发,由教师设置一系列的学科核心问题,引导学生参与到分析问题、解决问题的过程中,利用必要的课程资源,通过自主、合作、探究学习获得知识建构和能力的提升。

学科问题设计的基本架构是"1＋X"。其中,"1"指学科核心问题,"X"指学科子问题。教师设计的学科核心问题应该具有挑战性(给儿童带来认知冲突)、启发性(引发儿童思考)和可接受性(处于儿童的"最近发展区")。

最基本的原则就是"抓大放小,以大带小;提纲挈领,以用带学"。在核心问题之下,教师还要依据学科知识内部的逻辑顺序、学生的思维过程、课堂教学目标,设计一些子问题,提供适当的支架,让学生能充满自信和愉悦地不断深入,解决核心问题。

通过问题驱动策略,教师努力把自主的权利还给学生、把合作的本领教给学生、把课堂的时空留给学生、把探究的情趣带给学生,让每个精心设计的有效问题触及学生心灵深处(兴趣的引发点、情感的共鸣点、思维的迸发点),维持学生长久的学习动机,让学生经历思考、表达的思辨过程,引导学生的持续发现与建构,获得沉浸式的体验,获得解决问题的幸福感。

【问题驱动案例】数学——认识量角器,量角

1. 尝试量角,产生需求

师:10°小角不够量,那是不是要再做一把 1°小角来量?(太麻烦了)

师:你们见过量角器吗? 会用它量角吗? 试着动手量一量∠3。

一个学生上去板演,其余学生尝试量角。

反馈:出现多种答案及不会量的现象。

2. 反馈量法,提出问题

师:同学们你们量出来∠3是几度?

学生反馈,教师板演各种答案。

师:就一个角,怎么会出现这么多答案? 你们遇到什么问题了?

生交流困惑:

问题1:不会量。

问题2:有2个0,不知道跟谁对齐?

问题3:同一个刻度有2个数字,不知道看哪个数字?

……

3. 深究错因,解决问题

(1)量角器上找角。

师:不会量角,是因为你找不到量角器上的角。看着量角器,你能找到1°角吗? 5°呢? 10°呢?

还可以找到哪些度数的角,和你的同桌说一说。

反馈:让学生找一个90°角,一个锐角,一个钝角……

课件演示由量角器变成180个小角拼成的量角工具。

(2)探究顶点和中心重合的根源。

师：量角器上有没有角了？刚才不会的、现在会量的举手。上来量看看。

师：把你的方法跟大家介绍一下，说说你的想法。

得出：角的顶点都在量角器的中心，所以量角器的中心就是角的顶点。

（3）分析两圈刻度中读取度数。

师：这个角到底是60°，还是120°？你是怎么想的？

小组讨论。

反馈：

预设1：是锐角，大于90°，应该是60°。

预设2：这个角含有6个10°，所以应该是60°。

4.探究要点，提炼方法

师：学会量角了吗？你觉得量角的技巧是什么？

师生共同总结：点重合，边重合，读刻度。

（案例提供：鲤城区实验小学 纪丽卿）

【案例解读】数学思想方法是从某些具体数学认识过程中提炼和概括出来的。本案例中，教师先放手让学生实践用量角器量角，让学生出错，产生困惑，生成本节课最核心的问题：量角的技巧是什么？学生的求知欲不断膨胀，驱动他们主动地探寻解决问题的方法，发现量角器每个构造的作用，提炼量角方法。

二、情景调动

美国著名情境认知研究专家布朗和科林斯指出：学习和思维都是基于情境的，它们不能孤立地镶嵌在个体的大脑之中，而是通过情境中的文化活动或工具发生在人类的大脑中。因此幸福课堂需要遵循民主、开放、平等、互动的原则，对教学过程进行科学的构思、设计、实施，让教学全过程构成一种教学情境，并让师生置身其境，在这种情境中实现教学目标，共享教与学的快乐幸福。

情景教学的创始人李吉林老师开挖出"真、美、情、思"四大特点，用于情境教育和儿童学习范式的建构。她的概括、提炼是：真——情境教育给儿童一个真实的世界，一个儿童可以观、可以闻、可以触摸、可以与之对话的多彩的世界。美——情境课程以美为境界，以美育人，通过美的形式、美的内容、美的语言，让美滋润儿童的心灵。情——情境教育注重以情激情、以情育人。将儿童情感活动与认知活动结合起来，促使儿童的思维、想象、记忆等一系列的智力活动处于最佳状态。思——情境课程讲究广远的意境、宽阔的想象空间，让学生在学习中思接千载、视通万里。[21]

幸福课堂的情境调动策略以"情"为纽带，以"思"为核心，以"动"为途径，以"美"为境界，以"生活"为源泉，通过教师热情的期待和鼓励唤醒学生，使其从中获得自信和力量，并转化为一种积极向着教学目标的驱动力，学生便会情不自禁地从储存在大脑里的信息、映像进行检索，并加以沟通组合和迭加，迸发出智慧的火花，经历入情、动情、移情、抒情的情感涌动的流程，化被动接纳为主动参与。换一句话说，情境调动的最终目的是激发学生积极的情感，使其成为学生认知过程的动力系统。

在李吉林老师情景教学理论的启发下，我们根据不同学科的教学需求以实体情景、模拟情景、语表情景、想象情景、推理情景五种主要情景类型来创设课堂情境，调动学生的主动参与，深化学生的课堂体验。

实体情景——指的是运用看得见、摸得着、易于感受、易于理解的实物供学生观察、操作，发展学生的观察能力、思维能力、动手能力，从而加深对事物的认识。如数学课上利用小棒等数具，让学生动手摆一摆、分一分，科学课上让学生运用实验工具动手做试验，丰富感知等。

模拟情境——抓住事物的主要特征，运用一定的手段进行复现，形象地反映事物的特点。如图画再现、音乐渲染、角色扮演，都属于模拟情景。

语表情境——指单纯用语言描述某一情景，通过语言的意义、声调、形象、感情色彩激起学生的情绪、情感以及想象活动，从而体验情境。对一些无法展现实体情境的课文，一般是通过语表情境把学生带入课文情境的，这在语文学科教学中经常使用。

想象情景——通过学生的想象活动，在已获得经验的基础上，将表象重新加以组合的情境。它虽不像实体情境那样可以看得见、摸得着，但它的意象却比实体情境更广远、更富有感情色彩。学生的情绪往往在想象情景中达到高涨，想象力也随之发展。当然，想象情境往往要借助实体情境、语表情境或模拟情境作为想象的契机。

推理情境——推理情景总是伴随着形象进入分析推导事物的有序状态中的。语文学科教学寓言和常识性课文，常常运用到推理情境；数学课也经常借助推理情境的原理，促进学生思维的显性呈现。

除此之外，我校一些善于思考的老师还在尝试"游戏精神"视角下的游戏情境创设法，将教学活动与游戏活动融为一体，游戏为表，教学为里，二者表里合一,水乳交融。通过营造游戏氛围来呈现游戏任务,以消除学生学习的紧张感和压力感,将教学的内容或学习任务进行分解,潜置在一个个游戏任务中,引导游戏就是引导学习,从而把"教学过程还原为生活过程,把教学情景还原为生活情景,把教学活动还原为儿童的生命活动"。

三、群体互动

萧伯纳有句名言:"你有一个苹果,我有一个苹果,互相交换,各自得到一个苹果;你有一种思想,我有一种思想,互相交换,各自得到两种思想。"建设幸福课堂,教师应该让学生在自主学习的基础上,互相合作、互相探究,激活学生思维,激励学生探究新知。学生之间,甚至师生之间,经常在学习的过程中进行沟通、交流,分享各种学习资源,共同完成一定的学习任务,就会形成相互影响、相互促进的人际联系——学习群体。群体互动最基本的形式就是小组学习。

我国目前的小组学习最大的问题就是大家在"互相说",而不是"互相学"。仔细观察"互相说"的小组,你会发现,每位成员讲完自己的意见就没有进一步的思考,没有高质量的学习。幸福课堂所倡导的群体互动应是"互相学",这样的互动是建立在对话的基础上的,这种对话式的交流以倾听为基础。

因此,面向学生,教师要呈现出"倾听"的身心状态和"柔软"的身体姿态,听出学生的困惑,听出学生内心的需求,听出组内学生、组间群体的差异等,无条件地接受每一个观点,让课堂处于一种安全润泽的氛围之中,保证每一个学生能安心学习、热衷学习,并通过深度引导的问题,有深度联系的桥梁和平台,有深度体验的实践过程去串联、回归,达到真正意义上的师生协同学习。

在小组互学中,有想法的同学充分表达或主动分享,其他组员首先要做的也是静静地倾听、努力地思考,然后学生的那句"哎,这是怎么回事儿呢"就是学习互动的出发点。协同学习下的小组学习方法,首先是模仿他人的思考;其次是将其他人的思考作为一个"脚手架",来达到更高的程度。

群体中的每个学生具有差异性,因此教学时,教师首先必须做好学习目标的分层设计,即根据学情把学习目标分层,引导学生根据自己的能力自主选择适合他们能力的目标,从而选择相应的任务,鼓励他们树立学习的自信心,找准自己的"最近发展区"和最佳学习契合点,提高学习的效率。

其次要给学生充分的自主学习时间,让学生形成相互协同合作的关系,让学生有充分思考、交流、试错和修订的时间,在学生们思考遇到困难或者无法深入的时候,教师再去进行点拨和指导,因而教学节奏要慢下来,教学环节要尽可能简化,这样学生才会有充分的自主学习与协同合作的时间。

【案例分析】

I made a kite

Step5：Practice

（1）Discuss then make the kite.

T：We learnt a lot about kites making. Do you want to make one? Now,let's make a kite with your team members. First,you should have a short discussion and get different tasks. One for reporter. One for painter. Two for colouring. And two for cooperators members.

T：The reporter should record the team members' tasks.

Here's the example：

> I am a recorder today.
> We made a _____ kite（shape）.
> _____（name）_____ a _____ on the paper.
> _____（name）and _____（name）_____ it.
> _____（name）_____ the stick on it.
> _____（name）_____ the strings to it.

（2）Reporters show the reports.

（案例提供：鲤城区实验小学　吕月云）

（本案例荣获 2018—2019 年度"一师一优课、一课一名师"部级优课,并在国际英语教师中国大会上交流）

【案例解读】上面案例是经过学校美术组、科学组、英语组的共同协作课例 I made a kite。案例中,教师设计了小组合作做风筝的活动,将学习任务细化为方框内的任务条。通过讨论,小组的成员根据实际能力,选择方框中风筝制作的分工角色,并尝试用提供的句式简述自己的任务,然后大家共同协作完成小组风筝设计。所推选的记录员应记录下每位成员的任务完成情况,并在小组中汇报反馈。这样,每一个成员都找到了自己的"最近发展区",即使能力最薄弱的成员,也可以了解整个制作流程,并正确表达其中的一个环节。

四、工具撬动

幸福课堂的教学需要打破单一的学习路径,创新学习工具,才能撬动学生的深度参与,促进思维的深度发展。在这里,工具指的是用思维导图、实物演练、学具操作、字词卡片等看得见的工具,它能搭建学生与文本的对话之桥。如在语文学科教学中,语言和思维就像一枚硬币的两面,正面的语言是教学中的重点,但背面的思维却常常被教师们忽视,我们可以尝试用思维导图这一工具让学生的隐性思维显性化,进而帮助他们建立结构性的整体建构。它能转化理论与实践的联系,如数学课上抽象的公式、概念,通过运用实体数具动手操作,就能内化为能力。它能实现课堂与生活的整体构建,如科学课上运用工具动手试验能将知识与生活连通。在教学中,工具的运用能使学习变得多样化、趣味化、形象化,对学生学习动机的维持和学习的深入都有着重要的意义,是幸福课堂的催化剂。

其中,我们重点研究了学习单这一思维工具。要促成学生的自主学习并与他人合作深度学习,就需要有思维工具。学习单就是思维工具,是教与学的支架。它承载了知识能力与学习策略的应用,贯穿学生课前预习、课堂自主学习与合作学习。

以语文学科阅读教学为例,学习单分为"课前预学单"和"课堂学习单"。"课前预学单"重在引导学生进行自主阅读,从两个思路进行设计:一是遵循学生阅读的规律,循序渐进地引导学生形成良好的阅读习惯和思维品质,从识字学词、阅读发现、质疑问难、拓展延伸四个方面进行的普适性的预学单设计,主要针对 1 至 4 年级的学生,每个年段的预学要求不同(见图 5-7)。二是针对高年级同学,以学习目标为引领,以预学自测为引导,以质疑问难、拓展学习为提升,以课堂探究为预热进行设计,旨在引导学生深度阅读,进一步提升学生自主学习的能力;同时,与学业测评接轨,以自测的形式激发学生预学的的积极性(见图 5-8)。考虑到学生的差异性,我们以星号来区分每道题目的难易程度,学生可以根据自己的情况选做加星号的题目,一方面减轻后进生的学习负担,另一方面又为基础较好的学生提供挑战自我的平台。

四年级上学期语文预学单

班级:_____　小主人:_____

单元:_____　课题:_____

一、识字学词

1.易读错的字音(抄写生字并标上拼音):_____

2.易错字(红笔标出易错处):_____

3.多音字(生字条蓝字):

(　　){ _____(　　)(　　)
　　　　_____(　　)(　　)

4.新词理解

(　　):_____

(　　):_____

二、阅读发现

1.看题目猜内容(分点列出,与你猜测相符的请在后面打勾):

_____

2.感知语课文

***(1)理清课文脉络(用自己喜欢的形式:列提纲、思维导图、语言叙述等)

**(2)读课文,我发现了:(中心句,过渡句,总起句,结构,押韵,特殊的自然段和标点,写作顺序和写作手法等)

　　a:_____

　　b:_____

(3)读了课文,我觉得:

*a.作者要表达的中心是:_____

*b.我要感受是:_____

**(4)读了课文,我能尝试回答课后第(　　)个问题:

_____

*三、质疑问难

1._____

2._____

**四、拓展延伸

我查到了跟文章相关的课外知识。(作者资料、写作背景、其他相关知识)

图 5-7　四年段预学单

《绿色千岛湖》预学单

一、学习目标

1.正确、流利、有感情地朗读课文,理解"浩瀚、闻名遐迩、富庶、储蓄、津津有味"等词语在文中的意思。

2.初步了解千岛湖的形成,理解新安水电站综合工程及水上森林的作用,了解人们为千岛湖的绿,所做的努力。体会千岛湖是人工创造的人与自然和谐相处的绿色奇迹。

3.感受千岛湖良性发展的生态环境,体会出人与动物和谐相处,人们保护自然,维护生态平衡,使岛更绿水更清。

二、预学自测

1.给下面词语中的带点字标上读音:浩瀚、闻名遐迩、公顷富庶、鳜鱼、瘠薄、逞威。

2.选择正确的读音打"R"。

他的工作效率(shuài lù)很高,率(shuài lù)先完成了任务。

3.按要求从文中找句子并抄下来。

A.千岛湖名字的由来:_____

** B.千岛湖形成的原因:_____

三、我的疑问:读了课文,你有什么疑问,请写下来,在自主学习或在课堂上与老师和同学探究解决。

_____

四、拓展学习

这些岛各有特色,有的因动物知名,有的因花树著称,还有的因名胜古迹而闻名遐迩。

*1.加点的词都有相同的意思,那就是_____,我还知道这样意思的词有_____。

*2.千岛湖一共有_____个岛屿,文中重点介绍了_____、_____、_____、_____这_____个岛。我还知道千岛湖有_____岛,因_____而知名。

五、课堂探究预热

*** 探究点一:本文题目是《绿色千岛湖》,文中是怎样体现这个"绿"字的?(用4分钟浏览课文,边读边画出重点内容,做好交流展示准备)

*** 探究点二:怎样理解"千岛湖是一首人与大自然合写的诗,是一个人工创造的绿色奇迹。"(在理解课文的基础上概括总结)

图 5-8　高年段预学单

课堂学习单紧扣单元要素和该课的教学重难点,以课后问题和语文园地的拓展练习为原型进行设计,重在体现对学法的引导、对思维的促进和对语文学习能力的提升(见图 5-9、图 5-10)。

"故事情节曲线"学习卡

方法指导与要求:

(1)画曲线,标节点。

(2)写提纲,简洁明确,用一两个词概括。

(3)书写工整,行款整洁。

图 5-9　"故事情节曲线"学习卡

《沙漠之舟》课堂学习单

班级 _____　姓名 _____

★金钥匙:抓住关键词语,可以很快地搜索到有关知识。

用上金钥匙的方法,略读第一自然段,完成学习单上的表格。(限时 3 分钟)

温馨提示:1.请按顺序一句一句地找。

　　　　　2.用关键词填写表格。

骆驼适应沙漠生活的原因:

部位	特点	作用
身体、脖子	高、长	望得远

图 5-10　《沙漠之舟》课堂学习单

每一张学习单都经历了教师反复推敲磨课的过程。这个过程很艰难，但对于推动教师成长非常有帮助，让教师学会如何分析学习目标，如何通过一张学习单，让学科本体知识、学生思维发展和学科能力培养一以贯之。课堂上，学生依据各自手中的学习单，开展自主学习，或静思默想，或独立画图、操作，或记录解题思路。班级分享环节，当一个小组汇报完毕，学生便自主"接力"，或补充质疑，或反思评价。整节课，聚焦学习单，学生通过自主、合作学习，深入地分析、解决问题，构建知识。

第六章

幸福教师：幸福教育的第一资源

百年大计，教育为本；教育大计，教师为本。《中共中央国务院关于全面深化新时代教师队伍建设改革的意见》中明确指出，教师是"教育发展的第一资源"。"资源"作为经济学概念，是指国家或地区在一定范围内拥有的物力、财力、人力等各种物质要素的总称。国家将教师作为教育发展的"第一资源"，明确教师在影响个体发展和整体教育发展过程中不可替代的重要作用，揭示"教师"专业身份的内涵，必将给予教师更多的关注与支持。

以中华民族复兴为己任的中国梦核心：国家富强，民族振兴，人民幸福。国家造福人民，学校幸福育人。幸福教育是以人为本，通过培育体验幸福、创造幸福的能力，促进人的全面发展，以一种积极的态度去体会生命存在的意义。学生的幸福源于教师的幸福，只有教师用自己的言行和智慧践行教育的真谛、诠释师者的幸福，才能感染、激励每一名学生随时随地感受生命的勃发和成长的魅力。

习近平总书记在与北京师范大学师生座谈时指出："教师重要，就在于教师的工作是塑造灵魂、塑造生命、塑造人的工作。"幸福教师成就幸福教育，教师的激情唤醒学生的激情，教师的快乐感染学生的快乐，教师的幸福缔造学生的幸福，幸福教师托起学生的幸福人生。因为教师积极的育人行为能显著提升中小学生的主观幸福感、亲社会行为、学科成绩，并明显降低他们的抑郁水平、孤独感、攻击行为和违法行为，还有助于调节、修正不良家庭背景对学生发展的消极影响，缩小城乡教育差异。

教师作为教育事业的第一资源，其专业成长与发展直接决定着教育的质量，决定着学生全面、健康、和谐、幸福的发展。长期以来，我校坚持以"每一个员工成为岗位上的专家"为教师发展愿景，关心、关爱每一位教师职业人生的成长与发展，沿着幸福教师的内涵和外延两大主线出发，从教师职业的安全感、归属感、尊严感、使命感和成就感等五个方面着力,提升教师的幸福指数。

第一节　教师幸福感的源泉

美国心理学教授艾德·迪纳的幸福研究有五大发现:幸福是一种主观体验;幸福是一种认知调整;幸福是一种人脉资源;幸福是习惯养成;幸福是大脑功能。幸福就是一种感觉,敞开心灵去感受,幸福无处不在。肖川教授提出:"幸福人生的四个'有',心中有目标、有追求、有所期待、有所成就。真正好的老师,能够不断地唤起学生对于未来热烈的憧憬与向往,能够把人生美妙的前景呈现在学生的面前,让我们的学生带着美好的期待、美好的渴望成长。"

孟万金教授认为:"幸福的核心是健康、快乐、有成,即身心健康、精神愉悦,学有所成,事有所成,幸福感是物质与精神、生理与心理、个人与集体、主观与客观、投入与回报、过程与结果、眼前与长远的内心平衡、和谐统一的主观体验。"①

教育部长周济曾寄语广大教师:"当老师的,要真正把教书育人作为最幸福的事情。"幸福是什么? 幸福是人们对自己生活满意程度的一种主观感受。主观幸福感是人们如何感受他们的生活质量,包括情绪的反映和认知的判断。主观幸福感的四个方面:正面情绪活跃,负面情绪较少,有精神或情绪上的愉悦和满足,对生活满意、知足。在简单平凡的教育教学工作中,教师幸福感来自三方面,职业认同可以让教师自主体验幸福,专业成长体现教师本体的生命力和自我价值的实现,同伴互助可以实现合作共赢,在团队中共同成长,为实现幸福育人携手共进。

一、职业认同提升精神幸福感

教师的精神幸福感就是"教师在自己的教育工作中,基于对幸福的正

---

① 孟万金,官群.幸福教育实用指南[M].北京:教育科学出版社,2013:7.

确认识，通过自己的不懈努力，自由实现自己的职业理想，实现自身和谐发展而产生的一种自我满足、自我愉悦的生存状态"。因此，教师的幸福感源于职业认同。职业认同是教师获得和拥有积极心理健康状态的重要保障，也是教师提升职业幸福感的首要因素。

职业认同是意识层面的建构，主要指个体教育教学工作的观点、看法和态度。教师本身首先对教师职业形成有温度的认知，建立积极、正确的价值取向，认同自己的专业价值，才能由内而外产生幸福感。新时代背景下，教师职业不只是"人梯""蜡烛"，而应该是在培养学生的同时，实现自我价值：职业创造幸福、育人成才幸福。"做严师、不急不躁；做慈母、不纵不骄；做净友、不偏不倚。""爱出者爱返，福往者福来"，师生共生共长，成就老师的职业幸福感。

小学教师工作的三大好处：最有安全感——没有犯错的机会；最有成就感——教书育人，功德无量；最有节奏感——两个假期，张弛有序。因此，教师职业应该是幸福的。教师要学会捕捉和享受来自工作中的幸福，把付出当作是一种享受、一种幸福，把教师工作当作一种创造性实现自身价值的舞台。

享受课堂。课堂是教师生命的重要舞台，职业的生命力在课堂上彰显。

享受学生。学生是教师工作的直接对象，也是教师职业幸福感的重要源泉，教师的幸福感大多建立在学生的进步与真情回报上。这之前需要我们的爱心、耐心、责任心以及坚持到底的恒心，在心中把每一个学生当作鲜花一样培育。当鲜花烂漫时，就是我们幸福的时刻。

享受研修。研修是教师不断发展的加油站，它让教师创新问题解决方法，拓展增量，更轻松地工作，提升职场的核心竞争力，在轻松中回味着成功，享受着幸福。

享受生活。生活中的幸福必不可少，家人、朋友、闲情、雅趣是不可缺的元素。

享受工作和生活中带来的种种乐趣，细细品味精神的富足。职业认同催发教师的使命感，唤醒专业自觉，激发职业热情，使教师在教育教学过程中深深地体会职业带来的持续性愉悦。

二、专业发展铸就成长幸福感

教师这一职业与医生、律师、工程师相比，专业化程度相对不足，社会地位也未达到其他专业人员的水平。当前，教师职业正在由"半专业化"向"专业化"方向发展，"专业化"成为未来教师发展的努力方向。专业发展为"专业化"提供支撑，只有通过教师本身的专业发展，使自己具备独特的专业技能，使这个职业具备不容易被替代的行业，教师群体和个体才能体会到发展带来的幸福感。

教师专业化从动态的角度来说，指教师在严格的专业训练和自身不断主动学习的基础上，逐渐成长为一名专业人员的发展过程；从静态的角度来讲，教师专业化是指教师职业真正成为一个专业，教师成为专业人员得到社会承认。教师职业的专业化既是一种认识，更是一个奋斗过程，既是一种职业资格的认定，更是一个终身学习、不断更新的自觉追求，完成从"半专业""专业"走向"专长"的历程。

教学是一种专业活动，教师作为专业人员，其专业发展的核心就是专长的形成和发展问题，促进教师的专业发展，就是不断提高教师教学专长的活动。而专长是后天形成的一种能力，是解释、阐述和预测各种活动或事件的能力。专长是一种新的能力观，是从理论与实践结合的角度来理解能力的形成和发展。专长是专家所拥有的不同于常人的思考和解决问题的能力，以及所表现出来的优秀的专业行为。首先，专长是一种能有效解决问题的能力，这种能力是在专业实践活动中形成的；其次，专长是一种领域的能力，不同领域活动需要形成和发展不同的专长；最后，专长是能表现出来的优秀的专业行为。最终形成专长的专业化发展带来的幸福感，始于个人努力，得益于合作学习，最终实现于教师群体专业发展与学校组织发展相结合。

教师专业发展是一个外部条件激发内部动因的过程，它是循序渐进的，通过专业发展获得幸福感是教师教学发展的最高境界。教师不断提升专业能力与水平，建立和谐的师生关系，成就学生，成就自己，实现"岗位成才"。因为成长是每一个人的需要，不仅学生要成长，教师更要先成长起来，与时俱进，常学常新，带动学生一起成长，铸就共同的幸福感。

三、同伴互助促进交往幸福感

众所周知,合作与竞争,作为人的社会交往中对称性社会互动的基本形式,也是整个社会生活中最为常见的现象。而在新课程改革的大背景下,教师群体互动交往与合作共研显得尤为重要。合作教学、合作研究是当前课程改革的导向,也是教师文化建设的必然要求。从社会价值上看,团体合作共研胜于个体竞争,同伴合作互动胜于个人奋斗。教师群体间只有同伴互助、相互欣赏、相互合作、相互借鉴与相互支持,才能从真正意义上实现资源共享,每个教师个体的教学专业能力才能得到快速提升。教师团队特别关注教师群体在新课程实施中的对话、沟通、协调和合作,特别强调资源共享和经验分享。有了团队,且各自认真履行其职责,便会形成一种无限的向心力和凝聚力,生成积极的教师文化,打造民主、开放、和谐的团队文化和合作共研的教师文化。

人属于群居动物,在充满正能量的群体中,教师的生活热情和工作激情才更容易被激发出来。有着相同困惑的人总会走在一起"嘀咕",承担着共同任务的人会靠在一起探讨,有着相同兴趣爱好的人会聚在一起切磋。学校层面,一是尊重教师的教学,重视教学成果,奖励教学成果,设立"普贤奖教奖学基金"和"子燕轻工奖教基金",肯定教师的工作,奖励优秀,促进教师有尊严地教学;二是成立各种团队,利用"名师工作室"引领,创设"读书沙龙""课题小组"等组织,使得教师有归属感,同伴互助解决教学问题,促进教师愉快地教学、幸福地生活,实现人生价值,达到外部满足与内心愉悦协调统一的幸福。

我校倡导教师之间的人际文化是:开放沟通、包容欣赏、豁达乐观、合作多赢。教师合作的必要性和可能性在于"宇宙机会无限",而"个人思维有限"。在一个教师团队中,每个成员各有所长,通过合作,不同智慧、水平、知识结构、认识风格的教师能够互相启发、互相补充,实现思维智慧上的交流与碰撞,实现抱团发展。

幸福教育,不能只靠教师的单打独斗,需要志同道合者的共同努力,在团队中相互扶持、守望相助。教师专业团队不只是某种功能性的存在——通过合作分享来解决教学问题、提升教师专业素养,而重在以共同价值为内核,以情感、审美为联结的有机社群。在教师眼中,教师团队不只是一个组织或单位,更像一个家,能够为教师提供风险的分担、安全的港湾、温暖的支持,让不同的人共同为有灵魂的幸福教育而携手。幸福教师是幸福教育的前提,只有幸福的教师才能传递幸福的理念,培养出幸福的学生。

第二节 幸福教师发展模式

学术界有关教师专业发展的理论归结为三类取向:教师专业发展的理智取向、实践—反思取向和生态取向。

教师专业发展的理智取向。这种观点认为教师专业发展就是教师掌握各种专业知识的过程,"通过这一过程,教师获得新知识、技能,以及各种价值,这会改进他们所提供的教育服务的质量"。这种观点倡导注重对教师专业发展内容进行客观、理性的分析,建构教师专业知识、能力结构,并最终形成可测量、易操作的指标体系。

教师专业发展的实践—反思取向。教师专业发展的实践—反思取向强调教师作为一个"人"的独特性,强调教师个人生活与其专业生活的关联,更为注重教师"个人的""实践的"专业知识在专业活动中的作用。这种观点倡导教师主要不是通过"接受"知识,而是通过"反思"更清晰地理解自己,理解自己的实践,并因此而实现专业发展。

教师专业发展的生态取向。生态取向的教师专业发展与以上两者的最大区别在于:它超越了理智取向、实践—反思取向中主要关注教师本身的局限,强调教师发展的过程和成功与它所发生的环境关系密切,关注包括学校、社会在内的多种因素的和谐发展,尤其是文化的发展。"发展的种子再好,若撒在石头上也不会生根发芽",因此要创造一个支持教师专业持续发展的环境。

以上三类取向强调教师专业发展的不同方面。在更大的视野下看,教师专业发展内容既可包括教师个人知识和技能的提升、情感态度的深化、反思思维和探究风格的形成,也可包括教师所处情境中有利于教师专业持续发展的组织结构、学校文化的建设。依据教师专业发展的三类取向以及连榕教授对教师层级的划分方法,结合我校的实际情况,构建幸福教师发展模式(如表6-1)。

表 6-1 各个层级教师发展模式

发展层级	从教年限	目标	发展方向	评价方式
新手级	0～5 年	会教	读懂教材，读懂学生，读懂课堂	以赛代评
熟手级	5～15 年	乐教	单独备课，把控课堂，独立命题	以研代评
专家级	因人而异	善教	善于学习，精于教学，勤于思考	以带代评

参照教师从教年限和专业能力发展，分为新手级、熟手级和专家级。[22]从"新手"到"熟手"就是一个熟练的过程，多数老师能够在培训周期内自主完成；从"熟手"到"专家"则因个人发展而异，有的用 10 年完成，有的用 20 年，有的终其一生的教育生涯，也未能蜕变为"专家"。

一、新手级：读懂教材，读懂学生，读懂课堂

新手级教师的目标是会教。新手级一般从入职算起，大约持续五年时间。入职后会有一个成熟的过程：如何把课讲好、让学生喜欢、让每个学生都能听懂，不是一件容易的事情。所以新教师要向老教师学习，学习怎么备课、怎么讲好一堂课、怎么进行课堂管理。我校将教师的专业发展作为立校之本，关注、关心、尊重每一位教师的工作，形成共同发展的"成长教育"理念。"以师为师、助师成长"是学校倡导的教师发展观，不断健全新教师的实训课程体系，开发构建了涵盖专业成长、师德建设、教育创新、健康生活、兴趣发展五大板块的课程。

（一）五年周期：三年入门、五年成才

从入职开始，实施五年螺旋式培训。每周三下午第一节，参加工作五年内的老师都要参加"新教师培训"，内容包括教师教学所需的实战技能，开设"书美丽文字，承师者风范"书写课程、"鲤城实小听我说"演讲课程、如何进行教材解读、好的教学设计是怎么做到的、怎样进行教学反思等，每个学期末还有评课、说课、片段教学、粉笔字、演讲等考核性比赛。

（二）四式帮带：导师引领式、集中培训式、观摩学习式、沙龙研讨式

导师引领式：每学年初，都为新教师指派一名经验丰富的教师作为导师，指导其专业成长与发展。新教师缺乏教学经验和教学技巧，可以通过

导师的帮助加以传承和获得。师徒之间建立平等的合作伙伴关系，每个学期初，制定结对帮扶计划，共同做好周前备课、单元教材解读、课后共同反思，每个学期至少互听互学 5 节课，并在课后及时交流所思所想，每个学期选择三课时"三备三改"，即新老师独立先备课，老师给予分析指导；新教师根据所给意见调整教学预案，老教师按流程展示教学过程后，给予二次指导；新教师在此基础上再次修正预案，并实施教学，反思所得。在结对子老师先研读教材，新教师在指导教师的帮助下，五年下来，形成适合自己的一套教学风格。两者之间形成"学习共同体"，相互扶持，相互学习，以平等的身份交流教学体验，共享教学经验。

集中培训式：结合新任教师的基本特点，把毕业五年内的老师进行有计划、有组织的集中培训，其培训目标应该为三个方面：一是职业道德规范的熏陶和专业理想的培育。通过培训，掌握《中小学教师职业道德规范》，形成教师专业理想，树立教育事业心。二是基本常规的顺应和基本技能的具备。通过培训，掌握教学工作常规和班级工作常规，具备基本的教育教学技能，同时强化教师外在基本功，如"三笔字、演讲、网络化信息技术的应用"等，适应教育教学工作，不断提高能力水平。三是环境的基本适应和群体的基本认同。通过培训，熟悉学校的基本情况，适应工作和生活环境，日常管理融入本年段，教学研究融入本学科，初步建立和谐的人际关系，得到本校教师群体的基本认同。

观摩学习式：观摩课堂听课学习，对于新教师来说，旨在学习其他教师的教学模式、思路和方法，追求"他山之石可以攻玉"的手段；对于老教师来说，旨在对年轻教师教学过程中存在跑偏撞边的教学行为在第一时间给予纠正。我校积极组织教师参与各级各类研讨活动，一般安排老教师与新教师组团外出学习，在听课间隙组织简短交流，将新教师模糊的感知清晰化，并整理出心得，回校进行"返校二次培训"，强化学习成果。

沙龙研讨式：以年段备课组为单位的常规研讨、专题研讨、磨课心得、培训交流等，智慧碰撞。在沙龙中就大家共同关心、迫切需要解决的问题学习相关文章，共同研究对策，并反思、交流工作得失，可以使教师的积极性、主动性和创造性得到最大限度的发挥，让课堂能够真正焕发出生命的活力。这是校本研修的基本形式，也是教师之间共享教学经验的重要形式，有利于将一些在知识和经验上互补的教师集中起来，相互影响、沟通和研究，达到知识和问题解决方法的共享，实现共同成长。地点随意，人员自由，形式多样，主要有以下三种：定课研究、定题研究、叙事研究。

（三）三考核：工作态度、工作能力、工作业绩

工作态度：认真备课、授课，按要求布置作业、及时细心批改，组织好课堂讨论、辅导答疑、考试等教学环节，乐于帮助学生学习。为人师表，教书育人，主动了解学生的学习情况，关心并严格要求学生，虚心听取各方面的意见，不断提高教学水平。遵守学校的各项规章制度。无迟到早退现象。提前三分钟候课，准时下课，按教学进度和课表授课。教案、课件完整。

工作能力：教学熟练，条理清楚，重点突出，对难点问题能讲透。板书清楚、安排合理、详略得当、一目了然，示范能抓住要领，语言生动，快慢适中。理论联系实际，举例恰当，注重应用。不断汲取学科研究新成果，充实更新教学内容。因材施教，做到个别辅导与团体辅导相结合，答疑能力强。及时批改作业，并指导订正。教学方法灵活，善于使用教具和多媒体技术手段，启发学生思维。注意传授知识与培养能力相结合，提高学生分析问题和解决问题的能力，重视学生创新能力的培养和素质的提高。

工作业绩：对学生的学习进行公平有效的评价。授课清晰易懂，学生能力有所提高。学生学习后，能较好地掌握了课程标准所提出的基本要求。考试覆盖课程内容，难易适度。

新教师的考核基本以赛代评，在培训周期内的技能考核基本以比赛形式举行，每场比赛都是针对本学期培训重点，提前部署，规范评比，评选出一、二、三等奖，其中获一等奖的新教师将在教师大会上展示。周期循环的一般同性质的比赛可以参加两次，在比赛中表现欠佳的老师借助各种途径默默努力，争取下一次有所突破，或者在另一场不同的比赛中一展英姿。近年来，绝大多数新老师都能快速独立承担班级教学的任务，部分优秀的新老师还代表学校参加区级、市级、甚至省级的赛课，均取得可喜的成绩。据不完全统计，新教师获区级优质课一等奖 12 人，市级优质课一等奖 5 人，其中庄莹莹老师在从教不满三年时荣获省级优质课二等奖。

二、熟手级：单独备课、把控课堂、独立命题

熟手级的目标是乐教，指完成新教师考核期，从教五年以上的老师。是否完成新手到熟手的进阶，主要看三方面：一是会不会独立上课，二是能不能独立备课，三是会不会独立出考试卷。新老师很难独立上课，需要别人手把手地教，然后慢慢地独立面对学生，完成教学任务；但能独立上课并

不意味着会独立备课,太多的教学参考资料使老师产生了依赖,因此独立备课成了衡量一个教师专业发展的重要标志;在学校中,是否能够独立命题是对教师专业发展程度的一个重要评价,因为它需要教师对课程、教材、教学、学生、教师有全面、深入、准确的了解,有的考试卷只能考查学生对知识的记忆程度,有的却能反映学生的综合发展水平。

(一)单独备课,考验教材解读能力

新课程的教材观强调教材只是教学的材料和部分依据,是传递知识的主要载体,而不是教学的至高权威和唯一依据;要求教师可以用教材去教,把教师作为教学资源的设计者和组织者。要单独备出完整课,首先就要求教师有教材解读能力,只有深入研读教材,把"书"读透,理清内容体系,才能落实教学目标。教师要做好教材研读需要"四环节"。

一是精读课标。深入学习课程标准,领会其精神、理念,把握总体系,了解学科总目标—学段目标—各学段、各版块的教学内容和目标要求,做到"心中有全局,年段抓联系"。

二是目标分解。细化课标各项目标,抓住关键词句进行具体阐述、细化。

三是教材呈现。教材呈现是对教材内容各要素的分析记录。前提是遵循"整体入手、逐步细化、综合完善"的原则分析教材内容,把握全册的基本内容结构,了解编排特点与编者意图,了解各单元的教学内容和知识要点,分析单元与单元之间的内在联系,分析教学内容与教学目标之间的联系,分析单元中的章节内容,了解各小节的教学目标、知识重难点、内容呈现方式以及其小节之间的内在联系和区别,同时还要研究课后练习及课后提示。在此基础上,形成对教材内容的清晰梳理与整体把握。

四是策略设计。教学策略设计依据三个实际:即课标实际、文本实际和学生实际,设想学生在学习过程中可能遇到怎样的问题,这些问题应如何解决。

(二)把控课堂,兼备知识教授和课堂管理

好的教学预案仅仅是一堂好课的开端,课堂实施才是关键,设计好不好,还要看能否落到实处,让学生学有所得,这就要求教师能够精准把控课堂,根据不同知识需要选择合适的引导和教授方式,同时还要提高课堂管理能力,确保知识传授能够顺利实施。

知识教授能力是指教师在课堂上按国家课程方案要求完成教学任务的本领。赫尔巴特说："如果不坚强而温和地抓住管理的缰绳，任何功课的教学都是不可能的。"课堂教学管理不仅可以通过一些适当的措施和规范保持课堂的秩序，而且可以通过一系列的管理手段和活动消解课堂活动中所面临的各种问题、冲突和障碍，以维持课堂活动的正常进行，同时还可以通过激励、引导，为课堂活动不断创造动力资源。

课堂管理主要体现在对学生的管理和教学的管理上。对学生的管理，要注重把"赏识"与"惩罚"结合在一起，培养学生正确的人生观。"赏识"教育在中小学教育中深受欢迎，认为好孩子是夸出来的。课堂上，学生在表扬与激励中成长。在教学中，教师对教学的管理，主要是以学生为中心，把课堂还给学生，教师要走下讲台，走进学生之中，成为他们中的一员，参与学生的活动，关注学生的感受，与学生进行情感交流。

（三）独立命题，检验教学诊断能力

命题是教师基本功的重要组成部分，它关系到日常教学评价的准确度，关系到教师作业布置是否有效、对学生的思维训练是否得当。命题能力体现教师的专业水平，因为一份科学、有效的命题，不仅体现教师对课标、教材的理解与把握能力，也体现教师对学生的研究深度、对学生学习的了解程度。作为一名成熟的教师，不仅要能够命题，还要能够命出高质量的题。反之，就把握不住教学重点，不知道哪些是学生应知会的，不能进行有针对性的教学和辅导，不能做到有的放矢。

命题是对教学效果的检验，熟手教师还要能进行更全面的教学诊断。教学诊断是教师通过对自己课堂教学过程中诸要素的诊视与判断，发现并总结经验，分析存在的问题并提出改进措施的一种方法和技能，诊断视角为人际关系、学习目标、学习内容、学习方法、学习环境、学习反馈等。课堂教学自我诊断，是教师专业化发展过程中必须具有的自我审视与自我完善的能力，也是教师专业核心能力，但同时也是当前教师专业化发展的一个短板。

三、专家级：善于学习、精于教学、勤于思考

专家级的目标是善教，指的是从教15年以上的教师，已经具备较为熟练的专业能力，能够独立承担教育教学任务，到了职业高原期，胜任有余创

意不足,工作方式在亮点、创新和持续发展、突破上还需下一番功夫。

(一)善于学习,理论先行

现代社会是信息大爆炸的社会,知识的激增与迅速老化,使教育的着眼点不再是侧重新知识的学习,更重要的是注重开发学生的智力和培养学生获取新知识的学习能力,以及解决实际问题的能力和创造性等。信息化社会要求人才具有现代化的思想观念,思维方式和行为方式具有开放性、创造性和开拓精神,以及有关"未来"的意识,能够跳出封闭圈子的局限,去迎接新科技和经济发展的挑战;信息化社会要求人才掌握信息技术,具有较高的信息素养,知晓自己何时需要信息,并且具有检查、评价和有效使用所需信息的能力;信息化社会要求人才有较强的自主学习的能力,掌握知识、发展自己,与传统教育相比,更多地依靠自我学习和自我教育。[23]

21世纪的知识经济又对教育提出了要求。在知识经济时代,知识存量不断增加,知识创新不断提速,知识折旧也不断加快。这就意味着,一个人必须不断地摄取新知识、更新旧知识,必须进行终身学习。知识经济时代还需要具有独立思考、创新及处理问题能力的创新型人才,知识创新成为高端人才竞争的核心。

经济增长与竞争、文化生活的变迁,决定了未来社会不仅是一个知识型社会,更是一个学习型社会。快节奏的变化将使人们始终置身于一个因已有知识很快老化过时而需要不断学习的挑战环境之中,因此,学习将与人们毕生相随,并成为支撑人生发展的力量源泉。学习型社会对教师的终身学习提出了更高的要求。教师要想不断适应教育和学生的发展,必须不断充实和发展其知识,不断吐故纳新,同时,还要通过自己的人格、言传身教去影响和感染学生,让学生学会学习、终身学习。

作为匠人的学习,即教师想要成长需具有工匠精神,形成教学艺术,最基本的是要有一位资深师父(4~5年的指导),没有哪个老师可以凭借一己之力成为很厉害的老师。师徒制学习,需要通过观察、模仿来学习。这种师徒制要求教师找到一个非常希望实现的形象,再找到这种类型的教师作为师父,研读师父的教学著作,理解并体会师父的教学理念,在师父的指导下不断磨炼,形成教学艺术。主动学习间接经验:向书本学习,博览群书;向同仁学习,借鉴他们教书育人的经验和方法,结合自己的实际巧妙移植,可以少走弯路;利用计算机网络学习,不断提高自己的信息素养,熟练地运用计算机获取、传递和处理信息。

作为新手的学习，保持"学习"的初心，思考"学习"的困境。学习一项新的技能，与职业无关。当教师久了，教的内容大同小异、所采用的教学技能也变化不大。一直在"教"，很容易忘记了"学"的感觉。教师很有必要温习一下"学"的过程，可以借助学习一项新的技能，最好是自己陌生的范畴。一来回忆一下当学生的感觉，切身体会从"不会"到"会"的艰难过程，能够映射学生特别是学困生的艰难学习过程，准确把脉学习的困境；二来可以内外建修，比如学习瑜伽可以塑型、学习插花可以美化生活、学习急救可以自救救人等。无论是哪项技能的学习都可以提高生活品位，扩大交往圈子，拓宽视野。

（二）精于教学，深耕课堂

这一层级的教师已经具备较丰富的课堂教学经验，如何实现经验的升华和提炼，是蜕变为"专家级"的必经之路。经验学习包括三个方面：课堂观察、专家引领、研究"学习"，借助课堂，实现理论与实践的完美结合，在课堂中发现问题，通过研修深耕课堂，最终形成具备生命力的宝贵经验。

1. 课堂观察

班杜拉发现，几乎所有起源于直接经验的学习现象都可以通过观察他人的行为及其结果而替代性地产生。这种通过观察进行学习的能力使得人们不必通过漫长乏味的尝试错误就能够获得产生和调控行为模式的规则。教学观察是我国中小学普遍的一种专业活动方式，这种专业活动方式实质是帮助教师更好地进行观察学习。

实施教学观察，首先应请专家对教学观察的目的、态度、技巧和注意事项等进行培训，让广大教师了解这种观察的内涵和目的。

2. 专家指导

专家指导是指具有更丰富的理论知识、专业技能或工作经验的人作为教师、援助者、鼓励者、咨询者和朋友，为缺乏知识、技能或经验的人提供服务，目的在于促进后者的专业和（或）个人发展。我国指导教师专业发展的专家一般包括两类人：一类是从事理论研究，掌握科学的、先进的、与时俱进的理论的专业研究人员；一类是在教学实践第一线，具有丰富的教育教学实践经验的教研员和专家型教师。

3. 研究"学习"

研究"学习"指作为专家的学习。单纯掌握理论是无法实现提高的，因此课例研究非常重要。对专业人员而言，最重要的学习模式是案例研究；

那么对教师而言,则是课例研究。教师的学习可以是基于模仿的,但那仅仅只是动物性学习。人类有语言这一载体,人类的学习是基于交流的学习,是以社会环境为基础开展的社会性学习。人类学习是对意义的再建构过程,具有创造性。教师的学习分三层:第一层为对知识内容的学习;第二层则超越了知识内容(如数学知识),而是知识形成的思考方式(如数学思维);对于第三层,因为在当今社会,第二层学习变得愈发不可见和不稳定,教师和学生为了学习"如何学习",必须追求新模式下的学习,即第三层学习。我们现在所提的核心素养便是这一层。循着前人的足迹,站在巨人的肩膀上,能使教师拔节般成长。

(三)勤于思考,共享知识

教师的成长最重要的是内心的觉醒——这是于漪老师的名言。简言之,一名教师只有内心真正的觉醒——职业的觉醒,才会"用心"去做教育。[24]教师的专业成长是在教师初步实现了职业觉醒后,即有了专业成长的主观欲望。只有"觉醒"了,才有"用心"的可能。王国维说做研究要达到三个境界:"昨夜西风凋碧树,独上高楼,望尽天涯路","衣带渐宽终不悔,为伊消得人憔悴","众里寻他千百度,蓦然回首,那人却在灯火阑珊处"。

当老师有了深度思考后的"觉醒",才会重视知识与经验的传承,特殊的职业需要特殊的知识管理。教师群体的知识管理,不仅重视个人知识的形成与积累,而且还特别关注个人知识的共享、交流与创新。因此,从公共知识到个人知识,再到共享知识的转变,是当代知识管理,特别是团队知识管理的重要转向。教师个人知识的存在与提升是学校提升团队能力,改革学校教育,强化组织学习力,并成为学习型团队的关键因素。尤其是在新课程改革的背景下,更突出教师团队的实践智慧和生成能力。因此,应既重视教师的个人知识,又关注并推动教师个人知识之间的共享、交流,从而创造出新知识。

处于这个层级的许多老师已经退居幕后,以指导培养新教师为己任,把自己的经验传承给年轻一代,保障学校的发展不断层。他们较少直接出现在各种公开课的讲台上,这有点可惜,因为只有根植课堂,才能展示专家级教师的魅力,他们的实践性知识才能更好地被认可、被传承、被追随。在未来的工作中,学校将会为这一层级老师的继续成长提供高度支持,促成深度蜕变,使其成为一个领域或者一个学科的专家型教师。

第三节 幸福教师团队建设

团队是由员工和管理层组成的一个共同体，有共同理想目标，愿意共同承担责任、共享荣辱，在团队发展过程中，经过长期的学习、磨合、调整和创新，形成主动、高效、合作且有创意的团体，解决问题，达到共同的目标。这是"百度词条"对团队的定义。团队精神的精髓是承诺，核心是奉献，本质是团结互助。

俗话说：人在一起叫聚会，心在一起叫团队。一所学校要形成一种积极向上的教师文化，就必须构建教师团队，增强团队凝聚力。这里所说的教师团队，包括行政团队、科研团队、非教研团队等。团队特别关注教师群体在新课程实施中的对话、沟通、协调和合作，特别强调资源共享、经验分享。教师幸福团队建设就是共筑价值共同体，依托情感激励快乐工作，协同发展实现双赢，让自我与他人构建起具有生长性的良性关系，实现成果共享。

学校方面的规划目标分层：新手级到熟手级的培训和帮带基本成体系，所有的新老师在五年之内基本能够独立完成教育教学工作；目前侧重熟手级到专家级的突破，用三到五年的时间，完成从教 20 年的熟手到专家的蜕变；用五到十年的时间，完成从教 10 年以上的熟手到专家的进阶，力争五年内能使我校 10％的老师达到专家级水平。从四个方面着手开展，组织管理制度方面全方位给以保障，多角度提升广大教师的心理健康水平，组建教师学习共同体，进行全面全员专业培训，结合职业生涯规划促进教师持续发展，并将点滴记录在成长档案袋，最终促成教师的专业成长，在团队中感受成长的幸福。

一、组织管理动态化

为发扬教师参政议政的热情，我校执行校务公开制度，建立公示制度，设置校长信箱，健全教代会、民主评议制度、评教评学制度等，促进了民主办学和民主管理。凡涉及学校发展和教职工切实利益的重大决策、制度、方案都须提交教代会讨论表决。干部的选拔任用、评优评先,过程民主、程序规范,提升了教师的主人翁意识,体现人本化管理的魅力。正如赖斯等人所说:"让教师参与决策是增强教师工作满意度的关键,它对教师的实际影响超过决策本身,是教师成长的核心,也是教师成长的一个条件,同时也是识别和认识其他有利条件的一个手段。"①只有当教师个人感到在教学中有更大的自由度与更多的自主权,并确信他们能够参与学校决策时,以及感到学校组织有一套对教师教学赏罚分明的激励机制时,教师的职业幸福感才能被激发。

各项规章制度的出台过程,应该成为教师对主流价值观予以认同的过程,制度因工作需要而定,制度应从教师中产生再进入教师的工作之中。只有当教职工参与了愿景的规划,并把学校的发展愿景与教职工个人的成长规划结合起来,内化为教职工的个人愿望时,这样的愿景才会激发出教职工的工作热情,指导教职工的工作行为,形成教职工的团队合力。同时鼓励教师自行制定发展目标和行动计划,冷静地认识自己,方便学校领导了解教师的心理需求和职业发展的需求,以马斯洛的需求理论为指导,以不同的方式在不同层次上合理满足教师的需求,使其有满足感和尊重感,无论出于报答还是认同,使其团队思想深深扎根。

(一)纵向扁平,学术平等

在教导处的安排下,充分利用常态研究型组织,凝聚向心力,实现团队育人。立足教师日常教学工作,持续推进年级组"教研课""亮相课""成长课""示范课""比赛课"的活动体系,生成年级优质课程资源。每个学期都人人开课,结对子老师互听互评至少5节,新教师亮相课、新手级教师成长课、熟手级教师示范课、优秀老师比赛课,整组老师群策群力,共同发展。经常性开展"课堂教学主题式"学科教研,借助课题研究的东风,鼓励教师发现教学中的问题,对此深入理论学习,人人开展行动研究。

教师个体要自觉地融入一个团队,最重要的是主人翁意识的觉醒;教师的主人翁意识又主要是建立在获得尊重和得到认可的基础上。给予教师的知情权、参与权、表述权和监督权,让教师参与学校发展规划、制度修订以及重大决策等,教师的权利得到了保护,使其具有强烈的主人感,自觉

---

① 赵昌木.学校管理方式及其对教师成长的影响[J].教学与管理:中学版,2003(16):26.

地视校为家，视岗位为事业形成共同愿景，具有团队思想。

（二）横向跨界，助长消融

拓展专业发展平台，丰富教师发展空间，推动教师个性化成长。加大名师工作室建设力度，大力推进学校管理干部培养建设，以"名师工作室"为载体，推进主题式研修，探索学校优秀人才培养机制。加强对"读书沙龙"等组织机构的形成和完善，扩大教师对口交流面。借力泉州师范学院、泉州幼儿高等师范学院的实习基地、泉州市新教师培养基地等活动，激发教师"为师之师"的荣誉感，进一步促发提升自身教育教学水平的主动性。

我校研发的"三位一体"语用型英语课程，依托高频浸润式学习环境，以分层异构为实施手段，课内课外相互融合，成功开发出有效的学习模式，促进师生共生，教学相长，使英语学科素养得以软着陆。"千人同课，分层异构"空中英语教学模式为：整体感知—分散教学—集中巩固—循环提高。课程的落实需要全体老师的合作，首先是在专家的指导下，英语组全体老师协同研讨确定教学内容体系。其次以周为周期进行教学，每周一教师大会上，由英语组长给全体老师培训，读准字音、指导互动游戏等，周二空中英语时间由当周轮值英语老师主播，其他所有老师到班级分级分组指导学生说英语、用英语，然后由班级英语任课教师结合平时教学内容进行复习和提高。正是全体教师的协同合作，保证了整个活动模式有效。

团队的共同愿景是团队奋斗的坐标和努力的方向，它能有效整合学校组织资源，促使各类组织与教师个体和谐共生。

二、压力管理立体化

《韦氏英语辞典》（1997年版）对"幸福感"的解释是：一种良好的或满意的生存条件，一种健康、幸福、兴旺的状态，它是个人所具有的一种独特的心理状态。而职业幸福感是个体对自身工作各个方面的积极评价，包括情感、动机、行为、认知和身心幸福等五个方面。而教师这一特殊的职业，其幸福感是教师根据自己内化的价值观，对职业生活中的自由创造、潜能实现、需求满足等所带来的持续、稳定、积极的情感体验。教师的职业幸福感是一个综合性指标。拥有职业幸福感的教师不仅仅把教书育人看成是一种职业、一种谋生手段，更会把教师职业当成是一项事业去追求，并不断地为实现自身价值而努力。

幸福感金律:问题不在于怎样获得幸福,而在于怎样看待幸福。幸福感强的人经常表现出积极情绪。积极情绪具有两大核心功能:瞬时的拓展功能和长期的构建功能。拓展个体即时的思维属于行动范畴;构建功能是指构建个体长久的身体、认知、社会等的资源。通过这两大功能,积极情绪促使个体产生螺旋式上升并增进个体幸福。

我校依托教师发展机制,提升教师精神品质,助力教师专业成长。面向全体教师,着力开展教师专业发展规划,分类、分层设定教师成长路径,实现教师梯队发展。经常性开展教师团队活动,如元旦登山、心理团队建设、参观红色基地、快乐健身等。以工会为依托,组织教师开展小型多样体育竞赛,缓解教师的工作压力:拔河、跳绳、羽毛球、瑜伽及趣味活动比赛、大课间健身等活动,丰富了教师的课余生活,让教师感到集体的温暖,释放了压力,补充正能量。

(一)适度施压,目标管理

教师根据自己的专业发展愿景,制定分层发展目标,五年成为合格教师,十年成为能手教师,二十年成为优秀教师。我校拥有人数众多的省、市、区三级的学科带头人、骨干教师、名师团队,严格执行每两年一次的考核验收,促使优秀教师团队保持领先的自觉性和主动性。

(二)科学保压,考评引领

将日常教育教学工作成效通过每个学期的绩效考核精细管理,分成10个模块量化评价。同时,对所有老师进行师德考评,每个年段按优、良、合格进行评价,由教师自评、同伴互评、家长评价、学生评价组成,相对客观合理地评价教师的师德表现,确保"师德为先、立德树人"。通过教代会制定教师职级滚动晋升方案,与教师阶段性工作紧密结合,促使教师全方位发展。

(三)艺术减压,沟通疏导

学校成立"馨园"心理活动室,由具备专业心理知识的老师负责,吸收拥有心理咨询师资格、受过专业培训、对心理辅导有经验和热情的老师组成团队,对所有师生全天候开放,可以借助沙盘等辅具在非正式小团体之间开展各类心理疏导活动。平时工作中,重点关注个性突出、不合群的老师,通过组织活动、推荐读书、及时交流、充分肯定等方式引导他们融入团队。充分发挥现有教师群团组织的作用,利用党团、工会、志愿者服务队等组织活动提升教师思想素质和人文素养,不断强化主人翁意识,提升教师职业归属感。

三、专业引领规范化

在借助心理学量表的统计分析基础上,同时全面征集教师的职业生涯规划,了解教师的个人发展意愿,针对多数老师出现的需要学习和需要支持的共同问题,学校分阶段对全校教师进行三个阶段的集中培训和引导,分别是"基于教学实践的专业发展、基于教学反思的专业发展、基于自我发展的专业发展",为教师的专业发展指明可行之道。

(一)基于教学实践的专业发展

教师的知识结构,除了学科专业知识、教育学和心理学知识以外,更为重要的是实践性知识。教师的实践性知识是教师在实际的教学活动中通过不断对自己的教学进行反思并结合相关教育理论而逐步形成的一类知识,包括情境知识、学习者知识、自我知识、案例知识、策略知识等。教师的个人实践性知识是相对于理论知识而言的,它内化于教师的信念中,支配着教师的思想和行为,外现于教师的日常教育教学行动中,是教师真正"采用的理论",是"教师在实现有目的的行为过程中所具有的课堂情境知识以及与之相关的知识"。由于现在对教师的实践性知识缺乏统一的认识,教师实践性知识也往往被叫作教师实践经验或教师实践智慧。此类知识形成以后,能够对教师的日常教学行为起到实际的指导作用,在教师的成长过程中有着很重要的意义。

1. 唤醒实践性知识,凝聚专业发展资源

实践性知识与教师教学的实际行为息息相关,它以教育的基本理论和学科知识为理论基础,是在教师的教学实践过程中逐步形成的。教师的实践性知识对教师的教学行为起实际指导作用,是教师教学行为的真实"规范者"和"引导者"。首先,教师的实践性知识有利于教师职业走向专业化,使教师职业有了一定的"独特性""不可替代性"的专业特征。其次,教师的实践性知识有利于增强教师的主体性精神,与教师的个性特征相结合,使得教师的实践性知识有了一定的个体风格。最后,教师的实践性知识有利于教师从新手型向专家型转变,专家型教师除了在专业知识结构方面优于

新手教师外,其根本的优势在于实践性知识的形成,而这一方面恰好是新手教师所没有的。

2. 开展行动研究,促进专业发展

20世纪50年代,考瑞将行动研究定义为:"由社会情景(教育情景)的参与者,为提高对所从事的社会或教育实践的理性认识,为加深不对实践活动及其依赖的背景的理解,所进行的反思研究。"[25]

行动研究是从教育理论到教学实践的中介,在行动研究的过程中,教师不但可以将所学的理论知识用于实践中,还可以在实践中提高自身的专业知识、教学技能和理论知识等。同时,在行动研究中教师可以通过处理复杂性和不确定性情境中的教学问题来提高自身的实践性知识,从而完善自身的知识结构,促进教师专业的发展。

教师通过行动研究对自己的教育教学行为进行反思,并通过"行动—研究—行动"螺旋式地不断探索,达到对教育教学的正确看法。这不仅是对教师自身一种发展和专业自主的解放,而且,教师在不断研究的过程中逐渐将自己融入教育中,改变以往被动的态度,焕发出一种主人翁的精神,将教育作为一项需要无限追求的事业。行动研究促进理论与实践相结合,有利于培养研究型教师。

(二)基于教学反思的专业成长

大家对教学反思都耳熟能详,我校要求教龄5年内的教师一个学期要写20篇有质量的教学反思,教龄5~20年的教师每个学期写10篇,20年以上教龄的教师每个学期3篇,期末就反思的质量进行量化评比,作为考核教师工作成效的标准之一。

1. 教学反思是教师成长的必要条件和有效途径

在教学反思中,不断检讨自己的思想和行为,适时更新教学观念,及时发现教学中的问题,不断克服外部的各种不利的因素,在积极主动的思考中获得更多自我发展和自我创新的机会,并逐渐成为一名优秀教师。

2. 教学反思为教师的成长提供可能和内在动力

教学反思能够给予教师一次认识教学经历的机会,而反思的体验则又可以丰富教师未来的经历并使其更具有思想性。我们的知识都是不完善的,而"我们只能在这种不完善的知识基础上做出我们的选择,这就意味着,我们的选择永远是'可错的'",因此需要不断地纠正自己的错误和反思自己选择的依据。

3. 教学反思有助于教师提升教学经验,并将其升华为实践智慧

优秀教师或专家型教师对教学情境具有敏锐的观察力与判断力,对问题的分析更为清晰和透彻,解决问题的方法和策略更具有独创性、新颖性和恰当性,拥有丰富的"实践智慧",主要通过自身的教学实践和自我反思的途径。

（三）基于自我发展的专业发展

建构主义学习理论、内隐知识理论则为教师自我的发展提供方式和方向的理论突破口。

1. 建构主义学习理论

建构主义学习理论强调,学习不单是知识由外到内的转移和传递,而是学习者主动地建构自己的知识经验的过程,即通过新经验与原有知识经验的相互作用,来充实、丰富和改造自己的知识经验。建构主义学习理论常常被运用于学生的学习上,强调学习过程中"情景创设""协作与对话""意义建构"三个基本环节。在教师的教学过程中,学生积极参与教学活动便是在"情景创设",师生互动、师师互动则可以理解为"协作与对话",而教师的教学活动在某种意义上也可以说是"意义建构"或"意义重构"的过程。从知识结构重组的角度上来讲,建构主义学习理论为教师自我发展提供了重要理论依据。

2. 内隐知识理论

内隐知识理论认为,每个教师头脑中都存在着两种性质不同的教育知识体系,一是"内隐的教育知识体系",另一是"外显的教育知识体系"。对教师而言,"内隐知识"主要来源于教师的日常生活经验、教学经验以及对这些经验的自我解释,是教师自己的行动理论、生活理论或实践理论,教师只有在教育实践中通过亲身经验的途径才能获得,外显知识对之很难渗透或改变,往往要经过教师本人的实践与行动,才有可能使之发生真正的变化。内隐知识理论的提出,为教师自我发展指明了一个重要的方向和领域,那就是在追求自身发展的过程中,通过有意识地对自身"内隐知识"的改造,使之与外显知识相契合,经过顺应和同化,真正达到从根本上改造自身知识的目的。

3. 专业对话

专业对话是指教师在专业领域里对教学活动涉及的各种问题,与同事或者专家进行交流、切磋、研讨,对一些问题相互理解,达成共识。专业对话的过程是一种学会教学、学会研究、学会合作的过程,它借助集体智慧解决个人难题，促进教师学习和实践创新。教师集体的同伴互助是校本教研的标志和灵魂。教师专业发展的本质是自主发展，但这并不等于靠自己独立完成，还必须借助他人的力量、团体的力量。"专业对话"就是借助他人的力量、团体的力量的较好形式。巴西著名教育家保罗·佛莱雷说得好："没有对话就没有交流，没有交流就没有教育。"教师心灵开放是校本教研的有效指标。专业对话可分为直接专业对话，又可分为"校本专业对话"和"校外专业对话"。

（1）实施"请进来与走出去相结合的战略"

"请进来"就是邀请专家引领对话，创造机会让教师走近专家，与大师对话，接受新思想的撞击，提高自身专业素养。"走出去"就是为教师创造机会，让一部分教师走出去学习、交流经验或参与各种学术会议，让教师在沟通、交流、争论、碰撞中得到顿悟和提升。

（2）倡导"同伴互助"的策略

学校倡导"同伴互助对话"，学校可以在学校内部构建合作共营小组，营造良好的同伴互助氛围，推动校本教研下的同伴互助，通过引领式学课、合作式备课、沙龙式研讨等形式，使教师在交流中得到提升，促进教师专业对话与发展。

四、生涯规划全息化

在我国，一个教师职业生涯的成功与失败，其判断的标准主要是看其自主发展的水平、个人职业的体验、学生肯定和社会尊重等，而外在的职称、职务、报酬以及地位等外在变化次之。教师职业生涯的演进过程与教师专业发展过程密切相关。一般说来，一个教师职业生涯成功的标准，可以从专业发展性质和结果来衡量。如教师在课堂工作中表现出的知识技能和判断力的提高程度、对专业团体所作的贡献大小、教育教学工作在个人生命中的意义之体现等，都可以反映教师职业生涯成功的水平和层次。我校邀请专家对全体教师进行生涯规划理论培训，随后着手搜集教师个体的发展目标，梳理后形成教师个人和学校两个方面的协作。

（一）个人方面：建立教师专业发展档案袋

我校采用建立教师发展档案袋的形式，促使教师对自己的职业生涯进行全程规划、全息管理。

1. 主要内容板块

教师专业发展档案袋涵盖的主要内容板块可参考表 6-2。

表 6-2　教师专业发展档案袋的主要内容板块

板块	内容
教学	教师作为教学者的角色
学习	教师作为学习者的角色
研究	教师作为研究者的角色
反思	教师作为反思者的角色
评价	教师作为评价者的角色

2. 确定可以表现每一个内容板块的作品

（1）教学——教师作为教学者的角色

资料可以包括：自我推荐的教案；自我推荐的课件；承担的公开课的影像等。

（2）学习——教师作为学习者的角色

资料可以包括：参与的进修或培训活动；正在或已经阅读的书目；从同伴或管理者或专家那里获得的经验；故事与叙事；其他的学习机会与收获；随笔与杂记等。

（3）研究——教师作为研究者的角色

资料可以包括：发现和研究的教学问题及过程；参与或申请的课题及成果；发表的论文或著作（包括章节）及摘要；课堂观察记录；个人的教育教学理论等。

（4）反思——教师作为反思者的角色

资料可以包括：教学反思笔记；自我的成长史分析；名师传记分析等。

（5）评价——教师作为评价者的角色

资料可以包括：阶段工作的自我评价；对学校教学管理工作的评价；对教研组同行的评价；上交给教师联合会或工会的提案等。

档案袋的建立有助于教师不断进行反思，形成自己的教学风格。在教师专业发展档案袋的建设过程中，教师需要主动地使自己潜意识状态的教育教学理念清晰化、系统化，有意识地把自己有代表性的作品（比如，教案、课件、反思日记、论文等）汇集在一起。不断经历这样的过程，自己的教学风格就越来越鲜明和突出。而且，教师在反思和总结中逐渐清晰地形成自己的教学风格的同时,也在不断地升华自己的教育教学思想。同时,有助于教师把自己的经验上升为理论,促进教师队伍的专业化。成长袋的建立为教师及时对自己的经验进行挖掘和梳理搭建了平台,对教师构建一套有利于自己的理论体系,形成独特的专业观念起到了促进作用,从而促进教师队伍的专业化。

(2)学校方面:构建熟手型教师突破的方案

本质上,学校是一个学习共同体,是以共同愿景为基础,以团队学习为特征,能熟练地创造、获取和传递知识的组织。共同体依靠规范、目的、价值观、专业精神、团队精神以及成员间自然而然的互依性,彼此间的责任感等情感和规范方面的因素。拥有学习共同体的学校是"一种每个人都在学习的文化氛围,在其中,每个人都是完整的个体,每个参与者都为学习和共同受益而负责"。我校幸福有成、和谐育人的氛围,依靠幸福教师团队,源自教师热爱教育、享受专业、超越自我的事业幸福观,追求的是"培养真正的人,使每一个从自己手里培养出来的人都能幸福地度过自己的一生"。学校通过精细化管理,促进教师专业发展,体验幸福教育的真谛,从而让学生真正地健康成长,让学校成为精神乐园。

【附录6-1】

鲤城区实验小学熟手型教师专业发展实施方案

职业高原作为教师成长过程中的客观现象,常常困扰着教师的专业化发展。为引导熟手型教师扫除职业倦怠心理,突破职业发展瓶颈,尽快走出职业发展中的高原期,促进熟手型教师向专家型教师的转变,推动更多的熟手型教师早日成长为在本地区具有一定专业影响力的教学名师、学科带头人及骨干教师,特制定鲤城区实验小学熟手型教师专业发展实施方案,具体如下:

一、指导思想

推动熟手型教师专业发展是学校加强教师队伍建设的重要组成部分,是落实学校"和谐育人、幸福有成"办学主张的重要保障,是贯彻党中央有关教育工作重要会议、重要文件精神的具体体现。推动熟手型教师专业发展要针对熟手型教师的专业特点和心理特征,要遵循教师专业发展的客观规律,要与学校实际情况相适应。

教师专业发展要符合信息社会发展的时代要求,要立足教师的教学实践并以提高教学实践能力为旨归,应以教师自我发展的强烈欲望为内驱力,引导教师在教学中反思,在反思中成长,在成长中体验生命的价值。

基于以上认识,我们在熟手型教师培训工作上提出"五个基于"的基本思路,即基于校本研究、基于教学实践、基于教学反思、基于自我发展和基于信息化环境。

二、组织领导(如图 6-1)

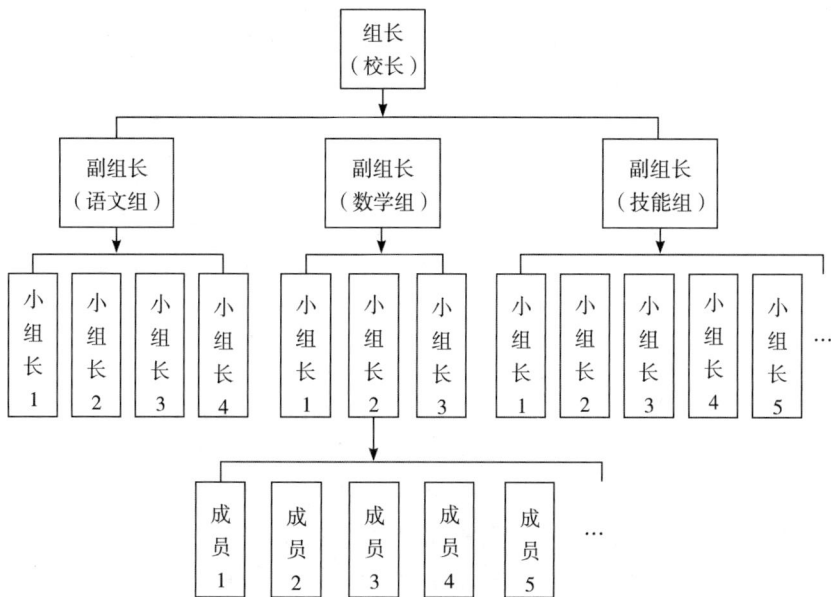

图 6-1　鲤城区实验小学熟手型教师专业发展领导架构图

三、团队成员

按学科把熟手型教师分为若干组,每组教师控制在 15 人以内。

四、主要方式

1. 专家指导引领

聘请当地知名教育专家、中小学名师,指导开展教学实践、课题研究、论文撰写、专题讲座等教育教学研究活动。

2. 组织集中学习

挖掘各级各类培训资源,组织进行集中理论学习。树立先进的教育教学理念,借鉴丰富的教学经验,更新、充实和拓展学科知识,了解教育教学发展前沿动态,提高教育理论素养,提升教育教学技能和实施新课程的能力。在培养周期内每年要阅读一本教育理论专著,并撰写有一定质量的读书笔记或读书随笔,努力提高自身的教育理论水平。各学科组每学期期初组织一次读书沙龙活动。

3. 开展课题研究

在学校"构建幸福校园、发展核心素养"的总体框架下,根据当前教育的焦点和热点问题,以及学校教师在日常教育教学工作中存在的具体问题,组织各学科内全组教师广泛交流、深入讨论,提炼研究课题。在研究过程中要树立教学实践即课题实验、课堂即实验室的意识,以行动研究、案例研究为主要形式,以解决教学实践问题为主要目的,不断提高教育科研和创新能力,全面提升教学实践能力和教育教学质量。

4. 深化交流研讨

努力构建教科研共同体,推动校本教研下的同伴互助,大力倡导叙事研究、专业对话,通过引领式学课、合作式备课、沙龙式研讨等形式使教师在交流中得到提升,促进教师专业发展。每位老师在平时的教学工作中要注意记录发生在自己身边的有意义的教育故事,每学期期末组织一次教育故事分享会。

5. 增强辐射示范

一是积极为熟手型教师搭建展示个人专业素养的舞台,推动他们参与各级各类教师业务比赛、教师培训、教学研讨及"送教下乡"等活动,促进他们在活动中脱颖而出,增强示范辐射作用。二是在校内积极发挥带导作用,指导同年段同学科教师开展日常教学教研工作,促进全校教师的整体发展。

三、具体措施

(一)制定一份工作方案

科学制定熟手型教师团队发展和教师个人职业发展的工作方案。工作方案应包括以下内容:

(1)三年发展目标(要有针对性、可行性,要可操作、可检验);

(2)年度工作计划及阶段性工作重点;

(3)课题研究的主要方向、意义、内容、方法及成果预期;

(4)各位教师具体分工;

(5)促进教师职业发展的主要措施;

(6)需要的保障和条件。

(二)搭建两个工作平台

(1)线下工作平台。每月一会,要做到"四定四有":"四定"即定时间、定地点、定主题、定中心发言人;"四有"即事先有计划、过程有记录、事后有总结、人人有收获。

(2)线上工作平台。利用 QQ、微信或阿里钉钉建立工作群,加强教师间的专业对话,及时发布工作动态。

不管线上还是线下,每次活动都应及时做好相关资料的收集与存档。

(三)开展"五个一"研修活动

具体内容如下:

(1)每学年认真研读一本教育教学理论专著;

(2)每学年承担一次区级以上(含区级)公开教学;

(3)每学年承担一次专题讲座;

(4)每位老师至少应参加一项课题研究;

(5)本周期内至少有一篇论文在省级以上刊物发表或参加省级研讨会交流。

第七章

幸福评价：幸福教育的机制保障

第一节　幸福教育评价的意义

"教育是民族振兴、社会进步的重要基石，是功在当代、利在千秋的德政工程。"当代中国的发展日新月异、繁荣昌盛，百年大计，教育为本，经济腾飞的同时，教育更要优先发展。学校是一个舞台，也是一个载体，在幸福的校园里，学生、教师、学校都应各有发展，当下愉悦，学以致用，持续发展。崇尚幸福教育，评价是改革的关键，评价体系则是保证系统良好运转的润滑剂。在"顺应趋势、遵循规律、促进发展"的初衷下，构建起以发展为核心的"三星十五品"绿色综合评价体系框架。从"仅仅关注知识获得"向"关注人的整体发展"倾斜，促进教师教学质量的提升和学生知识与技能的同步发展，使学生获得最充分、最合理的发展，在整个教育过程中，师生感受幸福、传播幸福、创造幸福，让幸福的因子浸润在课堂的每一处角落，守教师"和谐育人"初心，开师生"幸福有成"之花。

《国家中长期教育改革和发展规划纲要（2010—2020 年）》明确指出："把教育摆在优先发展的战略地位，教育优先发展是党和国家提出并长期坚持的一项重大方针。"教育既是国策也是民生，寄托着亿万家庭和数亿学生对美好生活的期盼。建设幸福国家，基础在教育，幸福教育标志着从"以知识为本"向"以人为本"的根本转变，新课程改革也提出了"以学生为主体""培养学生主动探索的能力""促进学生的全面发展"等理念，这与我校"和谐育人、幸福有成"的办学理念相得益彰。我校创办于 1911 年，其前身是振兴小学，从一所普通小学创建成福建省泉州市鲤城区窗口学校，乃至在全市、全省、全国都享有盛誉的百年名校；从分层教学的尝试到平行教学的模式；从传统"六艺"发展"新六艺"，在过去百年积淀中孕育出"和谐育人、幸福有成"的办学理念。如今，我们顺应新课程改革发展趋势和遵循学生鲜活个体身心成长规律，以促进学生主体的终身发展为目标，重视个体的全面发展，坚守幸福教育初心，牢记传播幸福的职责，时刻记住"培养真正的人，让每一个从自己手里培养出来的人能幸福地度过一生，这就是教育应追求的恒久性、终极性价值"。

一、体现学有所成价值感

国家对小学生的综合素质评价包括道德品质、公民素养、学习态度与能力、合作交流与探索实践、运动与健康、审美与表现六个方面，在这一标准下，我校投身于评价改革的浪潮，教师传道授惑，学生接受知识，教师改变观念，从看见"分数"中更看见"人"，以学生为中心，以人为本，关注学生的学习过程、方法、情感、态度、能力等方面的协调发展。关注学生的发展性评价能有效了解学生在课程实施中学习情况如何，而教师对学生的发展性评价正体现了学生的学习实践与能力发展。学生从教师对自己的发展性评价中，知道自己在课程实施中掌握得如何，并从教师的激励性评价中获得积极情绪，自我感觉良好。在幸福教育评价体系中师生容易建立起相互信任、尊重的师生关系，学生更加自信，更加善于自我激励，在日常学习中除了能感受学有所成的成就体验感，还能调整心态，更积极地面对挫折和挑战。

二、提升教师育人幸福感

科学的教育评价的过程是评价者利用观察、问卷、测验等手段，搜集被评价者的有关资料并进行严格的分析，它能够根据评价标准作出价值判断，分析出或者说出、诊断出教育活动中哪些部分或环节做得好，应加以保持和提高，同时也能指出哪些地方存在着问题，找出原因，再针对这些原因提供改进途径和措施的过程。我们所倡导的幸福教育评价是教师基于把脉问诊后因材施教，私人定制育人目标，这一过程需要教师倾注精力和教育智慧，根据学生的动态表现适当调整自己的教学计划、教学方法、教学手段、教学技术等。在这一过程中，教师提升了专业能力，顺利实现育人目标，实现自我的提升与教书育人的双重价值。

三、增强家校联动和谐感

学生在校学习如何？在家表现怎样？幸福教育评价很好地成为中间人，家长从学校和教师的反馈中得到评价，知道了孩子在学校学了什么，还有哪里暂时薄弱。幸福教育评价能帮助家长更好地配合教师与学校，对学生今后努力的方向有了明确的指导。家长和学校始终以人为本，优化对学生的教育方式，最大限度地激发学生的潜能，全面发展学生综合能力。如此一来，既促进了家庭和谐，也发挥了家校合作的作用。

第二节 幸福教育评价的体系构建

一、"三星十五品"绿色综合评价的基本理念

找准位置、彰显特色是一所普通学校成长为品牌学校的关键，学校品牌需要有发展定位，并且围绕定位持久坚持。幸福学校就应该是有特色、有品牌、有发展的活力和动力，具备富有远见的办学思想和科学系统的评价，敢立潮头，砥砺前行，才能实现学校跨越式的发展。学校要长期维持其品牌，保持其活力，就要不断进行教育评价机制的改革，而教育评价机制并没有一个现成的模式可以套用，必须根据校情着力于建设学校核心价值观和幸福的愿景，在特色品牌探索之路中不断发展、自我超越，这才是一所学校保持优质品牌并不断向前发展的不竭动力。

在"和谐育人、幸福有成"办学理念下，历经思考与探索，我们逐步构建起以发展为核心的"三星十五品"绿色综合评价体系框架（见图7-1）。即评价促发展，在学校的课程体系开发下，发展学生的学力、能力与潜力。"三星"指的是一级评价指标"品行习惯红五星""多元智能黄五星""积极心理绿五星"。"十五品"指的是"三星"涵盖下的十五个二级评价指标。"品行

习惯"对应"文明礼仪、健身习惯、学习习惯、安全自护、卫生环保"五个维度，"多元智能"对应"体育、艺术、语文、数学、英语"五个维度，"积极心理"对应"学习动力、学习负担、学习方式、师生关系、进步指数"五个维度。

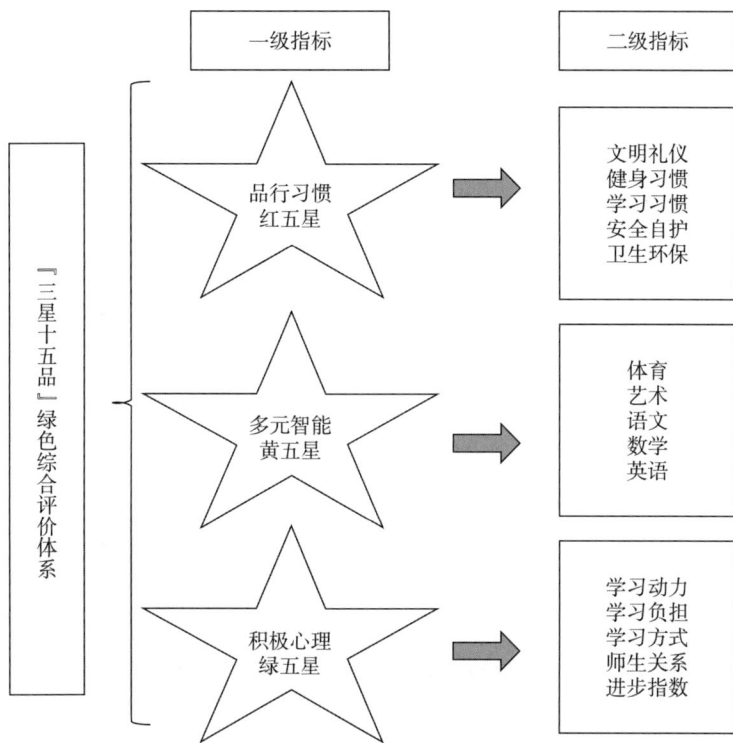

图 7-1　"三星十五品"绿色综合评价体系框架图

依托"三星十五品"绿色综合评价体系，我们找准突破口，结合校情，全方位进行改革，以特色为依托，凝心聚力，为学校的发展推上新高度，迈上新台阶。

二、"三星十五品"绿色综合评价的基本原则

评价是依据一定的标准，对客观事物进行量的分析和质的分析，并作出价值判断的活动。而教育评价作为一种特殊的评价活动，其评价内容主要是教育领域内的现象和因素，其评价的依据是教育是否能够满足社会或个人对教育的需要。[26]教育评价需要遵循一定的原则，用系统科学的体系描述教育现象，作为价值判断和教育事实的诊断。

（一）发展性原则

发展性原则就是把学生全面发展、协调发展、可持续发展作为幸福教育评价的最高目标并落实在教育评价实践中。不仅要关注学生当下的习得，更要注重学生的长期成长，为人生的发展奠定基础，时刻把"是否有利于学生的发展"作为评价教育价值的核心指标。遵循发展性原则要倡导激励评价，促进学生的主动发展；倡导优势评价，发现并发挥学生的优势。

（二）多元性原则

多元性原则指评价过程中的多样性。在幸福教育的评价中强调评价观念多元化，现代的教育要成为"开发和释放人的创造潜能的发动机"，为实现这个目标，评价标准和评价方法要多元，可设立评价超市，教育鉴赏评价法、快乐袋评价法、成长记录评价法、研究性评价法，多元性的评价始终是以实现一切为了学生发展的初心。

（三）形成性原则

形成性原则就是使教育评价伴随教育活动过程的始终，通过评价环节，不断改进教育活动并激励学生不断取得成功。在评价的过程中，教师注意把评价的重点从结果转向过程，适当降低评价的标杆，让每一个学生身上的潜能都能被激发出来，发现自己的长处。

（四）定量评价与定性评价相结合原则

定量评价，即对学生学习过程和结果从量的方面进行分析评价，这种分析评价侧重于"量"，通过数量化的说明对所评价的现象作出解释。定性评价，即对素质教育某些指标质的确定，是对学生学习过程和结果从质的方面进行分析评价，该评价侧重于"质"，通过对评价现象进行深层次的分析作出评价。采用单一评价原则而摒弃另外一种，对学生的评价就受局限，是一种片面化的诊断。

（五）随机评价与定期评价相结合原则

随机评价更侧重于对学生当下某一方面较为具体的评价，具有即时性。但由于学情受各种条件与学习内化的程度影响，随机评价不能客观反映学生的能力水平，因此需要结合定期评价作综合考量。

三、"三星十五品"绿色综合评价指标

教育评价体系在很大程度上决定了承载素质教育理念的教学方法与学习方法是否能顺利有效地落实，从而促进素质教育的落地实施。然而注重考试的思想在我国根深蒂固，想要彻底改变是件非常困难的事情。因此，建立一套能够为学校、家长和社会理解和接受的、行之有效的多元化的教育评价体系，显得十分重要。小学生综合素质评价不只是期末的一个终结性评价，而是贯穿于学生的整个发展过程。小学生综合素质评价是对学生学习、思想品德、潜能发展、创新能力、实践能力、身心健康的全面重视且促进其发展的评价。

我校以实施素质教育为目标，以学生素质的全面提高为最终目标的评价，初步探索出一套行之有效的评价体系，构建起以发展为核心的"三星十五品"绿色综合评价体系框架。"三星"指的是"品行习惯红五星""多元智能黄五星""积极心理绿五星"。

（一）品行习惯红五星

我校红五星"品行习惯"对应"文明礼仪、健身习惯、学习习惯、安全自护、卫生环保"五个维度，用多元评价原则对学生的品行习惯进行评价。

著名教育家叶圣陶认为，青少年是人格和习惯形成的最佳时期，社会越是进步，科学发展就越需要重视行为习惯的养成。我国教育家陈鹤琴先生说："习惯养得好，终生受其益；习惯养不好，终生受其累。"事实上，习惯是播撒幸福之果的种子，只有养成良好的习惯，才能收获幸福的果实。

1. 校内校外双驱动，契合评价多维度——学生文明礼仪综合评价

终结性评价是对老师课堂教学成果和学生学习成果进行恰当的评价，是在教学活动结束后为判断其效果而进行的评价。以往教育评价重在对学生最后学习结果的肯定，过程如何则常常被忽略。而新的评价体系不仅关注结果，更注重学生成长发展的过程，有机地将终结性评价与形成性评价结合起来，将学生校内与校外的行为表现统一起来，在学生文明礼仪习惯上采取等级式评价方式，其目的在于促进评价对象的转变与发展，更有利于学生良好行为习惯的自觉形成，在自律、自主的前提下体验行为习惯养成带来的成就感与幸福感。

我校从校内与校外两大阵地入手，每个月对学生的行为表现作出如下评价,最后结果以"ABCD"四种等级制作为学生行为表现的标准,以"自评、小组评、教师评、家长评、总评"五种评价方式相结合,并且将评价贯穿在日常的教育教学行为中,使评价实施日常化、通俗化、动态化,让学生参与到评价之中,每评价一项,学生就经历了一次反思和总结自己行为的过程,学生从每个月(见表 7-1)自己的文明礼仪表现评价内容中能看到自己改变的过程,从而使自己自觉地形成良好的行为习惯。

表 7-1　鲤城区实验小学学生文明礼仪综合评价

考核领域	考核内容	考 核 标 准	等级评定(ABCD 四等)				
			自评	小组评	教师评	家长评	总评
学校生活礼仪	形象	穿好校服、系好红领巾					
		仪表整洁、发式符合学生身份,形象端庄大方					
	集会	集合快、静、齐,退场听从指挥,文明有序					
		升国旗肃立行礼,会唱国歌					
		遵守会场秩序,举止文明					
		爱护会场环境					
	交往	见到师长主动问好、行队礼,使用礼貌用语					
		进入老师办公室先轻敲门再报告,得到允许后方可进入					
		课间不大声喧哗,不追逐打闹,玩文明健康游戏					
		上下楼梯做到右上左下,学会礼让					
		与人交谈使用礼貌语言,与人谈话要轻声慢语,不插话,不打断别人讲话					
		未经许可不乱动别人东西;不背地里非议他人					
		借用他人东西要按时归还					
		随时表达谢意;乐于助人					
家庭生活礼仪	起居	按时作息,早起及睡前主动向父母问安					
		个人物品整理好,不乱丢乱放					
		做好个人仪容仪表的清洁卫生					
	就餐	进餐前请长辈或客人先入座,进餐不发出声音					
		不挑食,不浪费食物					
		餐后主动帮助家长收拾餐桌、洗刷碗筷					

续表

考核领域	考核内容	考 核 标 准	等级评定（ABCD 四等）				
			自评	小组评	教师评	家长评	总评
家庭生活礼仪	交往	对父母、长辈使用准确礼貌的称呼；牢记父母的生日					
		到家人房间先轻敲门，同意后方可进入；不乱翻家人东西					
		出门主动和家长说再见，回家主动和家长打招呼					
		孝敬长辈，逢年过节向长辈问候、祝福					
		参与家务劳动，积极帮助父母做力所能及的家务					
	待客	有礼貌地问候客人并迎送客人					
社会公共生活礼仪	着装	根据场合穿着得体					
	交通	注意交通安全，遵守交通规则					
		主动给老人、残疾人及有需要的人以帮助					
		遵守公共秩序，爱护公共设施，保持公共场所卫生					
	场所	观看电影或演出时做文明观众					
		在图书馆、阅览室等场所爱护设施、遵守规则					
	购物	遵守商场购物规定，对售货员使用礼貌用语，付款排队					
		主动将不选购的物品放回原货架区					
	交往	到别人家拜访要事先预约，经同意后方可登门					
		遵守公共秩序，不在公共场合大声喧哗，对人有礼貌					
		与人交谈神情专注，耐心倾听别人说话					
		与人相约，要守时守信					
	旅游	遵守旅游地习俗，做文明游客					
		爱护旅游地的环境及设施					

说明：

1. 师评占 50％，小组评占 15％，自评占 20％，家长评占 15％，最后结果以 ABCD 四种等级制作为学生品行表现的标准。

2. 同时按照好习惯每月鉴定，学校少先队甄选出一批文明小卫士，监督和指导学生一日品德习惯，并做好登记，依据"五星表彰"评价标准，涵盖礼仪、生命、环保、学习、体育，班班每日争星，生生争创五星个人。月末，被文明小卫士扣分最少的班级即获得当月"五星班级"。在"五星班级"中，依照学生每月文明礼仪表现评价标准，择优推选"礼仪之星"。

传统的教学评价中，评价是单向式的、自上而下的，教育行政部门对学校的评价、学校管理部门对教师的评价、教师对学生的评价,教学评价的主体即评价者就是教育行政部门(对学校评价来说)、学校(对于教师评价来说)和教师(对于学生评价来说)。作为相应评价对象的学校、教师与学生均被看作被动接受评价的客体,没有参与发表意见的机会,评价缺少民主和人情味,不利于学校和师生对自己的教与学进行反思。而主体性教学评价应该是"多向性评价""多主体评价"。即原来只能作为被动客体的评价对象也可以作为评价者,对"上级"进行评价,如教师可以评价学生、学生反过来也可以评价教师;同时,评价对象也可以对"同级"评价对象进行评价,如教师评价教师、学生评价学生。评价对象也可以自评。另外,家长及其他社会群体也可以参与教学评价。

每学期末,对于学生一学期文明礼仪、安全自护、卫生环保等品行习惯综合评价的描述性评价,我们设计了"教师评语、学生心语、家长寄语"三个模块,三方有机结合和统一,形成一个多向的、多主体的外部评价与自我评价相结合、校内评价与校外评价相结合的评价系统,既有利于充分调动师生主体的积极性,主动地参与和配合评价工作,又可以增强他们的自我评价意识和能力,有利于自我反馈、自我调节、自我教育和自我提高,进而获得幸福体验。教师、学生、家长都是评价者,教师不再是唯一的评价者,要让学生参与评价,从而将"评价的参与者"纳入评价主体中,学会自我评价,相互、自觉、愉快、高效、幸福地进行学习。

2. 阳光"南拳"展雄风——学生健身习惯综合评价

《国家中长期教育改革与发展规划纲要》明确指出:"要以学生为主体,以教师为主导,充分发挥学生的主动性,把促进学生健康成长作为学校一切工作的出发点和落脚点。"这与我校"和谐育人、幸福有成"的办学理念不谋而合——关心每个学生健康,促进每个学生主动地、生动活泼地发展,尊重教育发展规律,为每个学生提供适合的教育。基于培养强健体魄的初心,我们开发了校本课程——"南拳",设计了《鲤城区实验小学学生健身习惯综合评价》(见表7-2),南拳校本课程小学生学习评价的内容包括:体能、知识与技能、学习态度、情意表现与合作精神等。体能评价项目包括:体前屈、肺活量、50米跑、"桥"、立定跳远。学生南拳知识评定内容主要包括:南少林武术的历史知识、基本步法和基本手型知识等,通过提问、谈话问卷等方式评价;技能包括对三站八法、二十拳、棍术的动作要领的掌握、对打应变、动作的组合创编等。评价内容分固定动作技能展示、对抗赛和自选项目等,学生最终成绩的评定采用等级制。在充分考虑学生态度和行为的进步与发展的同时,重点依据每个学生的实际进步情况进行综合考评,学校为每个学生建立个人的南拳学习档案,通过教育科学统计方法对数据进行分析,得出结论。南拳学习评价主要以自评、互评和测评三种形式为主,体能知识与技能采用测试的方法评定。学习态度、情意表现与合作精神以学生自评、互评以及师评的方式评定。学校的体育课程经过改革,内承传统文化,外赋时代精神,以阳光体育所倡导的奋勇拼搏和我校作为全国足校特色校园所倡导的团结合作精神来夯实幸福的根基,让学生在强身健体的同时感受幸福。

表 7-2　鲤城区实验小学学生健身习惯综合评价

班级＿＿＿＿＿＿　姓名＿＿＿＿＿＿　座号＿＿＿＿＿＿

维度	要素	评　价　标　准	分值	评价结果		
				自评	互评	师评
健康锻炼	体能	体前屈、肺活量、50米跑、"桥"、立定跳远达到学生体质健康标准	25			
	技能	1. 三站八法、二十拳、棍术的动作技能展示 2. 对打应变 3. 动作的组合创编	15			
	情绪	1. 乐观自信,热爱生活、不消极、不悲观,善待自己 2. 经常保持积极乐观的情绪状态,遇事冷静、理智、不偏激 3. 远离毒品,珍爱生命	15			
	意志	1. 做事能坚持到底,不半途而废 2. 能以真诚的态度,发展和保持和谐的人际关系 3. 客观认识现实环境,并能自我调适,意志力强	15			
	态度	1. 拥有健康意识,养成锻炼的习惯 2. 认真上好体育课,做好两操 3. 阳光体育锻炼	15			
	合作	1. 奋勇拼搏 2. 团结合作 3. 大局意识	15			

续表

维度	要素	评　价　标　准	分值	评价结果		
				自评	互评	师评
得分统计	小计					
	折合总分					
	总得分					

说明：1. 综合评价等级分 A、B、C、D 四等。其中 A 等为优秀，B 等为良好，C 等为及格，D 等为不及格（85 分以上为优秀，75 分以上为良好，60 分以上为及格，60 分以下为不及格）。

2. 其中，师评占 50%，互评占 30%，自评占 20%。

3."二维度六要素"——学生学习习惯养成综合评价

对于学生学习习惯的养成，我校主要从"二维度六要素"设立了评价标准（见表 7-3），即以"基本学习习惯和拓展性学习习惯"为维度，以"课前准备学习习惯、课堂学习习惯、课后复习习惯、思考探究习惯、获取处理信息习惯、实践检验习惯"六要素构建起评价指标，评价以自评、互评、师评三种方式相结合，最后结果以等级呈现。

4. 安全自护记在心——学生安全自护习惯综合评价

学生对安全知识的掌握及保证自身安全是学校教学工作的第一要务，学生的安全关系一个家庭的幸福，保障学生身心安全是学校工作的重中之重，而安全意识是学生自我保护能力的一个重要方面，增强学生的安全意识，使他们懂得如何进行自我保护，并引发对生命的敬畏和珍视。我校把安全作为重中之重，设计学生安全自护综合评价（见表 7-4），让学生主动参与自评与互评，用学生自己的眼睛去观察，发现身边的安全隐患、分析原因，寻找自救自护办法。家长和老师参与评价，系统全面地进行安全教育，并在活动过程中教会学生懂得如何认识生命、敬畏生命、欣赏生命、珍爱生命，让学生在探究过程中获得能力和方法。

表 7-3　鲤城区实验小学学生学习习惯养成综合评价

班级 _____　姓名 _____　座号 _____

一级指标	二级指标	观察点	具体要求	评定等级	评价结果		
					自评	他评	师评
基本学习习惯	课前准备习惯	1. 阅读相关材料 2. 提出问题 3. 准备学具	1. 课前能主动阅读有关资料 2. 能积极做预习，提出问题，善于发现难点 3. 能在课前准备好所需物品				
	课堂学习习惯	1. 专心听讲 2. 做笔记或标记 3. 参与讨论	1. 能够明确学习任务和目标 2. 专心听讲、做到眼到、耳到、口到、心到 3. 积极思考，勇于发言，能对他人发言表示赞同或进行补充 4. 自觉做好笔记和标记				
	课后复习习惯	1. 独立按时完成作业 2. 书写格式规范，卷面整洁 3. 自我检测 4. 小结、整理知识	1. 先审题再思考写作业 2. 专注写作业，书写认真，正确率高 3. 善于自我检测，发现错误及时订正、反思 4. 能主动按时复习，对知识进行梳理 5. 能举一反三，触类旁通				

续表

一级指标	二级指标	观察点	具体要求	评定等级	评价结果		
					自评	他评	师评
拓展性学习习惯	思考探究习惯	1. 观察周围事物 2. 勤学好问 3. 多角度思考问题 4. 创新意识 5. 尝试解决问题	1. 求知欲强,善于观察事物,捕捉事物的本质特征 2. 能主动发现问题,善于思索问题 3. 能多角度思考问题,寻找规律 4. 富有想象,敢于创新 5. 喜欢寻找解决问题的多种方法				
	获取处理信息习惯	1. 收集信息 2. 筛选信息 3. 应用信息	1. 能主动积极地从各种渠道收集信息 2. 能够根据需要将信息筛选分类 3. 善于选取运用有效信息,提高自身自学能力				
	实践检验习惯	1. 勇于实践 2. 动手操作 3. 验证反思	1. 不满足课本学到的知识,有亲身体验操作的欲望 2. 遇到困难,自己动手解决 3. 能运用已有知识,创造性地进行实践活动 4. 实践后,能够自我反思,自我总结,自我评价				

说明:1. 综合评价等级分 A、B、C、D 四等。其中 A 等为优秀,B 等为良好,C 等为及格,D 等为不及格(85 分以上为优秀,75 分以上为良好,60 分以上为及格,60 分以下为不及格)。

2. 其中,师评占 50%,互评占 30%,自评占 20%。

表 7-4 鲤城区实验小学学生安全自护综合评价

学生_____ 班级_____ 年____月____日

	考核内容	自评	小组互评	家长评价	教师评价
1	遵守并做到防溺水安全"六不准"				
2	遵守交通规则，不骑自行车上路、不乘坐"三无"车辆，文明乘车				
3	过马路时不横冲直撞，不边走路边看书				
4	不玩火，不私带火种，牢记火警电话				
5	雷雨、高温、大风等特殊天气不外出				
6	出门结伴并告知家长，不轻信陌生人，尤其不接受不明礼物				
7	校内校外，不高空抛物				
8	不携带危险玩具入校				
9	不在走廊上追逐打闹				
10	上下楼梯时靠右走，不在楼梯处玩闹				
	小 计 得 分				

说明：1. 按表中所列出的安全要求事项，每违反 1 项/次扣 1 分，每周一评。总分 100 分为安全、95～99 分为基本安全，94 分以下为不安全。

2. 安全考核等级将作为评比"生命之星"的条件。

5. 卫生环保我能行——学生卫生环保习惯综合评价

习总书记提出"垃圾分类就是新时尚"，我校积极响应号召，增强学生的保护环境意识，提高垃圾分类的自觉性，而垃圾分类绝不是停留在口头上的行为，更不能是纸面上的文件或通知，我校将垃圾分类的工作纳入"五星班级"评比，结合"环保之星"，对各班的垃圾分类进行督促，利用早会时间，各年段辅导员对各班垃圾分类情况展开评比，提高各班的环保意识，增强学生的责任心，让垃圾分类真正深入生活，落到实处。"垃圾分类，从我做起"，学生每周都将有一次卫生环保综合评价（见表 7-5），通过此评价，促使学生们对卫生环保和垃圾分类有更深入的了解。

表 7-5　鲤城区实验小学学生卫生环保综合评价

考 核 标 准		等级评定（ABCD 四等）				
		自评	小组评	教师评	家长评	总评
1	爱护公共卫生环境，不随地痰，不随地扔纸屑					
2	爱护会场环境，保持会场整洁					
3	能整理好劳动工具，有序摆放					
4	掌握劳动技能，学会打扫					
5	掌握垃圾分类常识，会进行垃圾分类					
6	能按垃圾分类投放垃圾					
7	能向家长宣传垃圾分类环保意识					
8	循环利用教材，节约纸张					
9	不浪费学习用品					
10	不使用一次性用品					

　　说明：1. 综合评价等级分 A、B、C、D 四等。其中 A 等为优秀，B 等为良好，C 等为及格，D 等为不及格（85 分以上为优秀，75 分以上为良好，60 分以上为及格，60 分以下为不及格）。

　　2. 其中，师评占 50%，互评占 30%，自评占 20%。

　　3. 卫生环保等级将作为评比"环保之星"的条件。

（二）多元智能黄五星

　　传统评价中，学生要尽力在他们可能并不擅长的学业领域中去适应评价的要求，从而不断发展自己的优势智能，而新课程的评价目的则在于通过评价来识别和激发学生的优势智能，通过优化的评价方式和策略为学生搭建平台，为他们提供施展拳脚的舞台，以挖掘每一个学生身上的闪光点，让学生的闪光点在老师的呵护下激发生命潜能的绽放。美国哈佛大学教授、发展心理学家加德纳提出的多元智能理论认为：每个学生都有不同的智能表现，或语言智能，或音乐智能，或数理智能，或空间智能，或身体运动智能等七种智能，不同个体在七种智能方面拥有的量各不相同，七种智能的组合和操作方式也不相同。

结合校情，依托核心素养培养人才目标，满足学生的个性发展，培养学生的兴趣特长，秉持幸福教育的办学理念，把学生社团活动纳入课程体系，打造特色教育活动品牌，力求使学生社团以一种蕴含童趣、展现童心、富有教育价值的教育活动方式发展。我们的"多元智能"对应"体育、艺术、语文、数学、英语"五个维度。

1. 等级评定，多元评价

在体育学科上，我们按照等级评定原则来检测一个学生的学习效果（见表 7-6）。

表 7-6　鲤城区实验小学体育综合能力评价表

学生＿＿＿＿＿　班级 ＿＿＿＿＿＿＿　成绩 ＿＿＿＿＿＿

评价内容	评价标准	学习表现		自评	小组评	教师评
体能	我的体能达到的水平与进步幅度	你能否完成几项体能的测定	能			
			一般			
			还应努力			
		与前相比是否有进步	好			
			一般			
			还应努力			
知识与运动技能	体育与健康知识、科学锻炼方法等的掌握及进步幅度	你是否认识到体育与健康对人与社会的重要性	好			
			一般			
			还应努力			
		是否掌握了体育与健康的一些知识	好			
			一般			
			还应努力			
		能否独立展示 1～2 个技术动作	能			
			一般			
			还应努力			
		课后或平时能否坚持锻炼	能			
			一般			
			还应努力			

续表

评价内容	评价标准	学习表现		自评	小组评	教师评
学习态度与行为	体育课中学生对待学习与练习的态度以及在学习和锻炼中的行为表现	能否主动、自觉地参与体育活动	能			
			一般			
			还应努力			
		在体育活动过程中能否全身心地投入	能			
			一般			
			还应努力			
		能否积极主动思考，为达到目标而反复练习	能			
			一般			
			还应努力			
		能否认真接受老师的指导	能			
			一般			
			还应努力			
意志表现与合作精神	在体育学习中的情绪、自信心和意志表现，对他人的理解和尊重，交往与合作精神	能否敢于和善于克服各种困难和障碍，战胜胆怯心理	能			
			一般			
			还应努力			
		练习中能否创新动作	能			
			一般			
			还应努力			
		能否关心和尊重他人、乐于和他人合作、探索	能			
			一般			
			还应努力			
		能否在小组的学习和练习中负起责任	能			
			一般			
			还应努力			
等级评定						

说明：1. 自评、小组评、教师评分别用☆来表示，最高可获得三颗☆，最低可获得一颗☆。

2. 综合评价等级用"优秀、良好、合格"来区分。

2. 激发兴趣,提升素养

美国教育心理学家凯勒(J.M.Keller)以期望价值理论为基础,并与教学设计的宏观理论相结合,提出了阿克斯(ARCS)动机模式。该模式认为可以从四个方面激发与维持学生的学习动机,分别是注意(attention)、切身性(relevance)、自信心(confidence)和满足感(satisfaction)。凯勒的动机策略设计过程主要是围绕这四个因素进行的,ARCS模式告诉我们这样一个过程:为了激发一个人的学习和工作动机,首先要引起他对一项学习或工作任务的注意和兴趣;其次是使他理解完成这项任务与他密切相关;再次要使他觉得自己有能力做好此事,从而产生信心;最后让他体验完成学习或工作任务后的成就感,即满足感。[27]

有了满足感的体验,学生才能获得幸福感的体验,获得满足感的前提是学生快乐高效地学习。要想提高学生的学习效率,关键是要在老师的合理引导下,提高学生对学习的兴趣。提高学生的学习兴趣可以提升学生的学习幸福感,从而激发学生自觉学习的意识,并进一步在不断的实践中提高学生自主学习的能力,在此基础上获得能力的提高和心理上的成就感,以进一步提高学习兴趣。

我校注重培养学生的学习兴趣,依托学生特长,开创校本课程,百花齐放,绽放异彩。而小刺桐合唱团是我校最靓丽的一道风景线,更是学校的一张名片,荣登世界舞台,尽展学校风姿风貌。屡创佳绩的小刺桐合唱团正是我校在培养学生的音乐素养上迈出的最坚实的步伐,一步一步朝前走,在音乐学科上最大限度地发挥学生的学习自主性和创造性,以培养学生学会聆听、学会演唱、学会表演、学会创作的能力(见表7-7)。

表7-7 鲤城区实验小学学生音乐素养评价表

班级:＿＿＿＿＿＿ 学生姓名:＿＿＿＿＿＿ 评价等级:＿＿＿＿＿＿

评价领域	评价标准	自评	组评	教师评	家长评
聆听	是否对音乐感兴趣?				
	能否跟随音乐旋律进行身体律动?				
	能否根据音乐判断基本二、三、四拍子的音乐节拍?				
	能否运用常用颜色判断音乐情绪?				

续表

评价领域	评价标准	自评	组评	教师评	家长评
演唱	是否对学习活动感兴趣？				
	能否跟随音乐模唱旋律音高？				
	能否跟随音乐节奏准确演唱歌曲？				
表演	是否对参与音乐表现感兴趣？				
	能否用简单的肢体表达自己对音乐作品的感受？				
创作	能否对身边能找到的声响材料进行创作？				
	能否结合肢体、文字等进行即兴大胆的创造？				
综合评语	能否在活动中与同学合作参与音乐创作表现？				

　　"学生音乐素养评价表"为我校的小刺桐合唱团团员选拔做了前期的铺垫,学校注重梯队建设,为做好合唱团的人才储备,学校从各班级中音乐素养较高的学生进行第一轮选拔,进入考核后,根据成员的个人素质评价学生是表演团苗子还是中、低年级的预备团。一标不适众生,并没有因为孩子水平达不到表演团的要求就让其退团,也并没有揠苗助长,硬要把能力受限的孩子急于推向更大的舞台,更重要的是让学生在自己的能力水平上获得更多的成就感体验。

　　为了让学生在和谐宽松的氛围中体验到"参与就是进步,努力一定成功"的幸福感,对于这些课程的评价,打破以知识为主的局限,学校根据学生的兴趣,在评价形式或结果的呈现上设计一些富有情趣性的载体。在低年级美术教学中运用表情评价(见表 7-8):大笑脸——非常满意,微笑脸——比较满意,不笑脸——不满意。当一个个鲜亮的表情评价小贴画贴在评价卡上时,学生脸上绽放的是"我能行"的喜悦。这些表情小贴画兼有"评价工具"的功能,表情评价载体的设计,使得情感态度价值观成为便于评价的行为表现,区分出不同的水平和等级。这种评价改变了以分数为主的评价机制,以激发学生兴趣和特长为获得幸福的直接途径,奏响了幸福的主旋律。

表 7-8 鲤城区实验小学学生美术素养评价表

班级：_____ 学生姓名：_____ 评价教师：_____

评价领域	评价标准	画上属于你的个性表情吧！			
		自评	组评	家长评	师评
造型表现	是否对美术感兴趣？				
	能否通过绘画的形式,大胆、自由地表现自己的感受？				
	能否变废为宝,制作简单的物体或动物形象？				
	能否认识常用颜色？				
设计应用	是否对美术作品和活动感兴趣？				
	能否在作业中大胆想象与创新？				
	能否安全地使用材料和工具？				
欣赏评价	是否对参与美术创作表现感兴趣？				
	能否用简单的语言表达自己对美术作品的感受？				
动手实践	能否运用身边能找到的材料进行创作？				
	能否结合语文、音乐等进行大胆的创造？				
	能否在活动中与同学合作参与美术创作表现？				
表情评价	😆 非常满意　　😊 比较满意　　🙁 不满意				
综合评语					

说明：评价等级分三个：非常满意,比较满意,不满意。各任课老师根据本学期学习内容要点综合的评价,给出客观正确的评语。

3. 多维评价,减负提质

我们在改革评价体系上喊了很多年,旧的考核体系过于注重知识,分数就是一切,分数是检测学生学习的唯一标准,这种评价体系像大山一样压着学生,学生负重难行,何以谈学习是快乐的、是幸福的？ 新的素质教育的考核评价应该关注的是人,一切要以学生的身心健康成长为出发点,在注重知识的同时,也应该重视学生的价值观、情感意志等隐性的目标,而这样的影响关乎学生的一生。语文教学要注重语言的积累、感悟和运用,注重基本技能训练,让学生打好扎实的语文基础。语文学习具有重情感体验和感悟的特点,培养学生高尚的道德情操和健康的审美情趣,形成正确的价值观和积极的人生态度。要尊重学生的个体差异,促进每个学生的健康发展。因此应充分发挥语文课程评价的多重功能,恰当运用多种评价方式,注重评价主体的多元与互动,将教师的评价、学生的自我评价及学生之间的相互评价相结合,加强学生的自我评价和相互评价,促进学生主动学习,自我反思。

孟万金教授在《幸福教育》一书中提出:幸福教育的重心是快乐高效地学习,每一个孩子都是独一无二的个体。[28] 如何让不同的鲜活的生命个体都体验到学习是幸福的事情,在核心素养的导向下,我们提出"多维评价,减负提质",对于孩子的评价打破统一的标准,在语文学科的综合能力评价(见表 7-9)中,各年段依据学情不同,从听、说、读、写、语感、思维、方法、习惯、品格、情趣几大维度来评价一个学生的综合素质。

表 7-9 鲤城区实验小学学生语文综合能力评价表

星品	评价指标	评价内容	评价依据	评价方式
语文	听说读写语感思维方法习惯品格情趣	诗文背诵	重点考查学生记诵积累的过程	教师的评价、学生的自我评价与学生间互相评价相结合
		听力	听与说双方的互动过程	教师的评价、学期考试
		口语交际	教学活动主要应在具体的交际情境中	教师的评价、学生的自我评价与学生间互相评价相结合
		朗读	可从语音、语调和感情等方面进行综合考察,还应注意考察对内容的理解和文体的把握	教师的评价学期考试综合测评
		写字	写字教学要重视对学生写字姿势的指导,引导学生掌握基本的书写技能,养成良好的书写习惯	教师的评价学期考试
		课外阅读	多读书,好读书,读好书,读整本的书	教师的评价、学生的自我评价与学生间互相评价相结合体验性作业

在数学学科中(见表 7-10),依托课堂和作业两大阵地,强调多维评价,

设计科学的评价标准,检测学生综合素质与学科能力,切实实现和谐育人目标。

表 7-10　鲤城实小学生数学学习评价表

班级_____　姓名_____

项目		内　　　容	评星级(★★★★★)
分项评价	课堂	专心听讲,主动思考	☆☆☆☆☆
		发言积极,能提出数学问题	☆☆☆☆☆
		与同伴合作交流倾听别人意见	☆☆☆☆☆
		倾听别人意见	☆☆☆☆☆
		积极参与数学学习活动	☆☆☆☆☆
	作业	能按时完成作业,作业干净整洁	☆☆☆☆☆
		能及时订正作业	☆☆☆☆☆
		能积极思考解决问题	☆☆☆☆☆
	其他	能努力克服数学活动中遇到的困难	☆☆☆☆☆
		能发现数学活动中的错误并及时改正	☆☆☆☆☆
综合评价	我看我自己(打√)	我真棒!	我的进步挺大的!	我还要继续努力呦!
	小组评价	☆☆☆☆☆		
	老师评价	等级:		

注:优(5 颗星);良(4 颗星);中(3 颗星)。

从 2013 年 6 月开始,我们从校园英语节、英语综合实践活动提炼出"多元智能英语学习评价方式"。多元学习评价创设良好氛围,鼓励学生积极参与、主动思维,激活学生右脑,调动多元智能参与。学习活动过程性评价采用教师即时评价、自评和同伴评价相结合。期中则采用多元选择式评价,学生从英语绕口令、英语漫画、英语故事、英语课文朗诵等项目中选一个参加班级英语沙龙展示,小组同伴描述性评价,记入学习档案。根据成绩评选个人奖和集体奖,人人分享成功体验。终结性评价采用笔试(包括听力)和口试相结合,并举办亲子英语共享会,用家长卡片寄语的形式对学生的学习情感态度和学习习惯进行评价与激励。学校采用空中英语分层异构,具体异构评为:一、二年级学生在班级老师的组织下进行中心句型的复习操练,由同伴或教师对当天短句进行评价。三至六年级的学生围绕中心句型的学习,对照课内教材,进行拓展训练。鼓励学生自主创编思维导图,班级组织思维导图评价,发展创造性思维能力。

"空中英语"的评价体现了分层共进、积极向上、敢说乐说的学习风貌,从积极心理的源头上,提升学生的学习主动性,增强学生的幸福感。

(三)积极心理绿五星

改革开放以来,教育的变化日新月异,改革的浪潮势不可挡,学生成了教育改革的受益者。然而,我们的学生真的幸福吗?诚然,事实让我们不寒而栗:幼儿超前教育,违反了孩子成长的规律,扼杀了孩子的天性,淹没了孩子的童真童趣,这对幼儿的身心健康造成严重的危害,也严重阻碍了国家推进素质教育的步伐。在中小学校中,学生顶着巨大的学习压力,面对压力山大的作业,孩子被压弯了腰,负重前行,健康素质下降,身心健康情况令人担忧。作为教育者,我们必须明白:教育要幸福,学生要先幸福,而一个身心健康的孩子才会有感受幸福的能力,才能创造更多的幸福。

心理健康教育要关注学生成长的各个阶段,用创新的教学方式和评价机制将健康的元素进行挖掘和重组,在传授知识的同时融入心理健康教育,使学生提升学习的能力,在内心深处埋下健康的种子,为今后走入社会奠定基础。学校在"和谐育人、幸福有成"办学理念的指导下,建成了面积达300多平方米、功能室齐全的积极心理健康教育中心。目前,中心有专兼职心理辅导老师7名。学校积极吸纳社会专业心理咨询机构资源为学校心理健康教育服务,并在中央教科所心理与特殊教育研究部主任、心理学博士孟万金教授的专业引领下,以"积极心理健康教育"统领学校素质教育工作,建立了"全方位、全过程、全面渗透、全员参与"的学校心理健康教育工作机制,旗帜鲜明地走向"和谐育人、幸福有成"的创建优质学校之路。

"三星十五品"中"积极心理"对应"学习动力、学习负担、学习方式、师生关系、进步指数"五个维度。

1. 学习动力

学习动力是指一种引发与维持学生的学习行为,并使之指向一定学业目标的动力倾向。它包含学习动能和学习期待两个成分,根据不同标准可以划分为不同类别。不同心理学家从不同角度对学习动力进行了阐释,主要包括强化理论、归因理论、需要层次理论、成就动机理论、自我价值理论和自我效能感理论等。

"教育者如果希望学生具有强大的学习动力，不仅应当设法帮助学生形成正确的学习动机，还应当使它统帅各种辅助性的动机，综合地发挥作用。"[29]

如何激发和培养学生的学习动力呢？

（1）激励评价，提高学生学习动能

当代学生观提出，学生是不断发展、不断完善提升的个体。学生从一年级入学到小学毕业时，学习生活是螺旋上升的，但在这一个认知过程中，经历了迷茫、探索、解惑的过程。在这一过程中，学生自主求知到获得真知，有可能错误百出，作为教师，应当学会用发展的眼光看待学生的错误，允许学生出错，宽容以待，坚信学生能在错误的实践中提升学习能力与核心素养，并充分挖掘学生错误性认知实践中积累起来的思维品质，通过激励性的教学评价，帮助学生不断提升学习能力，优化学习方法和学习策略。因此，在低年级的教学中，教师首先要秉承先进的教学理念，坚持激励性评价理念，让激励性教学评价成为学生学习的重要动力。

（2）多样评价，提高学生学习期待

小学生十分期待外界的认可和表扬，得到表扬和激励后的学生，在被表扬的方面必然会有一定的持久性和坚持性，激励的语言远比批评的效果更强，更能让学生对学习有所期待，幸福的源泉从心里流淌出来，荡存于心，滋养出积极、阳光、上进的心理品质。因此，教师应用教学评价塑造学生时，一定要摸清学生的需求，问诊把脉，把握不同的学生的心理，发挥多样化、艺术性教学评价的作用，给不同学生以更加精准、独特和多样化的教学评价，丰富学生的学习体验，促进学生学习积极性的提升。我校启用"学业记录尺"（基础性评价）、培育"个人成长树"（过程性评价）、搭建"创意展示台"（展示性评价）三个尺度来考查学生。其实，这更像一种分享与展示。"成长记录尺"指向学生"乐学"的学习状态和"善学"的基本学习策略与方法的习得，以"学生作业展示"和"学科知识检测"为主要考核方式；"个人成长树"指向学生学科核心素养能力的发展，以"学期末综合能力评价"为主要考核方式；"创意展示台"指向学生综合素养和兴趣特长的形成，以"学科创意制作"为主要考核方式。

2. 学习负担

学生出现学习负担是教育低效乏能的表现。当前，各地各校大力提倡减负提质的教育理念，提出了非学业因素评价。所谓非学业因素评价，是指评价活动除了评价学生在规定的学业内容之外所出现的各种不同的结果和其他多方面的表现,如对本次探究活动的动机和兴趣、创新能力、实践能力等。在教学中,学业内容的学习和非学业内容的学习是密不可分的,既没有离开情感态度和价值观,又没有离开过程方法中的知识和技能的学习,因此非学业因素评价的内容是新课程评价内容整合观上的一个重要部分,教师在评价时应该与学业评价紧密结合,注重体验,注重实效,一般采用质性评价来描述评价结果。例如,在科学探究过程中就可以采用激励性的语言对学生进行非学业性的评价,主要包括对学习内容、学习情感、学习方法、学习兴趣、学习习惯等方面的评价。再如,还可以通过各种评价手段来评定学生的非学业内容,我校就采用"五星级"评比方案来评比,在科学探究过程中,设计"合作星""探究星""习惯星""卫生星""爱护科学仪器星",学生在探究过程中哪一项做得好,就得哪颗星,这样的介质性评价,对学生非学业性内容的发展乃至整体素质的发展是有深远意义的。

3. 学习方式

学生的学习方式五花八门,呈现出来的学习效果也各不相同,教师对于学生的学习方式要心中有数,针对学生的学习方式进行契合的教学评价。科学的评价不仅能激发他们的潜能,还可以帮助他们更好地认识自己,并进行自我评价和鼓励,帮助他们建立自信心,在已有的水平上有更大突破。针对学生的不同学习方式,教学中可以采用游戏评价、相互评价、趣味评价等方式。如游戏评价可以是老师将知识点变成竞答的小问题,然后让学生在课堂上抢答得分,进行学生知识巩固与否的评价;相互评价是让学生之间相互检测,并且提交检测方式和评价,老师可以进行抽查;趣味评价是老师通过一些小故事,让学生从中习得知识。通过这样互动式的评价方式,学生的学习方式能够被老师捕捉,而且相互评价的学习方式交流有利于学生之间相互学习,让学生的学习方式更完善。

4. 师生关系

师者,传道授惑解业也。过去检验教学效果以考试测验为主,教师教授的知识与技能掌握与否全靠分数说话,分数是评价学生的标准。受传统旧思想的影响,教师在教学中处于领导者的地位,学生的学习是被动的,师生的关系有着深深的隔阂,教师在学生心目中是一个权威的存在。这种"只看见分数看不见人"的评价方式造成了师生关系的紧张与生疏,容易使学生在心理上对教师产生一种距离感和畏惧感。在以分数为标准的教育评价中,师生互动很少,学生对教师的教学言听计从,对教师的讲解很少提出质疑,老师无法真正认识学生的个性,因材施教难以实施,教学中不能激发学生的个性与特长。

随着素质教育的推进和加深，以及社会对人才质量要求的不断提高，要求教师以人为本，培养学生的核心素养，以促使学生全面发展，锻炼综合能力。现在，教育的关注点已从单纯地注重考试成绩转移到关注学生的成长及其发展的持续性。教师的教学评价观念不再是单纯的以考试作为评价学生的标准，而更加关注学生本身在教学过程中的体验和收获，评价的主体从教师走向学生和家长，教师不再是评价的主宰者。

我校的幸福教育推崇多元评价、科学评价，这种评价是建立在宽松和谐、平等自由、相互尊重、信任理解的师生关系之上。幸福教育的课堂是平等自由的，学生是课堂的主角，教师是课堂的配角，在轻松融洽的课堂氛围中，一改过去的"填鸭式"教学，学习的话语权掌握在学生手中，教师大胆放手让学生参与课堂的讨论。在这一体验过程中，教师全程认真倾听，尊重学生的独特学习体会与感受，信任在合作学习中以取得学习的共赢，这种师生关系正是实现教学目标和师生共同进步的基础。与传统的教学评价相比，现在的教学评价的实现有赖于教师和学生的平等相处，教师要改变传统的师尊生卑的思想，要走到学生中去，把学生看作是一个独立的个体，和学生平等对话、平等交流，了解他们的需求和进步，激励学生独立思考，培养学生独立解决问题的能力。

5. 进步指数

过去教育总把学生与分数紧紧挂钩，考试把老师的心拴住，眼里看不见学生，心里装不下学生，教师没有温度，学生感受不到温暖，这样的教育有何意义？现在越来越提倡幸福教育，教师幸福地教，学生幸福地学，幸福之花才能遍地绽放。浇灌幸福之花的养分就是教育评价，教师要重树观念，考试只能在学习的过程中占一个小小的位置，不能以考试作为评价学生的唯一标准，现在的综合素质评价关注学生的思想道德、学业水平、身心健康、艺术素养、社会实践及个性发展等许多方面，最终目的是让人成为独立不倚的人、发展的人、更好的人。发展在于学生点滴进步的积累，老师在评价中要以耐心静候学生的成长与进步，对进步的学生要以激励表扬的评价为主，评价要入心，春风化雨，滋润幼小的心田，在心田里持续耕耘，最终收获进步。总之，评价的目的是促进学生的发展。不管是哪方面的进步，我们都要走到学生身边，关注到每一个个体的变化和特点，进行针对性的评价，进而促进他的提升，真正做到有效、有爱的评价，培养更优秀的人。

第三节 幸福教育评价的实践策略

一、设置"多彩成长袋",经典诵读来助力

对于刚入学的一年级新生来说,教师会为其制作一本个性化的"多彩成长袋",教师把学生在校的表现情况进行星级达标评价,在月末选出"五星个人"学生。家长把学生在家的表现结合"品行习惯红五星"的评价标准,对学生的品行进行评价,并把评价单的情况记入"多彩成长袋"中,以此帮助每个学生经历"跨入校门初步目标确立—行为跟进—综合检测—完美呈现"的成长历程,留下幸福的痕迹。同时学校以培养幸福有成的人为出发点,以经典诵读为抓手,依据学段不同的学情特点,结合校情,开发校本课程"经典诵读",让学生时时处处感受到国学经典犹如春风化雨般无声地滋润着心田,自觉地陶醉于经典文化中,形成人人读经典、个个诵诗文、处处有书声的良好风气,使学生浸润在诵读的氛围里。这样一段时间之后,学生兴趣盎然,充分汲取古诗词的精华,得到古诗词的浸润,从而有所理解感悟,自觉规范自己的品行习惯。在每个学期末,每一位学生都会与诗词有一场约会,一年级经典诵读篇目《三字经》,二年级以古诗词为主,期末五六年级的学生将作为考官,对低年级的孩子进行经典诵读的检测。

二、多科综合兼融整合,多元评价促进发展

核心素养已成为我国基础教育课程改革的"基因",为实现对核心素养落实课程效果的评估,我们立足教学,围绕同一个人文主题或共同的能力要素,多学科(语文、数学、英语、科学、音乐、美术、体育、综合实践等)同时深入教学,达到一种多层次的、多角度的信息综合,使学生形成一种贯通、整合的综合学科能力。我们积极探索课堂教学,尝试以"学科融合,多元评价"的方式,改变传统的评价模式,助力学生发展核心素养。

我们将英语、语文、科学、综合实践四个学科融合为"我善表达",根据

不同的年级提出不同的要求。"我会思考"体现了数学和语文的融合，主要考察孩子用简洁的语言表达观点，清晰解题思路的能力。孩子们在活动中不仅知道怎么解决问题，更能说明白为什么这样解决问题。"我懂欣赏"是音乐、美术、综合实践的结合体，旨在引导孩子们用美的眼光看待生活。"我爱运动"以校本课程"南拳"为契机，提高孩子的运动能力，为孩子强健的体魄打下基础。

结合校本课程"泉南文化"的开发和研究，学校将"魅力泉州，美我鲤城"的写生活动引进课堂，将泉州的歌谣、舞蹈、南曲、服饰等引进课堂。校本课程"蟹壳画"变废为宝，利用制作蟹壳绘画，感受、体验、传承闽南工艺制作的技法和内涵，从而潜移默化地培养对工艺制作的乐趣和创新精神。英语组教师与音乐组教师协作，精心挑选了"Hello Song""Head shoulders knees and toes""Goodbye Song"三首英文歌曲，将其创编为我校英语健康操的适用歌曲；同时与体育组教师共同研讨，设计了英语健康操的动作编排，深受学生喜爱。

通过实践，我们逐步确立了基于核心素养下的学科融合式多元评价方式：从关注单科知识点的习得转变为关注学生能否灵活解决实际问题；从关注学生各学科知识掌握水平的罗列转变为关注不同学科核心素养的有机整合；从关注学生学什么转变为关注学生怎么学；从关注学生输入性学习转变为关注学生输出性学习；在评价目标的制定上，从关注学生的整体学习情况转变为关注不同学生在不同核心素养及学业质量标准表现上的个别差异。

[案例分析]

我是小小摄影师

我校林静芳老师的综合实践主题活动设计"我是小小摄影师"，融合语文、美术、摄影、科学多学科，运用多元评价方式。课堂上，有教师的鼓励性评价，有学生间的互动评价；课后，还有家长在班级微信交流群的感言，评价空间从课内拓展到课外。通过实践、观察、思考，鼓励学生使用最常见的智能手机拍摄功能，在生活中用心观察，发现美、记录美、分享美，潜移默化地引导学生的视角从自身向外部拓展，去发现学校、社区、城市的美好，发现国家日新月异的发展与变化。

表 7-11 《我是小小摄影师》活动评价表 1

班级 _____ 姓名 _____

评价项目	评价指标	评价内容
价值体认	在实地拍摄照片的过程中发现美、感受美,激发热爱家乡、热爱祖国的情感	我的等级: 菜鸟( ) 摄影小达人( ) 金牌摄影师( )
责任担当	认识手机的危害,懂得要合理使手机,养成热爱生活的态度	
问题解决	在反复实践中达成基本的摄影要求:画质清晰、画面简洁、主体突出、主题鲜明,能用修图软件对照片进行美化、修饰,有自主探究的意识与解决问题的能力	我最满意的一张照片: 教师评价这张照片: 画质清晰( )画面简洁( ) 主体突出( )合理美化( )
创意物化	小组合作,能用《美图秀秀》《抖音》等软件创意制作电子相册,作品主题鲜明、有创意	我的收获:

表 7-12 "我是小小摄影师"过程性评价表 2

我在活动中的表现	自评	组长评
积极参加活动,大胆发言	( )颗星	( )颗星
遇到问题,主动想办法解决	( )颗星	( )颗星
与同学合作,完成电子相册的制作	( )颗星	( )颗星
善于倾听,虚心接受别人的意见	( )颗星	( )颗星
活动成果创新	( )颗星	( )颗星

说明:自评、组长评,采用五星制,"优秀"5 颗星,"良好"4 颗星,"需努力"3 颗星。

来源:林静芳老师的综合实践主题活动设计"我是小小摄影师"入选教育部全国中小学生综合实践活动课程资源库。

三、英语学科试点先行，其他学科携手同进

我校选择英语为突破口，根据课标提出的"英语课程应遵循长短课时结合、高频率的原则，每周不少于四次教学活动"的课改理念，积极尝试英语课程校本化的途径：一是学校对课程进行整体规划，每天增加 10 分钟的英语学习时间，每月增加 2 课时英语综合实践活动；二是教师对课程进行"二次开发"，拓展、补充、整合英语学习内容，推行"空中英语"教学模式。从 2004 年开发至今，我校"空中英语"校本课程已实践了十几个年头。在将近二十年的实践探索中，我们以积极心理健康教育理念创建"空中英语"学习的和谐氛围，营建"空中英语"学习的快乐心向，奏响"分享英语，快乐学习"的"空中英语"学习的主旋律。在内容设置上，我们结合学校的育人目标，从儿童的兴趣、需要以及认知水平出发，以学生真实的学习生活场景为背景，以实用互动的话题为主线，按月份设计编写，与学期生活有机融合，注意人文教育的渗透。不管是学习内容的设置，还是学习环境的营造，都围绕着学生学习英语的种种心理需求，使呈现的学习内容让学生在主观上感到满足，达到教学材料与学生需要的统一，有效调节学生的心理倾向，在学生英语学习的成长过程中建立起快乐的人生经验，树立起快乐的英语学习认知价值。

科学的教学方法是保证学生以积极心理参与学习活动的重要条件。实践中，为充分调动学生参与英语学习的积极性，我们摸索出了一套"整体感知、分散教学、集中巩固、运用提高"的教学模式，让学生对英语学习形成了自然的接受态度和主动学的积极心理状态，引导学生进入快乐学习的情状，帮助他们更好地承受学习压力与责任。在这种快乐情绪的学习体验中，形成了敢说乐说的英语学习风貌。

在"积极心理健康教育"创始人孟万金教授的指导下，在总结"空中英语"先行先试的成果下，我校于 2011 年下半年继续以积极心理健康教育作为统领学校素质教育的抓手，作为推进新课程改革的突破口，做到全方位、全过程、全员参与、全面渗透积极心理健康教育。体育老师构建了以美国SPARK(the sports, play and active recreation for kids program)快乐体育为指引，以优秀体育教育传统(身体练习)为内核的新体育课堂模式。通过优化体育课堂组织形式、活动方式寓教于乐，提高学生参与运动的密度，催生了积极活泼、扎实有效的体育课堂教学景观。艺术老师以艺术社团活动

为平台,扬长避短,挖掘学生多元智能,突出个性优势,提高学生学习和生活的效能与质量;营造和谐社团环境,培养群体互动,传播幸福,共同进步,增进主观幸福感;让学生在社团活动中积极应对,与更多的同学交往,形成健全开朗、合群、乐学、自立的健康人格。数学则以培养学生的反思能力为积极心理健康教育的突破口,运用元认知的概念和国内外元认知的研究成果,通过学生解题前、解题后、知识单元学习后三个阶段的反思能力培养策略的教学行动研究,为学生创设交流机会,让学生在交流中进行反思,创设自我批改的空间;让学生在作业批改中进行反思,创设自我反思的时空;让学生在作业检验中进行反思,通过研究评价策略培养学生的反思意识,养成反思习惯,掌握反思策略和反思技能。语文学科以"学思阅读教学的研究"吸纳积极心理健康教育中关于多元智能运用的实践成果,在思维与言语智能发展中架构语文课改的新途径。

　　思想为刃,披荆斩棘;匠心为舟,踏浪乘风。在新的起点上,我们将沉淀初心与梦想,迈步而来,聚合思想和智慧,再启征程。

展望篇

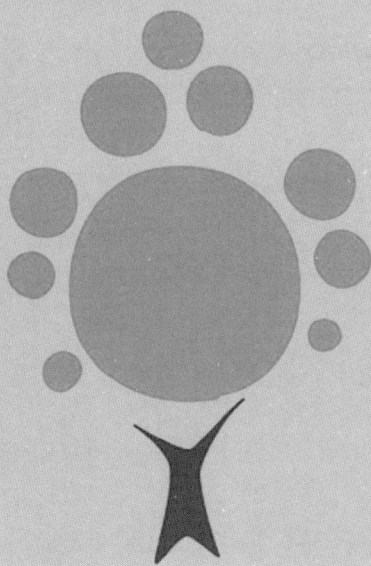

第八章

多重省思:幸福教育的成效与挑战

当教育遇上幸福,就成了一件美妙的事。以人的幸福情感为目的的教育,能培养创造幸福、享用幸福的人。[30]几年来,鲤城区实验小学在"和谐育人、幸福有成"办学理念的指引下,秉承学校精神财富,传承"幸福"主张,实施"润心"教育,对"幸福教育"不断进行探索与实践,着力建设校园幸福文化,建立幸福管理机制,建构幸福课程体系,涵养幸福教师品格,培养学生幸福能力,实现了学生德智体美劳全面发展、教师专业发展和学校特色发展三丰收。"小刺桐合唱团""空中英语""南拳"等特色项目,分别获得2017、2018 年福建省教育成果奖,获评及福建省精品校本课程。

第一节 幸福领航 优质谱新歌

一、幸福校园,多彩绚丽

学校因时制宜,因校制宜,走出了一条符合自身实际的幸福教育独特之路,形成了百花斗艳的格局,多素质协同发展,多元素融合共存,全面和谐,持久发展,成绩不凡。

学校先后荣获全国第三届"和谐校园"先进学校、全国首批体育工作示范学校、全国足球特色校、全国未成年人思想道德建设工作先进学校、全国教育科研工作先进学校、全国创建绿色学校工作先进学校、全国艺术教育先进集体等国家级荣誉十余项,被评为福建省校园文化美育环境示范学校、福建省优秀少先队集体。南拳、小刺桐合唱团、"空中英语"这三朵特色之花成绩突出：学校是福建省级体育传统特色（南拳）学校，南拳课程获福建省精品课程，"宋江阵"获全国百强案例；创办20多年小刺桐合唱团荣获全国校园合唱一等奖，福建省艺术节一等奖，并曾荣登国家大剧院演唱，我校是福建省级音乐学科基地校，《效能型合唱团建设》获福建省基础教育教学成果奖二等奖；千人课堂的"空中英语"校本课程演绎着多元文化，形成特色鲜明、内涵丰富的校园文化，是福建省级英语学科基地校，"三位一体"语用型英语课程构建获基础教育省级教学成果奖二等奖（详见图8-1）。学校还多次被评为全国"青少年科学调查体验活动特色学校"，荣获全国"体验科学，快乐成长"青少年科学调查体验活动优秀实施单位奖，图书馆被评为"福建省示范图书馆""福建省最美图书馆""全国中小学图书馆先进集体"。学校成为管理、课程、特色、科研等多方位示范辐射的重要窗口。

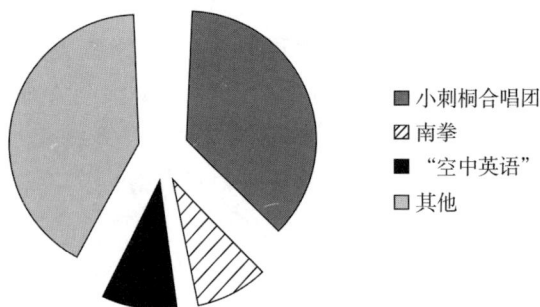

图8-1　三大特色在学校荣誉中占比图

在158项集体荣誉中，小刺桐合唱团占60项，南拳占15项，"空中英语"占16项，三大办学特色取得荣誉占所有荣誉的75%。

二、莘莘教师，百舸争流

幸福教育的重要使命就是"做幸福的老师，有幸福的学生，办幸福的学校"。"幸福都是奋斗出来的，奋斗本身就是一种幸福。"在幸福教育中，虽然培养学生的幸福情感是其中的核心目标，而幸福情感的获得，其背后还需要幸福能力的支撑。幸福能力主要表现为发现幸福、创造幸福和享用幸福的能力。一般而言，教师的幸福能力要比学生强。教育以承认这种差异为前提，以改变这种差异为任务，把教师的这种相对较强的幸福能力转移到学生身上，变成学生的一种内在素质，从而成就幸福教育的完整意义。

为帮助教师获得"心流"体验，增加工作的成就感和幸福感，学校把教师的专业化成长和教师的职业幸福感紧密结合。学校积极开展教师专业性培训，帮助教师准确理解和把握新课程的理念、目标、结构、内容定位和教学要求，了解新课程实施的情况，学习借鉴成功经验，促进教学观念和教学行为的转变，提高教师实施新课程的能力和水平，为顺利推进实施新课程提供了师资保障。

为了不断深化教育教学改革，努力打造"自主探究，轻负高质"的课堂，为学生打造个性发展的平台，学校建立了导师制，不断提升青年教师个人素养和专业能力，培育教师发展后劲；实施研训制，通过教研、课题研究等基本功培训，提升教师教育科研能力和执教能力；实行磨课制，引导教师在磨课中接受集体智慧的滋养，提升把握教材、驾驭课堂的能力，在教学实践中形成个性化的教学风格。学校精心搭台，教师勤学苦练，一大批教师成长为各级教育教学骨干，成为学生健康成长的良师益友。

目前，学校有省级、市级名校长各1人，市级教学名师2人，市级学科教学带头人2人，市级、区级骨干教师各21人。据不完全统计，2015年来，学校教师参加各级各类比赛活动，成绩显著：荣获国家级奖项的，分别有语文学科3人次、英语1人次、美术2人次、少先队活动1人次；荣获省级荣誉的有17人次（详见图8-2）。

在各类竞赛中，我校教师分别获得国家、省、市、区级奖项各59、48、47、53项，共计207项；课题立项省级20个、市级50个、区级70个共计140个；教师个人受表彰国家级12项、市级14项、区级27项，共计53项。

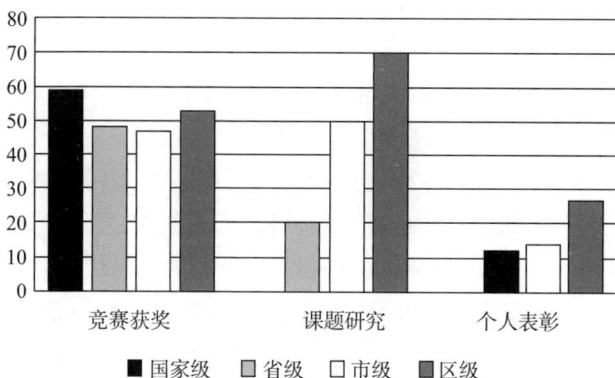

图8-2 教师竞赛课、课题荣誉统计图

三、桃李学子，千帆竞发

学校的教育过程不仅是教师引导学生求真、向善和爱美的过程，也是引导学生体验幸福的生命历程。在学生的成长过程中，我们确立一个又一个"自我实现"的目标，让他们在"自我实现"和"自我超越"的循环往复中不断地创造幸福、体验幸福。

学校围绕办学思想，以促进学生全面发展和幸福成长为出发点和旨归。通过对学校一系列教育教学活动进行整合、提炼，依据学生认知发展规律建构课程，先后分别开发出主题德育类、社区活动类、兴趣活动类、社团活动类、实践体验类等五大类共 48 门选修课程，形成学校自主设置、教师自主开设、学生自主选择的校本化课程体系，采用长短课、集中实施或分段实施的方法，实现了"教师教其所长，学生学其所乐"，师生一起幸福成长的课程目标。学校依据学生需要组建了小刺桐合唱团、卓吾文学社（详见附录 8-1）、"宋江阵"、足球队、篮球队、航模队等十余个学生社团，开设书画、闽南童谣、舞蹈、书法、机器人等二十余个门类的城市少年宫班级活动，组织班级联欢、才艺展示、书画展评、校园诗集展、趣味运动会、英语节、足球节、科技周、推普周、读书月等多种形式的文体活动，为学生搭建发展个性特长的平台和展示个性才华的舞台，让学生在玩中学、学中玩、学有所好、学有所长，促进每个学生的幸福发展。

"以人为本，健康第一"作为学校体育工作的指导思想，以理念为先导，催生教学行为的转变，以校本为依托，把学生终身体育和德智体美全面发展理念、方法与校园文化建设紧密结合起来，开设了"南拳"校本课程，为学生自主参与活动创设平台，通过活动积累和磨炼，长见识、得乐趣，从而掌握运动技能和艺术技能，提高能力和水平。

学校重点打造艺术教育特色，致力于学生艺术素养的提高和校园艺术氛围的培育。学校确立了艺术教育的目标，即通过艺术和美成就每个孩子"美丽的人生"——成为身心素质全面与和谐发展的现代人，让艺术和美成为每个孩子的人生珍藏，在"继承、创新、联动"中走出了一条符合自身实际的现代艺术教育之路，凸显了"与美丽相约"的艺术教育的独特风格。

数年的踏实奋进，幸福教育成果显著，培养了具备"理解幸福的思维""感受幸福的能力""体验幸福的境界"和"创造幸福的能力"为核心内涵的幸福学生。良好习惯不断形成，核心素养不断提升，个性特长和综合素质不断发展，学生在各级各类比赛中屡屡斩获佳绩。据不完全统计，自 2015 年来，学生荣获国家级奖项的有 60 人次，荣获省级奖项的有 187 人次，荣获市级的有 346 人次（详见图 8-3）。

（人）

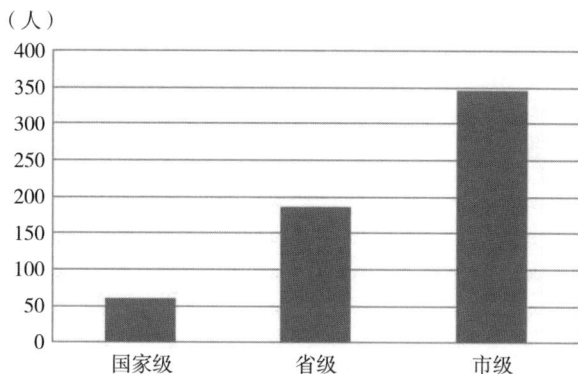

图 8-3　学生获奖情况统计图

第二节　幸福辐射　品牌显效应

学校工作与时俱进，开拓创新，实施幸福教育，彰显学校的办学特色，办学成果已经辐射到组团片区、市、省乃至全国，辐射弧度广、宽、密。

一、培扶片区，助力提质

作为组团片区的领衔学校，我校充分发挥优质学校的辐射作用，每个学期都在"实小—新华"组团片区内开展各学科的教育教学教研活动：举行教学技能竞赛，开展岗位练兵，促进技能提升；开设培训讲座、教学研讨、课题研究，推进组团课堂教学改革，提高教师的专业素养，加强我区教科研实践基地校的建设，增进组团片区间的交流。在交流和探讨中在促进教师素养的提升，深化对"幸福高质课堂"以及"持续深入发展方略"的全面认识。在"教研共建，特色互补，文化互渗"的不懈坚持中，在"共建平台，共享资源，共同发展"的幸福愿景下，"实小—新华"片区组团多向联动，携手同心，勠力同行,谱写共建新篇章!

二、新区支教,传经送宝

为了优化教师队伍结构,提高教师素养,推进教育均衡发展,作为一所百年名校,学校每年都会选派优秀教师到江南新区支教,承担教学任务,开展帮带教师、立项课题、举行讲座、开展示范课等工作,发挥老城区优质教育资源的辐射作用。近几年,学校先后派出多位名师工作室领衔名师和泉州市骨干教师到江南新区支教,推动新区教育教学的发展。

每年暑假,学校都会委派精英干将为鲤城区新任教师做岗前培训,使新任教师快速熟悉教学大纲、教学内容以及有关教育政策法规,初步掌握所教学科的教学常规,尽快适应鲤城区的教育教学工作,为全区的教育发展做出了一定的贡献。

三、送教城乡,联动引领

为了更好地发挥泉州市名校、名师的带头、辐射作用,促进城乡教育教学质量,作为泉州市名校名师送教单位,学校每年都十分重视送教下乡活动。蔡晓芹校长亲自带头,发挥榜样示范作用,成立名校名师送教团,先后派出泉州市教学名师傅宝青副校长、泉州市骨干教师张江锋、万媛媛等 7人、省级学科带头人吕喆清老师、泉州市教坛新秀徐曦霞老师、泉州市小学英语名师工作室领衔名师吕月云、泉州市教坛新秀蔡晶晶等名师,到福州、晋江、南安、安溪等地参加"泉州市名校名师送教下乡活动",不仅搭建了城乡小学彼此交流的平台,也充分展现了我校教师的良好风采,为促进城乡小学教育的均衡发展做出了积极的努力和探索,真正实现了"资源共享、优势互补、共同提高"。每一次送教活动都是教育之花的绽放,在与不同地域教育的交流碰撞中,展现我校勇立教改潮头的风采,实现携手共进的教育初心。走在教育奋进路上的我们,愿将"幸福育人"薪火相传。

四、搭建平台,互相促进

为了加强与薄弱学校的沟通与交融,学校先后接待西藏洛隆县教育系统干部管理泉州研修班学员、三明市宁化县跟岗校长莅临我校参观学习。

作为鲤城教育的一所窗口学校，鲤城区实验小学始终以开放的襟怀、融合的姿态迎接跟岗干部，以热情的服务和共同学习的心态，把先进的办学理念、高效精致的课堂和特色文化建设等方面的工作，毫无保留，倾囊相授，零距离地展现给每一位跟岗校长。各位跟岗校长通过参观校园、列席会议、聆听讲座、参与教研、观摩课堂、体验科技活动、文化考察、对话交流等浸润方式跟岗学习，双方在务实的跟岗活动中搭建了交流平台，交互启迪，相互促进，收获友谊的同时，也推动了双方学校各项事业健康发展。

五、校长"国培"，助力乡村

鲤城区实验小学作为教育部"校长国培计划"——边远贫困地区农村校长助力工程基地学校，先后迎来了好几批从边远山区而来的跟岗农村校长。在一次次的影子培训中，蔡晓芹校长成为跟岗校长们的实践导师，与各位参培校长分享了"幸福教育"的办学主张、智慧型服务型校长的心得、聚焦核心素养的治校理念。学校管理层团队也分别开设讲座，畅谈在精细化管理、教学教研、课题研究等方面的管理制度和有效经验。带着理论上的认识，校长们参加了校务会、行政会、党政工联席会、教职工大会，旁观了学校的常规管理、聆听教师对绩效改革的意见，见证了学校直面问题敢于改革的决心，展现了我校精诚团结、奋勇拼搏的精神。培训中，校领导还针对各地区跟岗学校的教育管理现状进行问诊，帮助他们直面症结，思考解决的途径。结业不停业，我校仍牵手西部教育，以"年段结队乡村学校"发展项目为载体，继续助力城乡教育共同发展。

六、媒体争报，力荐品牌

由于学校幸福教育成果显著，为了把学校的管理和教育教学经验辐射到全区、全市、全省、全国，《中国教育报》《东南早报》《泉州晚报》《鲤城微事》《文明鲤城》以及鲤城区教育局、泉州市教育局等公众号，都纷纷对我校的办学特色、办学成效做了相应的报道，推广先进的办学理念、优秀的办学特色，我校成为省、市、区乃至全国的品牌学校。

幸福教育的成果辐射，极大地推动了城乡教育的均衡，促进了城市农村教育的共同发展，推动了泉州市的教育发展。

第三节　士之弘毅　纵深再发展

一、宏观明方向，远瞩再思考

教育兴则国家兴，教育强则国家强，教育对于提高人民综合素质、促进人的全面发展、增强中华民族创新创造活力、实现中华民族伟大复兴具有决定性意义。全国教育大会指出，要努力构建德智体美劳全面培养的教育体系，形成更高水平的人才培养体系，坚持把优先发展教育事业作为推动党和国家各项事业发展的重要先手棋，不断使教育同党和国家事业发展要求相适应、同人民群众期待相契合、同我国综合国力和国际地位相匹配。

"明者因时而变，知者随事而制。"作为一所有使命担当、有境界追求的学校，理应积极融入历史潮流，适应新时代教育发展的宏观方向，对教育理念与改革主张进行深度思考和努力践行。学校将紧跟社会主义新时代的发展步伐，全面总结八年来"幸福教育"的办学经验，依据立德树人的根本要求和德智体美劳全面发展的培养目标，努力落实立德树人根本任务，通过建构个性化的育人体系，以积极主动的态度、科学理性的精神、扎实有效的举措系统诠释和践行"培养什么人、怎样培养人、为谁培养人"这一根本问题，推动学校的跨越式发展。

不管什么时候，学校都要以凝聚人心、完善人格、开发人力、培育人才、造福人民为工作目标，为党育人的初心不能忘，为国育才的使命不能改，致力于培养德智体美劳全面发展的社会主义建设者和接班人。下阶段，学校将在引导学生坚定理想信念、厚植爱国主义情怀、加强品德修养、增长知识见识、培养奋斗精神、增强综合素质等方面狠下功夫，促进学生自律自觉成长。只有当幸福变成一种内在素质，幸福才是自由和终身的，教育也才是最成功的。

幸福教育事业发展还远远"在路上"。进入新时代，必须准确把握和认识未来发展形势，抢抓机遇，将自身融入新时代改革开放的洪流，勇立改革潮头，接受历史站位、思想境界、责任担当和开拓能力的考验。进入新时代,积极应对高质量教育的现实命题,进一步梳理、总结、提炼"幸福育人"的建设经验,充分发挥好品牌学校的辐射引领作用,为区域教育的改革发展体现出示范引领的角色担当,为更广大学生的和谐发展奠定坚实的基础。

"以新理念、新定位引领创新发展……"这对学校新一轮发展明确了主张和路径。提出"可持续幸福教育",将"可持续幸福教育育人体系"的理念提炼、路径设计以及操作模式置于国家小康和谐社会建设和时代教育发展的宏大叙事情境下进行思考与实践,将幸福学校的理想追求融合于教育生态体系,从而使"可持续幸福教育育人体系"的建构层次分明、节奏稳健。

二、创新育全人,素养再提质

全国教育大会上,习近平总书记高瞻远瞩地指出,要努力构建德智体美劳全面培养的教育体系,形成更高水平的人才培养体系。加强德育,我们将在加强品德修养上下功夫,教育引导学生培育和践行社会主义核心价值观,踏踏实实修好品德,成为有大爱、大德、大情怀的人;加强智育,我们将在增长知识见识上下功夫,教育引导学生珍惜学习时光,心无旁骛地求知问学,增长见识,丰富学识,沿着求真理、悟道理、明事理的方向前进;加强体育,我们将树立健康第一的教育理念,帮助学生在体育锻炼中享受乐趣、增强体质、健全人格、锤炼意志;加强美育,我们将在原有探索基础上改进学校美育,坚持以美育人、以文化人,提高学生审美和人文素养;加强劳育,我们将创新劳动教育模式,通过共享、联动、创建等方式多措并举,拓宽劳动教育实践场所,深度挖掘劳动教育新元素,使学生在具体劳动实践初步对未来职业发展进行自我规划,提升未来社会融入的优势性。

我们将融思想道德教育、文化知识教育、社会实践教育为一体(见图8-4)。让学科体系、教学体系、管理体系都围绕这个目标来设计,教师围绕这个目标来教,学生围绕这个目标来学,才能聚焦聚力、取得实效,完善德智体美劳全面培养的教育体系,为人才培养筑牢更高水平、更加科学的制度基础。

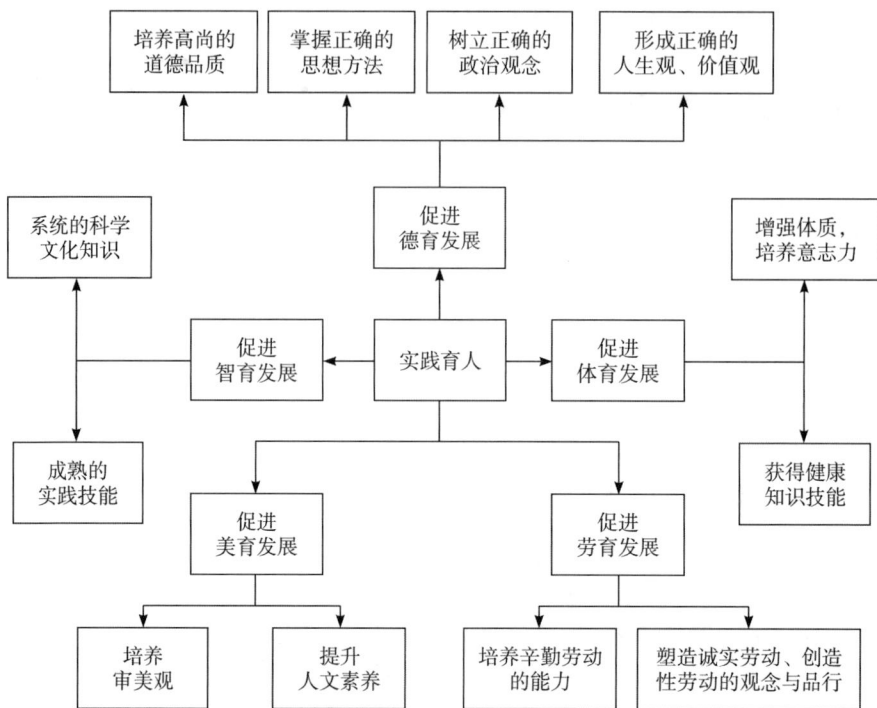

图 8-4　实践育人体系图

三、生态细共生,内涵再发展

我们将以党的教育方针和学校的地缘优势,结合现代生态学理论观照学校整体生态共生,运用生态思维解决教育问题的教育,让学校回归幸福教育"育人"初心,以幸福教育生态为价值追求,贴地而行。

从 2020 年开始,我们在优质办学的同时,还要在共育未来的目标中奋斗,帮助更多的教师成为优秀教师,让"乐教""善教""博学""博爱"的教师团队,培育"乐学""善思""合作"的学生,让优秀学生为优秀的未来脚踏实地、努力奋斗!

我们将用优秀的学校文化实现文化铸魂、文化导行和文化提质。学生与环境互动所产生的体验或经验,可以被内化构建成为人格中的重要部分。优美的校园环境、浓郁的文化氛围会影响他们的一生。为此,学校将在原有校园文化氛围的基础上进行更新,创新能引发师生共情归属感的文化举措。我们还要追寻更好的教师专业成长范式,增强教师自我效能感。

在教师群体方面,构建青年教师成长计划、骨干教师优才计划和专家教师卓越计划,突出教师专业核心素养培育。

事实上,2020 年初至今我们已经先后推出系列相关讲座与沙龙指导。引导教师在实践基础上进行反思,在省思中成长;注重专业合作,站在团队肩膀上成长;提供专家引领,站在大师肩膀上成长。同时增补更有效的教师评价体系,增加教师的归属感。我们也将加大学生社团的建设力度,让每一位学生都能成为社团发展的主人,让师生在文化共建中共生。

“喜看稻菽千重浪”兼具改革者的勇气与智慧,立足当下,放眼未来,必将收获更多美好。

附录 8-1　卓吾文学社简介

向着有光的方向　幸福成长
——卓吾文学社简介

校园里有三棵鸡蛋花树,两棵在门口,枝叶舒展,团团如帷盖,迎接每一位走进校园的师生。另一棵在图书馆旁。这棵鸡蛋花树的一侧被榕树挡住了,枝叶稀疏。于是,它向另一侧尽情生长,以获得更多的阳光。植物都喜欢向着有阳光的地方生长。人亦一样。鲤城实小卓吾文学社就是那一束光,吸引了一批喜爱阅读、热爱写作的教师聚在一起,在文学的天地里自由遨游。渐渐地,成长为腹有诗书气自华的模样。这样的教师、课堂是有温度、有智慧的,教师们用文学滋养自己的同时,也润泽了学生的心灵,师生们的幸福感自然而然地洋溢而出。

一、卓吾陶陶乐,阅读乐陶陶

卓吾文学社成立于 2008 年 6 月 1 日,经典栏目是“卓吾陶陶乐”。它是一档由教师社员策划、组织,面向全体教师的读书分享栏目。凭着对文学的热爱和共同的信仰,一群志趣相投的伙伴们一路相伴。它更是一种文化精神的传播,在诗情画意的情怀中,我们满怀初心,让教育充盈书香。“卓吾陶陶乐”栏目分为四大类,分别是“教育心声”、“卓吾诗意”、“卓吾书简”和“卓吾心声”。

“教育心声”的内容与教师的专业素养有关,可以是教育类书籍的研读感悟、教育教学的心得体会、课堂教学闪光之处。如有一期“教育心声”的内容是“民国老课本”,讲的就是民国时期语文课本的编写。那个年代小学课本编写不仅着眼于培养学生的阅读能力和写作能力,更贴近小孩子的心理。课本里体现了教育者的用心,值得我们今天每一位教育工作者深思。

"卓吾诗意"结合读书节活动,开展教师诗词大会。有诗词赏析、飞花令、古诗文的传唱等内容。中华文化博大精深,一字一句无不彰显着华夏上下五千年的文化精髓,言辞达意更是源远流长。传世经典,历经千年而不朽,虽表有别,然达无差。如有一期"诗词狂欢"的开头,就让大家看一看时下流行语是如何从古人口中说出来的。"重要的事情说三遍"即是"一言难尽意,三令作五申";"世界那么大,我想去看看",可以翻译为"高地阔,欲往观之"。在惊讶、赞叹和欢笑声中,教师们徜徉在古典文化的海洋中,感受古人对世间万物的珍视,体验古人与大自然和谐相处的其乐融融。

"卓吾书简"顾名思义,即好书推荐及阅读感悟,或是以诵读的方式,或是以讲座的方式,或是以表演小品的形式,与老师们分享。记得有一期分享《见字如面》这本书,在老师们深情朗读书信的同时,我们仿佛感受到"复恐匆匆说不尽,行人临发又开封"的心境。青青河畔草,绵绵思远道。书信,不是简单的通信工具,一纸尺素,亦是对友人的依依惜别,对儿女的谆谆教诲,对父母的无限眷恋。重拾这种古老的问候,用最简单的文字,触碰了我们心里最柔软的地方。

"卓吾心声",内容多样,不仅有关于心理健康方面的培训与活动,还有关于健身养生的讲座和交流。在"瑜伽课堂"里,我们跟着教练,把压抑了一天的颈椎轻轻拉伸,学习如何以最舒服的姿势去迎接新的一天;"和时间做朋友"里,我们学会把手头的事情分为重要、紧急、不重要、不紧急等四类,更好地管理了自己的时间。一次又一次的活动,教师们在交流中舒展了心情,在活动中舒展了筋骨,更在欢快愉悦的笑声中舒展了心中的倦怠。

(一)"卓吾杯"首届诗词大会

诗的语言,典藏着五千年悠久的民族文化;诗的声音,演绎着不朽历史的风骨铿锵。为了进一步实施关于弘扬民族文化精髓,加强学生民族文化底蕴的要求,开阔学生视野,培养良好的阅读和学习习惯,2017年4月24日,我校图书馆和卓吾文学社联合举办"卓吾杯"首届诗词大会。全校师生吟风赏雅,共赴诗词之约。

整场诗词大会分教师、学生两部分。学生方面,各班安排5名学生在图书馆和综合楼一楼空层参加诗词填空活动。经过一番紧张激烈的比拼,80人进入决赛,进行第二轮比拼——诗词联句。最终,26人荣获鲤城实小"诗词达人"称号。各班相应在班级开展诗词连线、诗词朗诵、诗词知识竞赛、飞花令、观看诗词视频等丰富多彩的活动。下午的教师大会上,老师们精心策划了第二期"卓吾陶陶乐"节目——"诗词风流，含英咀华"，以当下流行的"飞花令"开场，带领老师们"跟着诗词去旅行"，"伴着诗词来歌唱"，"寻着诗词找节气"。

借诗词大会，我们开启一场诗词之旅，重温那些历久弥新的经典诗句。这样的温故知新，拂去了我们记忆里的灰尘，照亮了我们今天的诗意生活。

（二）尺素重重封锦字

《见字如面》是一档书信朗读节目。以"尺素重重封锦字"为主题，节选片段欣赏陈寅恪先生写给傅斯年的一封信《此点关系全部纲纪精神》。陈寅恪先生提出"请假非小事，此点关系全部纲纪精神"，用实际行动阐释了何谓"职业道德"，何谓"爱岗敬业"，这对我们广大教师也有深刻的启示——教书当先立人。现场教师互动朗读写给父亲的一封信——《你养我大，我陪你老》，真情流露，触碰到了每个人内心最柔软的地方。此次读书活动，带给老师的是一份感动、一点思考、一颗热爱文学的心。

（三）没有"但是"的爱

核心素养的最终目标是培养全面发展的人。"没有'但是'的爱"是主题教育书籍推荐节目，推荐《孩子是个哲学家》《第56号教室的奇迹》《卡尔·威特的教育》三本经典教育书籍，引起老师们的思考：如何培养学生的核心素养？通过教育案例情景剧的分享、演绎、讨论，告诉我们——爱，是信任；爱，是尊重！以爱的名义提出有条件的"但是"值得我们深思，唯有用爱、信任和尊重去培育学生，才可以帮助他们成为一个健康快乐、全面发展的人，帮助他们更好地实现梦想！

（四）倾听身体的声音

关注教师的身心健康一直是学校实践"幸福教育"的基础意识。通过巧手操，引导老师们关注自身身心健康，快乐减压。活动中心理界大咖曾奇峰的一段视频深入浅出地呼吁老师们正视自己身体，寻找我们最忠实的朋友——身体。《身体知道答案》《生活的重建》两本书的推介，让老师们了解更多关于身体与心理的联系，进而倡导全体老师以积极的心态去感知、调整，让自己的身体和心灵形成和谐的氛围，用阳光、健康的身体和心灵去享受生活、快乐工作！

二、以梦为马，不负韶华

卓吾文学社以"弘扬书香文化，放飞理想翅膀，建构校园风景，推进校园文学"为宗旨，引领一批热爱习作的小社员走向文学殿堂。小社员由五、六年级各班推选出来。

每学期期初,制定活动计划,根据文学社老师擅长的方面来设计课程内容,每周四下午第四节在图书馆对小社员进行培训。如鲤城区作家协会会员林静芳老师和小社员们一起构建神奇的童话天地——翡翠谷、奇幻岛,由老师指导小社员如何写出富有童真童趣的儿童诗;教小社员如何朗诵一篇文章;指导学生如何观察生活,用手机及时捕捉生活中的美;和小社员聊旅游的经历,鼓励小社员读万卷书,行万里路。这学期,还邀请来我校跟岗的三明市宁化县水茜中心小学夏西洋校长,和小社员聊他小时候的读书经历……风格各异的老师们丰富了小社员们的心灵,打开了小社员们看世界的眼。小社员们明白了,何为真,何为善,何为美。

小社员的培训有两个保留项目:一是研学旅行,二是邀请专家做讲座。先说研学旅行。小社员们访开元寺,在古船馆中流连,穿行于西街小巷,到木偶剧院观赏生动有趣的提线木偶戏,感受泉州古城的韵味,立志传承中华优秀传统文化。再说专家讲座。我们先后邀请著名儿童文学作家郑春华、两色风景、泉州市知名作家蔡文本、法国SIPA签约摄影师王巨毓老师(网名天空之城)、台湾知名儿童文学作家子鱼,到学校传授他们在文学、艺术上的经验、感悟。作家们为小社员树起一道标杆,激励着小社员们坚持阅读与写作,一步一个脚印,实现自己的文学梦。

读书节是全校的盛事,自然少不了卓吾文学社社员的参与。秋高气爽,社员们围坐在学校的小操场,读诗词、诵经典、绘插画、做书签、交换书籍,以文会友。亲子阅读照片展,定格父母子女间温暖的瞬间,好像一幅色调明亮的画;绘本创作比赛、橡皮章藏书票设计比赛、图书馆吉祥物征集,恰似一股清风,吹起创意制作的涟漪。

学作文,应该先学做人。明辨是非,心中有爱,是我们对小社员的要求。小社员学会了主动为山区小朋友捐赠书籍;重阳节,为敬老院的人们送去贴心的小礼物。校史室前的"读书积善"四个字,深深地镌刻在小社员的心中。

三、道之卓吾,俱在吾人

卓吾文学社社名缘起于明代泉州籍著名思想家、文学家李贽。在天后宫附近,有座李贽故居。李贽,号卓吾,他说"道之卓尔,俱在吾人"。就是说,道理使人卓越,但要多优秀则取决于自身的努力程度。他提倡童心说,认为"天下之至文,未有不出于童心焉者也"。因此,文学社以"卓吾"两字为名,以此寄望社员们秉承李贽的文学精神,我笔写我心,在文学路上孜孜不倦,成为一个卓越的人。

回顾卓吾文学社十一年的成长足迹，众志成城，大胆创新，一路行来，留下深深浅浅的脚印。2013年12月，《学生周报》专版报道我校卓吾文学社。2017年10月，卓吾文学社登上《读写》杂志优秀文学社展栏目。卓吾文学社的主要刊物有作文集《翔》、童话集《翡翠谷》、诗集《卓吾诗集》。每一篇习作，都是一粒珍珠，散发出晶莹的光芒。那是社员们心中的美好世界，是社员们童年生活的美好印记。

作文集《翔》邀请泉州市知名作家作序，开篇就是名家手笔。推出文学新苗，为文学爱好者提供展示的舞台。还有"奇幻之旅""爱的乐章""小小说，大世界"三个栏目，发表社员的优秀习作。

童话集《翡翠谷》以"翡翠谷"为关键词，分为两部分，正着看，反着看，都可以。一部分是同样的开头，让社员续写，于是有了不同的结局。一部分是任社员发挥，不同的孩子，就会创造出不同的翡翠谷。翡翠谷，是他们心中构筑的美好世界，是他们对生活的敏锐感知。

《卓吾诗集》收入45篇童趣盎然的儿童诗。小社员们用心描绘属于他们的美丽，跳跃的文字里，是他们对生活的点滴观察，对身旁事物的联想与想象，如五彩斑斓的万花筒，令人惊叹。

2018年，文学社借"校园读书节"之际，再次向学生征集诗歌，以"校园生活"为主题，征集到一百多篇诗歌。同学们细细描摹校园生活的点点滴滴，尽情抒发热爱校园的真挚情感。幸福，就在于微小的细节中，在于平凡的生活中。用心感受，自然从心间流出来，倾泻于笔端。

缤纷的文字化作浓浓书香，洗涤了心灵上的微尘。于是，卓吾文学社师生们在看似平凡的生活中，学会感知世界的美好，懂得付出爱，在书香校园里向阳而生，幸福成长。

❋儿童诗目录

❀校门口那棵鸡蛋花树

2013 级 7 班　真羽晞

清晨的第一缕阳光照在我身上
一片片火红的花瓣绽开
孩子们书写的文字
在风中绽放

昨夜的雨滴悄悄从叶子上滑落
一只只飞舞的红蝶
满载着孩子们对学校的祝福
停在我手上

春风拂过
我支楞起小耳朵
聆听校园交响曲
教室里的琅琅书声
走廊间的欢笑声
赛场上的加油声
和着大地的心跳声
多么美妙

夜晚是最静谧的时刻
我问身边的老爷爷
您为什么站在这儿
他笑着说
因为我喜欢看着孩子们
在老师的教导下
一天天长大
从懵懂无知到知书达理

我也喜欢这里

同学们露出灿烂的笑容
迈着步子向前奔跑的样子
轻轻捡起鹅黄色的落花夹进书页中
空气中浮动着沁人心脾的香味
还有飞翘的檐角在月光下的剪影

每一帧风景
都留在我心里

（指导老师：陈美聪）

❀ 第一次

2013 级 5 班　芦琪媛

第一次站在鲤城实小的大门前
我们还是稚气的小孩
迎着晨曦　背着书包
怯生生地踏进这一片沃土
生根　发芽　汲取养分
成长的季节里
流淌着春日的绚烂与美好

第一次参加学校运动会
我们携起手来互相鼓劲
阳光灿烂　激情澎湃
勇往直前地迈开脚步
奔腾　跳跃　冲向终点
绽放的朝气里
洋溢着夏日的蓬勃与热情

第一次登上学校的领奖台
没有任何时刻能比此时此刻骄傲自豪
当站上去的那一刹那
我已经证明了自己

奋斗的时光里
满是秋日的收获与成长

第一次站在"文明小卫士"的岗位上
鸡蛋花的芳香
总是弥漫在我身旁
负载着文明的使命
守护着学校的秩序
那后花园的小道上
记录着冬日的不懈与辛勤

最后一次站在鲤城实小的大门前
我们已长成鲜花的模样
小小的教室装不下大大的世界
青春的脚步永不停歇
我们笑着笑着　就哭了
为了眼前的离别
我们哭着哭着　就笑了
为了成长的喜悦

感谢学校与老师
感恩所有的第一次
美好的回忆将永远
镌刻在我们心里

（指导老师：陈文怡）

✿ 我喜欢校园

2014 级 9 班　陈子希

我喜欢校园
但不知为什么
可能是入校门时闻到沁人心脾的花香

我喜欢校园
但不知为什么
可能是上楼梯时看到和蔼可亲的微笑

我喜欢校园
但不知为什么
可能是进教室时听到抑扬顿挫的朗读

我喜欢校园
但不知为什么
可能是学习时遇到引人入胜的课堂

我喜欢校园
我知道为什么
那里有朝夕相处的老师和同学
有散发着油墨香气的课本和试卷

我喜欢校园
我知道为什么
那里有生机盎然的花园和草地
有万物复苏和叶落遍地

我喜欢校园
我知道为什么
那里有阅读的图书馆和小书吧
有排解心理压力的馨园

我喜欢校园
我知道为什么
那里有走向世界的小刺桐合唱团
有全国冠军的阳光伙伴

我喜欢校园
并且深深地喜欢
能在我心里充满着那么多的喜欢

（指导老师：陈桂珠）

❋魅力校园

2014级2班 陈子瑜

清晨的微光透过斑驳树影唤醒大地
清风拂过芳香跑道卷起树叶
沙沙作响是树叶在旋转跳跃吗
不，是少先队员们在装点校园
整洁舒适的校园是红领巾的家

韵味诗词在抑扬顿挫中苏醒
哆啦咪发是琴弦在欢快歌唱
ABCD 耳畔中的空中英语真动听
哼哼哈嘿 帅气的南拳操尽显雄风
叮叮当当的清脆是容器在调皮捣蛋
五彩斑斓的色彩勾勒出美丽的画卷
棱角分明的正方体们正排着队走向我们
多彩的课堂是同学们欢乐的源泉

时间滴答滴答
美好的校园拥抱我们
我爱这魅力校园

（指导老师：吴娜婷）

✳鲤的孩子

2016级5班 蔡熠轩

刚入学时 我问
妈妈 那是什么树
鸡蛋花树 开鸡蛋花
你说这里叫鲤城实小
妈妈 我是鲤的孩子

鲤的孩子是绿色的
妈妈 你说这里有百年了
百年的时光还能开枝散叶
妈妈 现在我也是枝头一枚
一枚鲤的孩子

妈妈 你说鲤是古城
卓吾是古城的古人
一个很古很古的读书人
我们也在以他的名义读书
读书的时候
我是鲤的孩子 古城的孩子

妈妈 你说鲤是一条鱼
它会游啊游啊
游成天上的龙
妈妈 我在这里的科技馆
好像真的可以飞到天上
我是鲤的孩子

妈妈 我在鸡蛋花树上
挂了一个愿望
我希望自己永远是鲤的孩子

（指导老师：许雅玲）

❋我 是

2017 级 4 班 魏祎

我是一株粉红色的桃树
长在春天的操场边
体育课上
同学们围着我欢乐嬉戏
笑声清脆 回荡校园

我是一朵芬芳的鸡蛋花
开在夏天的图书馆旁
语文课上
同学们围着我诵读经典
书声琅琅 古韵绵长

我是一枚火红的枫叶
挂在秋天的后花园里
音乐课上
同学们围着我唱起收获的歌
歌声婉转 琴声悠扬

我是一棵茂密繁盛的大榕树
立在冬天的校园里
综合实践活动课上
同学们围着我搜寻蚂蚁的家
发现世界 精彩无限

在四季轮回的教室里
我一天天快乐长大

（指导老师：陈红英）

❋晨 曦

2017 级 4 班 苏子溟

我们的学校里响起
铃声 歌声 笑声 读书声
那是我们敲响未来的声音
我们正高高兴兴地在学校学习

我们的书本里写着
春风 夏雨 秋鸟 冬雪
那是古人描绘自然的词句
我们正一笔一画认真地在作业本上写着

我们在操场上雀跃着
南拳 跳操 长绳 足球
那是我们丰富多彩的体育课
我们正和阳光一起活泼地跳跃着

我们在祖国花园里汲取着
鲜花 绿树 小草 雨露
那是我们园丁辛勤劳动的结晶
我们正和晨曦一起快乐地成长着

（指导老师：陈红英）

❋我多想去看看

2018 级 7 班 黄语煊

老师告诉我
到学校图书馆
可以闻到沁人的书香
遨游一望无际的书海
丰富童年生活的色彩

我好奇地对老师说："我多想去看看！"
看"白雪公主"
看"海的女儿"
老师夸我一定会是诗书中最美的那首

老师告诉我
到学校后花园
可以听到春天的花语
追逐翩翩起舞的彩蝶
观察植物生长的过程
我开心地对老师说："我多想去看看！"
看坛上的花
看花上的蝶
老师夸我一定会是花园中最美的那朵

老师告诉我
到学校科技馆
可以了解奇妙的星球
观察显微镜下的世界
感受现代科技的神奇
我急切地对老师说："我多想去看看！"
看闪烁的星
看流动的云
老师夸我一定会是星空中最亮的那颗

（指导老师：苏月香）

❋大大的校园，小小的我

2018 级 6 班　王宇轩

八岁的我
比去年的我　大一点
比未来的我　小一点
我拼命展开双臂　也不能像小鸟飞翔

我努力迈腿奔跑　也不能像小车奔驰
只有在校园里

我能
在知识里遨游
在教导里飞快成长
我喜欢上课时回答老师的提问
我喜欢下课间同学们的欢声笑语
我期待在大大的校园里长成大大的我

（指导老师：庄思琦）

❀分享第一

2018 级 11 班　黄梓皓

妈妈希望我
一直都是第一
但是我不喜欢
因为好的东西
就该分享
第一也是

（指导老师：许莉莉）

❀课间玩纸飞机

2015 级 1 班　曾一劭

猛禽呼啸箭弦飞，总角急奔课忘归。
热血男儿强国梦，九天揽月耀军威。

（指导老师：郑文红）

❋母 校

2013 级 7 班 郑毅

（一）

红瓦、红砖、石灰墙似乎是老的
校园的绿荫
记住了我们靓丽的倩影
似乎也是老的

校园的小道
刻下了我们匆匆的脚步
似乎也是老的

一支支粉笔
在几位妈妈般慈爱而威严的女老师手里
变幻成的知识
是新的

（二）

一个敏感的孩子
一进校门就看到的
老榕树
落一片叶
是绿的
新的
他找了一个新信封
收了几片
到给校长寄去的时候
信封
已经是——老的
地址
已经是——老的
但情谊
却是崭新的

（指导老师：陈美聪）

❋奇妙的你，我的校园

2013 级 11 班　陈佳颖

我的校园
是静谧的
静到可以听到三月的春风将枝头的绿叶揉绿的声音
静到可以听到我们在教室里书写生命的篇章
甚至静到可以在这五十个人的大教室里
听到我们在老师的指挥下一起奏响的《求知》之曲

我的校园
是热闹的
三五好友围坐在教室里侃侃而谈
招朋引伴漫步在走廊上轻声细语
成群结队奔驰在操场上呼声震天
这是我们一起弹奏的《青春》之歌

我的校园
是辽阔的
它装下了古今中国多少神奇的历史
它装下了各个国家多少奇人的事迹
它装下了现代各个国家飞速前进的步伐
正是这些数不清、道不尽的知识
构建起我们望也望不到边际的校园

我的校园
是微小的
正如三月里
蕴藏在那枝头里小小的生机一般
我们小小的身体里
也饱含着小小的希望
在不远的将来
这些小小的希望终将汇集成大大的星河

（指导老师：施静）

❀ 成长·四季

2014 级 1 班 陈子娴

小时候　看着姐姐背上书包
走进一座神圣美丽的宫殿
初升的太阳
为宫殿披上了金衣
宫殿就像被施了魔法
熠熠生辉
怀揣着七彩之梦
站在宫殿外的我
翘首盼望

来了　我来了
像姐姐一样
跳进了知识的海洋
跃入了校园母亲的怀抱

老师那亲切的笑脸
同学那有趣的游戏
书中那优美的文字
都是神奇的魔法石
我的小脑袋瓜里
填满了千千万万个
星星般的小问号

春风带着蓬勃的生机
嘟着嘴
吹开了枝头的嫩芽
吹红了含苞的茶花
校园里的欢乐和希望
催促我们奋发向上

夏雨带来美好的祝福
绿叶青翠欲滴
花儿姹紫嫣红
芳香弥漫书香校园的每个角落
蜜蜂蝴蝶围着书本翩翩起舞

秋色带来浪漫与丰收
鸡蛋花下落表演空中芭蕾
纷纷投进大地母亲的怀抱
同学们奋笔疾书
策马扬鞭奔赴新的赛场
收获学习的硕果

冬阳带来静谧与暖意
似乎世界在瞬间都安静了下来
同学们进行着最后的冲刺
刷刷的声音在教室回荡
那一份份满意的试卷
似乎积蓄能量
只为来年那明媚的春光

上课时我贪婪吮吸着知识的琼浆
下课时我仔细品味那学问的玉液
滋润着　　滋润着
我从一个懵懂无知的孩童
变成了成熟睿智的少年

老师　是您用神奇的魔棒
点燃我心中的风景
同学　是你用美丽的彩笔
共绘缤纷的校园
让我们尽情地欢笑　尽情地挥洒

努力拼搏　扬帆起航

让我们的成长融入校园的七彩梦

让校园的明天更辉煌　更灿烂

（指导老师：吴婷婷）

❀爱你，我的校园

2015 级 10 班　方天

爱你　我的校园

在下雨的清晨

那一朵朵涌动的伞花

为你增加了一道道绚丽的色彩

爱你　我的校园

在朗朗的早读

那一声声整齐的念诵

为你增添了一缕缕浓厚的书香

爱你　我的校园

在期待的课间

那一个个追逐的身影

为你记录了一声声童年的欢笑

爱你　我的校园

在落日的告别

那一句句"老师，再见"

为你累积了一片片师生的情谊

爱你　我的校园——鲤城实小

爱你　我的老师——辛勤园丁

（指导老师：张虹）

❀校园颂

2015 级 5 班　吴宇萱

九月的风
吹来秋天的金红
红领巾扬起自豪
又翻新的篇牍

舞蹈的粉笔
清澈的瞳眸
温存的剪影
印刻心头

打闹声
贯穿走廊西东
天真无邪的笑容
似快乐之源
有始无终

这是温馨的家
给我们心安的包容
她张开宽厚的臂膀
呵护我们每一个春夏秋冬

在这
我们瞭望知识的长虹
体会年少纯真的感动
破浪乘风　何惧
因为心中有梦

（指导老师：杨桂珠）

✳洒落的歌

2016 级 10 班 谢卓恒

窗外 洒进一缕阳光
临窗而坐
我突然想起我那已经毕业的哥哥
我很好奇
毕业的滋味是怎样的呢

校园里 有我的喜怒哀乐
读书声 欢笑声 嬉戏声
就像是一首首美丽的歌谣
我踏着少年成长的节奏
尽情享受在这美丽的家园

与同学们 老师们共度的日子
快乐 充实 美好
我珍惜着 在校园里的每时每刻
尽管时光还是一点一滴地溜走了

妈妈说
有些事情原想用一辈子去记忆
却在瞬间忘记了
有些事情在一瞬间记住了
却要用一辈子时间去忘记

懵懂的我 并不是很理解妈妈的话
但我相信
无论长大我去了什么地方
我亲爱的校园
都是我充满回忆的地方
都是我要努力去守护的家园

在学校发展的历史长河中
我是你洒落的歌
歌中有你　歌中有我

（指导老师：徐薇）

❀这一方美丽的校园

2016 级 6 班　刘婧妍

清晨
当第一缕阳光照进这所闽南式花园学校
一切都那么欣欣然
听
小鸟在鸡蛋花树梢上唱起悦耳的歌声
看
小草儿争先恐后拱出嫩绿的新芽
花儿们竞相绽放　吐露出馨香
红了杜鹃　香了桂花

傍晚
当夕阳的金辉再一次洒向这美丽的校园
一切依旧那么生机勃勃
听
小刺桐合唱团犹如天籁般的歌声在校园飘荡
看
操场上南拳操健儿们整齐划一　精神抖擞
教室里"四点半课堂"如火如荼开展着
快乐与知识在成长中激荡

迟暮
当教学楼的灯光一盏盏亮起
一切似乎归于平静
辛苦的老师们却依旧忙碌着

备课　改作业　教研
有序准备着明天的精彩
三尺讲台
四季耕耘
桃李满天下

我深爱着这美丽的校园
我深爱着这知识的海洋
我深爱着这快乐的净土

（指导老师：傅宝青）

❋我爱我家

2017级3班　李享

我有两个家
一个是小小的家
家里有爸爸妈妈
一个是大大的家
家里有老师　同学
有操场　教室
还有生机盎然的绿树与红花

周一到周五
无论是微风习习
还是狂风呼啸
无论是风和日丽
还是大雨滂沱
我都要爸爸将我准时送达
送达大大的家

在这个大大的家里
当我灰心丧气　迷茫困顿时
总能看到老师鼓励的明眸

和那时向我张开的臂弯

在这个大大的家里
当我脚踏实地　奋发图强时
总能看到老师欣慰的笑颜
和那刻向我竖起的大拇指

在这个大大的家里
生活中　同学们互相扶持
学习上　同学们互相鼓励
一起嬉戏
一起拼搏
一起挥洒我们的热血
一起收获我们的欢声笑语

我爱我家
——鲤城实小
这个大大的家
不管是现在种子萌芽
还是未来驰骋天涯
她是我们永恒的家
我们永远爱她

（指导老师：王琳君）

❀我是谁的孩子

2018级11班　叶静钰

我应当是风的孩子
拂过校园走廊
聆听着书声琅琅

我应当是树的孩子
扎根校园林地

庇护着一方荫凉

我应当是雨的孩子
浸润着校园每个角落
清洗着纯净无瑕的心灵

我应当是太阳的孩子
为校园凝结我的光束
散发着属于我的温暖

（指导老师：许莉莉）

参考文献

[1]蔡春玲.幸福理论研究综述[J].昆明理工大学学报(社会科学版), 2014(2):26-34.

[2]贺家红.幸福观研究概述[J].哲学动态,1998(2):14-16.

[3]金盛华.幸福状况及其影响因素研究[C].全国心理学学术大会, 2010(4):62.

[4]张珂.雅思贝尔斯唤醒教育的解读[J].亚太教育,2016(12):74.

[5]张春玉.引导学生随文练笔让幸福流淌笔尖[J].教育革新,2019 (1):55.

[6]高峰.我的"幸福教育观"[J].校长月刊,2006(09):25-26.

[7]潘水添.学校内涵发展与教师成长的研究与实践[C].国家教师科研基金"十一五"成果集(中国名校卷)(一),2009:54-56.

[8]宋燕.和合学视野下教师合作研修共同体建构的研究[D].重庆:西南大学,2011:68-88.

[9]侯怀银,余海军.教育和幸福的关系:一个亟待重视的教育研究领域[J].教育理论与实践,2008:8-11.

[11]秦红岭.幸福观视域中的德育困境与创新[J].山东省青年管理干部学院学报,2008(1):36-37.

[11]张巧明.幸福德育体系的实践探究[J].基础教育参考,2019(17): 76-77.

[12]张敏.以美育德——"小公民教育"的实践探索[M].上海:华东师范大学出版社,2019:105-130.

[13]张敏.新学期学校德育的个性化设计[M].上海:华东师范大学出版社,2018:200-250.

[14]崔允漷.校本课程开发:上海经验[M].上海:华东师范大学出版

社,2011:35.

[15]陈卫东.学校课程建设要辩证处理好五个关系[J].教学与管理,2020(5):21-23.

[16]褚宏启.学校特色建设要谨防"剑走偏锋"[J].中小学管理,2017(5):61.

[17]李秉德.教学论[M].北京:人民教育出版社,2010:169.

[18]吴中辉.松湖之约,为了那片教育"森林"[N].中国教育报,2019-11-27(4).

[19]计琳.一代师表于漪:生命与使命同行[J].上海教育(半月刊),2010(10B):12-19.

[20]崔允漷.有效教学[M].上海:华东师范大学出版社,2011:180-183.

[21]成尚荣.情境教育:核心素养的发展范式——李吉林教育思想对学生发展核心素养培育的启示[J].青年教师,2018(12):15-17.

[22]连榕.教师专业发展[M].北京:高等教育出版社,2007:160.

[23]徐雪兴.大力开展校本研究促进教师专业发展[J]教改前沿,2005(15):29-31.

[24]郭秀艳.内隐学习研究综述[J]华东师范大学学报(教育科学版),2004(03):52.

[25]孙杰.行动研究与教师专业发展[J]教育研究与实验,2006(1):20.

[26]史晓燕.教育测量与评价[M].北京:北京师范大学出版社,2018(8):4.

[27]孟万金,官群.幸福教育实用指南[M].北京:教育科学出版社,2013:183-184.

[28]孟万金,官群.幸福教育实用指南[M].北京:教育科学出版社,2013:37.

[29]吕晓慧.教学评价改革中的师生关系现状分析[J].教育教学论坛.2013(52):170-171.

[30]王晓春.幸福教育实践样态的校本建构[J].江苏教育研究,2019(6):45-50.

后　记

　　"理想如晨星——我们永不能触到,但我们可像航海者一样,借星光的位置而航行。"

　　校园里师生们脸上洋溢的笑容是我所有幸福的所在,也是我孜孜以求的那片"星光"。

　　这本汇聚了四年中我和学校领导班子积极构建"和谐育人、幸福有成"教育体系的思索与心得。这些文字,源于每一步实践的真实体验与感悟,在总结反思的聚能合力上也必将对我校今后幸福教育的完善发挥很好的促进作用。

　　细细品味,耕耘有声;掩卷凝思,心潮涌动。

　　走在幸福教育探寻的路上,我和老师们也曾有过困惑沮丧,经历过风雨变迁,但我们前行的步履依然坚定。细细总结与反思,才发现,原来这一路的坚持与守护是那颗最珍贵的初心。我们坚守这样的信念:教育最本源的,一定是学生的自我发展之路!他们是有血有肉的人,学校的职责就是带领老师们不断探寻激发和引导学生内在的力量,帮助学生自我完善,遇见最美好的自己!

　　幸福是一种追求,幸福是一种意识,幸福是一种存在,幸福是一种渴望,幸福更是一种信念。因此无论精读或者泛读,它依然在那,以鲤城实小人最真诚的文字解析"和谐育人、幸福有成"的点点滴滴。

　　多年来,我们也在积极努力补强"幸福家庭"领域的短板。一校三区4000多名孩子背后就是4000多个性迥异的家庭育人环境。我们积极探寻以家长学校、家长开放日、先进家委领航等方式,将有"共情、温度、美感、舒适"的家庭育人理念植入每个小家,共同合力打造"和谐育人、幸福有成"大家庭的美好愿景!

　　在心灵深处点亮幸福的灯盏,用幸福智慧实践幸福教育,以饱满的激情,拥抱更加幸福的明天,真诚期待您的读后来信,让我们共同探寻幸福的真谛!

　　本书得到了福建教育学院校长研修部导师们的精心指导,特此表示衷心的感谢! 由于我们初次进行此项工作,难免经验不足,文章结集出版不足之处,恳请教育同人批评指正!

蔡晓芹

2020 年 5 月